# HERMES

在古希腊神话中，赫耳墨斯是宙斯和迈亚的儿子，奥林波斯神们的信使，道路与边界之神，睡眠与梦想之神，亡灵的引导者，演说者、商人、小偷、旅者和牧人的保护神……

西方传统 经典与解释 **HERMES**
Classici et Commentarii

马基雅维利集
Machiavelli's oprea
cum commentariis

刘训练◎主编

# 解读马基雅维利
—— 不体面的作品、暧昧的阐释
与平民主义政治的德性

## Reading Machiavelli
Scandalous Books, Suspect Engagements,
and the Virtue of Populist Politics

[美]约翰·麦考米克 John P. McCormick ｜ 著

谢惠媛 ｜ 译

华夏出版社

古典教育基金・蒲衣子资助项目

# "马基雅维利集"出版说明

在西方思想文化史上,马基雅维利(Niccolò Machiavelli,1469—1527)居于一种非常奇特的地位:一方面,他被公认为西方现代政治学的奠基人,甚或被称为现代第一人;但另一方面,他在何种意义上是"奠基人""第一人"却又聚讼纷纭,见仁见智。

马基雅维利生活的时代是西方现代民族国家建构的关键时期,也是意大利文艺复兴由盛而衰的转捩点,而在这个"需要巨人并且产生了巨人的时代",作为文艺复兴运动在政治思想领域最杰出的代表,马基雅维利在政治、军事、外交、史学和喜剧等领域都留下了丰富的著述和大量的信件。这些文字表明,他具有强烈的时代意识、浓郁的爱国情怀、深厚的古典学修养、敏锐的政治-心理分析能力和卓越的写作技巧,无愧于"治国术"大师和"最高写作艺术当之无愧的继承人"的称誉。就此而言,他的著作仍然值得我们今天认真对待和不断反思。

在马基雅维利的生前,对于他及其著作的评价就已经产生深刻而严重的分歧,数个世纪以来从未中断。马基雅维利之后几乎所有最重要的社会-政治思想家,都不得不对他的思想及其后果表态,有些甚至还借助对其思想的批判或重构来表达自己的理论观点和政治主张。即使在更为纯粹的学术领域,各种方法流派和诠释进路,也会对马基雅维利的著作做出大相径庭的释读与理解。

值其主要著作问世500周年之际,西方学界各类传记、诠释著作更是层出不穷、蔚为大观;在此背景之下,我们适时推出"马基雅维利集"。"马基雅维利集"分为两大系列:一是"马基雅维利全集",以中文版《马基雅维利全集》为基础,参照罗马萨勒诺出版社陆续刊行的意大利"国家版"全集(Edizione Nazionale delle Opere di Niccolò Machiavelli)酌情替换、校订,并适当增加注解、疏义,重新推出《马基雅维利全集》的修订增补版,俾使中文读者有可靠的"原典"研读;二是"解读马基雅维利",迻译西学中诠释马基雅维利的第一流著作,以便中文读者免除从浩如烟海的二手文献中爬罗剔抉之苦。

古典文明研究工作坊<br>
西方经典编译部丙组<br>
2017 年 5 月

我会谈到一些在你看来很疯狂的事；我将提出一项在你看来是鲁莽的又或是荒谬的计划。不过，这个时代需要做出大胆且非同寻常的决定。你和其他所有懂得思考世事的人都知道，人民是善变且愚蠢的。即便如此，他们恰恰经常非常准确地道出应该怎么做。

——马基雅维利致圭恰迪尼先生的信

1526 年 3 月 15 日于佛罗伦萨

# 目 录

序 言　粗俗与德性 …………………………………… 1
第一章　瓦伦蒂诺公爵的激情 ………………………… 24
第二章　"保持国家富裕而公民贫穷" ………………… 52
第三章　《佛罗伦萨史》转向保守的神话……………… 85
第四章　卢梭拒绝接受马基雅维利的民主罗马共和国 …… 126
第五章　施特劳斯的马基雅维利,以及少数人与多数人
　　　　之间的争端 ………………………………… 170
第六章　再论剑桥学派的"圭恰迪尼时刻" …………… 211
总　结　不体面的作品、暧昧的阐释与赋权人民的德性 …… 253
致　谢 …………………………………………………… 260
索　引 …………………………………………………… 263

# 序言　粗俗与德性

## ——马基雅维利让人难以捉摸的"有效真理"

　　[1] 文艺复兴时期，马基雅维利曾自由进出佛罗伦萨，非常娴熟地扮演外交官、军事战略家、公务员、诗人、剧作家等角色。无疑，单凭当中任何一种角色，他都能名垂青史。不过，马基雅维利政治哲学家的身份，引起了一些最激烈的学术争论，并激起西方历史上最深刻的政治变革，这使他自始至终都那么有名气。许多评论家认为，马基雅维利是现代政治思想或现代政治科学之父——有人甚至认为他其实是"现代性"的奠基人，这并非没有道理。不过，他的政治著作具体要表达什么意思，确切目标是什么，仍然让人难以捉摸。马基雅维利是一个不道德的暴政支持者，还是自由的坚定拥护者？是中立的权力政治技师，还是意大利虔诚的爱国者？是反教权的异教美德复兴者，还是现代虚无主义的激进倡导者？最简单地说，马基雅维利在何种程度上是"马基雅维利主义者"？只要认真思考政治事务，那么，这些问题就将会像其他数不胜数的关乎马基雅维利思想之基本核心的难题那样，继续引发争论。

　　基于此，我把目前已有的研究看作阐释和反阐释的努力。《君主论》《李维史论》和《佛罗伦萨史》这三部马基雅维利的主要政治著作，每一部都各有让人反感之处，本书将会对它们的关键主题进行原创性解读。① ［2］除此以外，本书挑战了三种我认为误导读者的阐释，它们体现在对马基雅维利作品有名且具广泛影响力的评价方面。此前我在《马基雅维利式民主》②一书中提出并详细阐述了我的观点，在这里，我将会进一步证明，马基雅维利一贯主张一种强有力的平民主义政治的新形式，这种主张贯穿于他三部最伟大的著作当中；我将会用细节来表明，阐释马基雅维利政治思想的主要学派是如何，以及他们为什么忽略或故意掩盖他确切无疑的共和主义民主形式的激进程度。特别是，我要直面下列研究者对马基雅维利政治思想的解读，卢梭（Jean-Jacques Rousseau）、施特劳斯（Leo Strauss），以及剑桥学派相关学者，特别是波考克（John Pocock）和斯金纳（Quentin Skinner），他们的解读容易受人质疑。

本书重构与批判了马基雅维利的政治思想及其接纳的情况，展示了马基雅维利如何把普通民众设想为借助"表象和结果"就会乖乖地被说服、操纵与教化的观众，或容易受这些方式影响（《君主论》第十五章）；由此，他又是怎样建议君主或共和国激励与征召人民，让他们像一股难以对付的、在历史上具有新异性的政治力量那样去行动。同样，本书会详细分析马基雅维利关于社会冲突之优势和局限的观点，这是民主共和国内政中，普通民众和精英之间尤其在经济再分配问题上形成的紧张冲突。实际上，我相当深入地分析了马基雅维利对问题原因的判断，即不断加剧的社会经济不平等怎

---

① Niccolò Machiavelli, *Il Principe* (*De Principatibus*), composed circa 1513 and published in 1532, G. Inglese, ed. (Turin: Einaudi - Gallimard, 1995), hereafter *P*; Machiavelli, *Discorsi*, composed circa 1513 - 18 and published in 1531, C. Vivanti, ed. (Turin: Einaudi - Gallimard, 1997), hereafter *D*; and Machiavelli, *Istorie Fiorentine*, composed circa 1520 - 25 and published in 1532, Franco Gaeta, ed. (Milan: Feltrinelli, 1962), hereafter *FH*.

② See John P. McCormick, *Machiavellian Democracy* (Cambridge: Cambridge University Press, 2011).

样必然导致一切共和国的政治腐败——尤其是那些追求成为帝国的共和国。我进一步强调了《马基雅维利式民主》中所讨论的制度安排和法治形式——特别是平民护民官(plebeian tribunates)、平民在立法上的决议(legislative plebiscites)以及由民众判决的政治审判——马基雅维利认为这些最有利于良序的人民政府。我们这位臭名昭著的、不虔诚的作家似乎坚持认为,宗教的象征性必须在每一种政治中——君主制和共和制——都发挥恰当的作用,这种作用广泛赋予人民权力。本书探讨了这种作用,这也许令人意想不到。

[3]我最主要的意图是研究与阐述马基雅维利主要著作中明确但又难以捉摸的目标,具体而言,他认定的政治"有效真理"(effectual truth),以及他在这种更准确且有效的真理形式与普通民众的判断,特别是与群氓的判断之间确立起来的尤为密切的关联的性质(《君主论》第十五章)。马基雅维利宣称,他对有效真理的追求,意味着他意欲探讨世界实际所"是",而不是——以一种让先前的作家感到困惑的方式——它"应该"是怎样的。马基雅维利公开指出,他要为读者提供一些有用信息,这一想法驱使他以政治的实然层面为取向;也就是说,他的动机是提供关于政治行动者应当怎样做的建议,而这些建议已然承载并反映他的智慧,这种智慧前所未有,即便他的建议大胆鲁莽且常常离谱。

因此,马基雅维利的政治思想并非简单地用一个更现实的"是"来取代一个理想主义的"应当",而是在政治构思与实践方面阐述了全新的"应当"——在这个"应当"中,群氓承担起前所未有的重要角色。故而,马基雅维利的政治思想尽管从古代政治实践中获得资源——在这些实践中,民族在民事和军事方面都发挥了极为重要的作用(如果不一定是源于古代的政治理论的话,在这些理论中,民族相对而言并没有那么重要的功能)——但在政治和民众赋权日后应当如何形成理论且得到践行的问题上,它至少代表了一种全新的观点。

尽管有大量对马基雅维利著作的评论,但事实证明,他的平民主义政治方案不管在描述性还是规范性方面都不像他所暗示的那样容易搞清楚。[1] 本书(我承认,其中任何一章都可能"容易受人质疑")的解读与对其他解读的反驳,旨在阐明马基雅维利有效地概念化了民主政治之新"应当"。这种与众不同的概念化的核心是人民——平民、大众、多数人,此外还包括群氓——在政治世界中应当扮演的正确角色。第一部分对此进行了分析。我将会论证,马基雅维利提高了人民的地位,认为他们必须被授权通过下列在政治上有益的方式来行动:[4]不管在君主国还是在共和国,人民都应该作为善恶的终极裁判者,作为结果和外表的最终判断者(第一章);共和国的人民应该作为自由和平等的公民而彼此联系——不仅在政治上平等,而且在社会经济上也平等(第二章);人民必须坚持发挥他们必要的、有益的作用,作为自由的捍卫者来反对具有掠夺性的寡头和暴君(第三章);借助良序的法律和制度,人民应当有机会在民事和军事方面以政治上合乎道德的方式行事(第一至三章)。

如果第一部分我的对话者是马基雅维利本人,那么第二部分,我的思想对手则是阐释性传统的主要代表人物。在这里,我集中探讨了对马基雅维利意图的广泛且有影响的误解,这种意图关乎人民在民主共和国(a governo popolare or governo largo)中应该扮演的恰当角色。我将会论证,卢梭故意否认,马基雅维利把罗马共和国看作一种未来规模庞大的共和国可资效仿的模式,从而对其进行民主

---

[1] 正如独具慧眼的皮特金(Hanna Pitkin)在解读马基雅维利时描述的相互冲突境况那样:"每一种解读都声称以文本为基础,但没有哪种解读能成功取代其他解读。"我非常欣赏她对马基雅维利的阐释。See Hanna Fenichel Pitkin, *Fortune is a Woman: Gender and Politics in the Thought of Niccolò Machiavelli* (Berkeley: University of California Press, 1984), 3.

重建;卢梭以一种宪法模式取而代之,这种模式使得富有的公民在选举中的得票超过贫穷的公民,并且将平民护民官这项体现平民主义的制度中立化(第四章)。我将会勾勒出施特劳斯对马基雅维利文本微妙且明显的歪曲,他试图削弱马基雅维利明确支持人民的观点,并将他变成了开明寡头统治的拥护者(第五章)。最后,我将会指出,斯金纳和波考克等剑桥学派学者试图把和谐的混合政体的西塞罗模式强加到马基雅维利的政治中,这种模式与马基雅维利的意图相反,其中阶层冲突被降至最低程度,人民屈从于精英统治。剑桥学派学者认为,就自由而言,人民的动机跟贵族的动机一样,都是危险的(第六章)。①

简而言之,第一部分明确论证了一种强烈的平民主义,它在马基雅维利所有的政治著作中都有所体现,在极端民主的制度性解决办法中表现得淋漓尽致;而第二部分通过盘问卢梭、施特劳斯、波考克、斯金纳,揭露了共和主义者自始至终在很大程度上认为马基雅维利持有的共同方案的实质,这是一项近似于贵族阴谋的、以便掩饰与掩盖他着重强调的民主政治的方案。②

---

① 以西塞罗(Marcus Tullius Cicero)为代表,体现和谐、共识及以和睦为中心的拉丁及意大利人文主义 - 共和主义传统——剑桥学派学者缓步推进这一传统,而马基雅维利却努力推翻它——的完整版本,参见 Gabriele Pedullà, *Machiavelli in Tumult*: *The Discourses on Livy and the Origins of Conflictual Politics* (Cambridge University Press, forthcoming 2018)。

② 剑桥学派学者或许比其他人更加频繁地提出,马基雅维利不能被看作民主主义者,也不能把民主政治与他关联起来,因为他是与亚里士多德(Aristotle)、波利比乌斯(Polybius)和西塞罗有关的传统共和主义混合政体的坚定信徒。可以肯定的是,马基雅维利建议,所有秩序井然的共和国都要设立元老院,元老院为有钱有地位的公民提供荣誉职位。然而,马基雅维利这样做是基于非常非正统的理由:首先,为了至少暂时安抚一个共和国中最雄心勃勃、专横跋扈的公民(而不是为了迁就其最优秀的、最具公共精神的公民),元老院是必要的,如此一来,共和国有可能不那么容易遭遇寡头政变(《李维史论》1.29);

**解读马基雅维利**

[5]第一部分论述了马基雅维利严肃对待的政治经验,并且强调这些经验会进一步成为如何从字面上(或从文学角度)尽力理解文本、解读文本的范例。在这个意义上,本书不仅要解读马基雅维利的政治智慧(即便肯定本来就应如此),而且展示了如何解读马基雅维利,如何体验与反思他的写作模式这一点同样重要。尽管表面看来,马基雅维利不遗余力地变着戏法写一些关于"怎么做"的貌似易懂的书籍——但他不仅仅是,或者说他甚至有可能在根本上就不是乐于说教的思想家;他不仅仅提供了在政治世界中应该做什么的易于应用的箴言,即使习惯上认为这是他首要的层面。与之相反,马基雅维利为追求政治上的有效真理提供了多种途径——即使这些途径不强调有效真理的完全不可说明性,但它们肯定强调其容易被忽视、隐藏、模糊的虚幻特质。

马基雅维利的文本给解释者带来了许多困难——当然,这也是几个世纪以来曾出现无数种阐释的原因——其难度与政治上的有效真理所带来的挑战相仿。文本和世俗方面的现实状况都是马基雅维利所关注的核心,要理解这一点,就要去发现、追问、揭示、理解

---

其次、当有必要迅速杀掉所有贵族时,元老院便于把他们聚集在一个地方——例如,在他们的压迫行为对普通人来说已经变得无法忍受,并危及城市时(《君主论》第八章、《李维史论》1.16);这绝对不是西塞罗或波利比亚提出建立混合政府的理由。See John P. McCormick, "Subdue the Senate: Machiavelli's 'Way of Freedom' or Path to Tyranny?", *Political Theory* 40, no. 6 (December 2012), 717–738. 剑桥学派学者很少承认,马基雅维利的批评——特别是在《李维史论》第一卷第二章批评雅典未能从制度上安置贵族——非常适用于《李维史论》第一卷第二十九章、第五十八章及第二卷第二章。

他作品的下列元素:直接叙述中令人困惑的、不和谐的转折和转变;时而含蓄时而直白的圣经、古典的及同时代的典故;让人惊讶的振聋发聩的沉默;个体人物角色的例子由积极向消极再向积极的转变;想立即让读者感到震惊的暴力意象,以及读者只能在事情发生许久后才认识到的微妙的方向性错误;大大小小、直接援引或默默暗示的历史事件——当然,我可以一直说下去。虽然围绕马基雅维利自身意图和经验教训的评论和解释刻画出他著作的特征,但总的来说,读者要自己去思考与解释刚才提到的文学技巧,以及它被用于实现的教学目标,[6]他自身没有做出任何解释。

请允许我介绍一下在接下来的章节中,我如何把这种阐释学的方法运用到马基雅维利的著作中。本书第一章指出,读者曾发现马基雅维利把切萨雷·博尔贾(Cesare Borgia)的生涯——在《君主论》一书,谈论博尔贾的篇幅多于谈论其他人——描述成一位神圣的父亲送他的儿子去救赎、去给他的人民带来和平的故事,然后《君主论》第七章开篇以新的、令人兴奋的,甚至是充满挑逗性的细节来展开叙事;突然间,宗教比喻或意象跃然纸上,并以具有潜在颠覆性的方式强加给读者:在第七章中,读者开始辨识出受难、变形、割礼、为弥补政治罪恶的流血牺牲、空坟墓,甚至是圣保罗(St. Paul)——所有这一切都反映了马基雅维利的信念,这种信念关乎那些应当反映君主-人民关系之特征的恰当契约。

本书第二章中,我将会表明,马基雅维利在《李维史论》中展现格拉古兄弟(Gracchi)生涯的方式,可能使读者认为他既支持又批评罗马护民官的再分配方案,这时读者应坚持追问,当马基雅维利反复宣称共和国必须保持国富民穷时,他实际上想说什么。在这次阐释性探究的最后,研究者发现了一个激进的答案,它解释了或许是罗马-佛罗伦萨共和传统中最具争议性的问题:政治自由需要真正意义上的经济平等。进一步地,我将会在第三章中指出,一旦读者意识到,整部《佛罗伦萨史》中最常被引用的一个段落(关于佛罗伦萨人民不愿与贵族共享公职)出现在已被马基雅维利证明是对事件非常不准确的评价之后的短短几个段落当中,读者就应重新思考这本书中的言语和行为之间的整个关系——这一重新考虑揭示出,或许在整部《佛罗伦萨史》始终,马基雅维利常常在削弱他自己明确宣称的评价性判断的效力。

通过这些解读,我努力展示马基雅维利对读者的教育是如此充满戏谑且具有吸引力,[7]仔细阅读马基雅维利的政治著作是多么令人愉快,又让人感到困惑与难以捉摸,他如此频繁地让我们满足与震惊——但由于他的终极目标是人文教化,因此他并非始终如此(《君主论》第十五章,《李维史论》第一卷序言)。马基雅维利并非为了娱乐而鼓励开玩笑——阅读马基雅维利的作品当然是一件有趣的事,但它同样代表了对事实的严肃追问。实际上,解读马基雅维利思想更是一件严肃的事情——通常是非常严肃——因为阅读马基雅维利的乐趣激发了阐释者进一步,甚至更深入地追寻政治结果和目的的实质真相的欲望。

正确解读马基雅维利,可以作为如何在政治领域采取有效行动的教导——这不仅适用于领导者或未来的领导者,也适用于良序共和国中的民族,马基雅维利称之为"君主"(《李维史论》1.58)。马基雅维利的作品鼓励人民进一步强化他已经归之于他们的倾向,鼓励他们通过其"表象和结果"来对现象做出判断(《君主论》第十五章);具体来讲,他鼓励更好地理解结果的本质,避免被表象的魅力欺骗。因此,我认为,通过上述方式,马基雅维利训练他的读者践行马基雅维利式的德能(virtù)①。有德性的读者的品行反映了马基

---

① 在马基雅维利的文本中,可以发现 virtù 一词至少有四种不同含义:(1)事物的性质,如弓箭的自然属性;(2)身心方面的能力;(3)与强力、魄力或激情等相关的美德,如勇敢、坚韧等;(4)基督教道德,如仁慈、慷慨等。换言之,该概念不仅具有当代意义上的德性、美德意味,而且还涵盖能力等含义。[译注]方便起见,本书简译为"德能"。

雅维利对有德性的政治行动者的描述,这种说法并非完全牵强附会。①

读者、民众和君主一定要先审视马基雅维利著作中显而易见的表面化的论述或事态,然后深入他经验教训中更深层次的真理,但不要因之前的研究者或"少数人"的判断而分散注意力,更不用感到羞愧。这种学习模式特别需要懂得欣赏关于逆转、适应语境之艺术经验,它没有太多夸张,而是在很大程度上刻画出马基雅维利式德能的本质。② 审视马基雅维利的规则或箴言时,一定要考察具体事实和个案,以便考虑这样一些环境及其人物角色的实际成功或失败在事实上真正的地位,而不是简单地接受马基雅维利对它们公开做出的评价;必须不断回到马基雅维利先前提到的例子与历史资料,[8]理解他可能包含、排除、放大、扭曲的是什么,以及更重要的,为什么要这样做。

接下来,我将会展示马基雅维利如何鼓励读者用他所强烈建议的审视政治现象的方式来阅读其文本;他试图让读者、臣民和公民以有效真理的一切美学元素来阅读。他的写作模式创造了一种环境,在这里,读者参与到他书中充满活力的智性－感官习性中,就像他鼓励共和国的公民,甚至是君主制的子民那样;这就为在如其所"是"的世界中而非在如何"应当"的传统意义上思考与行动增添了新维度。

我大体上触及马基雅维利那类带有"文学－修辞"特质的作品,并且坚决反对使用"隐微写作"这个词。当然,施特劳斯因把马

---

① 关于马基雅维利著作中美德、政治修辞和政治行动的盘根错节,参见 Victoria Kahn, *Machiavellian Rhetoric: From the Counter-Reformation to Milton* (Princeton: Princeton University Press, 1994)。

② 从范式的角度来看,参见 Victoria Kahn, "Virtù and the Example of Agathocles in Machiavelli's *Prince*", *Representations* 13 (Winter 1986), 63–83。

基雅维利解读为从事隐微写作的作者而最备受赞扬又遭受谩骂;与之相反,剑桥学派评价马基雅维利文学上具有讽刺意味的所有写作方式在整体上所产生的政治影响时,被指责为表现出某种语调听障,这或许是公平合理的。① 在第五章,我展示了施特劳斯如何不像他自称的那样,使用隐微的解读方式来"就像他(作者)理解自己那样"理解马基雅维利,而是利用了马基雅维利文本中服务于既定意识形态议程的显而易见的模棱两可。根据让人产生怀疑的论据,施特劳斯断言马基雅维利最终拒绝背离"古典传统的贵族式或寡头式共和政体",这与马基雅维利本人公开宣称的完全相反。② 我在第六章讨论的剑桥学派学者提到了历史语境,不同程度地肯定了马基雅维利所论述的箴言,鼓励读者把这些箴言当真,或以与已有的智性-哲学传统基本一致的方式理解它。这些学者极少努力坚持去理解马基雅维利的文学暗示和具体例子是如何不断破坏这些戒律,并进一步破坏它与现存传统之间的关系的;因此,马基雅维利经常重新做出不甚激进且体现有效真理的重新表述,重新表述那些看似简单的箴言。

卢梭是首批持有如下观点的阐释者之一,即马基雅维利的用意

---

① 请注意斯金纳是如何在关乎马基雅维利与西塞罗式的人文主义之关系的段落中希望兼得两者的:"马基雅维利政治思想中最具原创性和创造力的方面表现为对人文主义观念的一系列反驳,有时甚至是讽刺,不过,他也承继并基本上继续认可这些观念。"See Quentin Skinner, *Machiavelli*: *A Very Short Introduction* (Oxford: Oxford University Press, 2001) (preface). See also Skinner, *Machiavelli*, 39 – 40, 61 – 62. 正如我们将要观察到的那样,这种阐释学倾向是剑桥学派研究马基雅维利政治思想所特有的进路:这些学者经常承认,马基雅维利的理论确实明显偏离了诸如亚里士多德、波利比乌斯、西塞罗和布鲁尼(Leonardo Bruni)等人的古典与传统共和主义思想,但他们认为这些偏离最终并没有对马基雅维利思想的实质产生重大影响。

② Leo Strauss, *Thoughts on Machiavelli* (Glencoe, IL: The Free Press, 1958), 127.

并非总是像他自己所写的那样,特别是在君主国问题方面;[9]但当论述马基雅维利对共和国的看法时,卢梭却完全抹杀了马基雅维利对于秩序良好的人民政府明确的与隐而不宣的建议。未能注意到马基雅维利著作(以及某种贵族准则的惯常用法)中特有的性质和难点,这或许部分解释了是什么导致这些被人吹嘘的阐释者误入歧途。因此,书中这两个部分确实构成了相互对话的态势:我在第二部分批判了三种阐释之不足,而第一部分以这种我将批判的方式,展示了如何解读马基雅维利。

过去五十年间,施特劳斯学派和剑桥学派对马基雅维利的解读(第二部分会提到)在国际上产生的影响之大,怎么说都不为过。① 作为一方的施特劳斯与作为另一方的波考克、斯金纳已经建立起影响力相当广泛的智性帝国,②不过,他们各自的学生和弟子却极少进行有意义的互动。本研究或许确是第一部实质性涉及两个思想流派的专著,第一部把批评的矛头平等且始终指向这两个强大的阐释学传统的专著。尽管大多数人认为,施特劳斯学派和剑桥学派代表了完全相反的意识形态和方法论倾向,但我将要证明,他们对马基雅维利毫无章法的平民主义、其暗含的民主观念,以及可能尤其是他经常表达的精英必须定期通过引人注目的暴力行为而被问责

---

① 施特劳斯对马基雅维利的阐释已经对下列重要学者的作品产生影响:Ryan Balot, Paul Carrese, Markus Fischer, Steven Forde, Christopher Lynch, Harvey Mansfield, Waller Newell, Roger Masters, Clifford Orwin, William Parson, Paul Rahe, Kim Sorensen, Nathan Tarcov, Michelle Tolman Clarke, John Scott, Vickie Sullivan, and Catherine Zuckert。

② 波考克和斯金纳对马基雅维利政治思想的阐释,令不少学者受到不同程度的影响,包括:David Armitage, Patrick Baker, Richard Bellamy, Gisela Bock, Annabel Brett, Martin Dzelzainis, Andrew Fitzmaurice, Mark Goldie, Mikael Hörnqvist, Karen Kupperman, Eric Nelson, Markku Peltonen, Martin Ruehl, Alan Ryan, Peter Schröder, Peter Stacey, James Tully, Martin van Gelderen, and Maurizio Viroli。

的信念,有着共同的不满。

接下来,我将会初步勾勒马基雅维利称之为德性政治的有效真理,以及群氓于其间所扮演的中心角色,这贯穿于他的三部主要政治著作《君主论》《李维史论》和《佛罗伦萨史》当中。

## 德性、群氓和政治的有效真理

马基雅维利最著名的著作《论君主国》(1513)后来被命名为《君主论》,它宣布要与植根于传统道德和宗教思想体系的政治学说决裂。[10]马基雅维利不同于古典的或中世纪的先辈用先验有效或神圣授权的正义概念定位自身政治,他又一次把自己引向"有效真理"的政治,即一种面向世界实际所"是"而非"应该"如何的政治。事实上,马基雅维利直截了当的现实建议似乎故意公然违背一切曾在社会上受到尊敬的政治反思形式。例如,他大胆宣称,对君主而言,臣民的畏惧比爱戴更加安全(如果他必须在这两者之间做出选择的话),这是因为臣民喜爱他们自己的快乐,却害怕君主的快乐。此外,马基雅维利坚信,暴力和残忍是有效的政治行动的必要手段(即便其部署一定要经过严格限制,以免给君主的统治带来难以预料的有害后果)。诸如斯金纳(我将在第六章谈到他的阐释)等倾向于做出辩解的评论者,试图通过不断强调先前插入语中马基雅维利信条的限定条件,以弱化他极为严厉的政治建议的冲击力,即便这样做有可能让他的经验变得合乎道德。①

---

① 新近令人钦佩和有价值的辩白作品包括:Peter Stacey, *Roman Monarchy and the Renaissance Prince* (Cambridge: Cambridge University Press, 2007);以及 Erica Benner, *Machiavelli's Ethics* (Princeton: Princeton University Press, 2009)。

马基雅维利公然拒绝哲学王的理想——后者的完美判断或许甚至很难近似于受过良好教育的、富有的、世故的贵族,这充分表明马基雅维利在政治方面毫无悔改之意的声名狼藉且非正统的现实主义进路。① 马基雅维利以其反精英主义政治观点为例,坚持认为,最优秀的人中没有几个能够凭借自己的智慧、审慎或者对公共善的热爱,以毫无偏私的正义来解决政治争端与危机。马基雅维利无视以往哲学家和历史学家的贵族偏好,一如在《李维史论》(第一卷第五十八章)中提到的那样,他在《君主论》中建议,君主要在军事方面武装粗野的普通民众,实际上民众身上也具备贵族得体(onestà,诚实、正派或公正)的品质,并且君主要利用一切机会压制自封的贵族或大人物(grandi),他们野心勃勃且贪婪的动机和阴谋

---

① 关于马基雅维利从政治维度攻击传统佛罗伦萨人文主义的研究,参见 Mark Jurdjevic, "The Guicciardinian Moment: *The Discorsi Palleschi*, Humanism, and Aristocratic Republicanism in Sixteenth – Century Florence", in *Humanism and Creativity in the Italian Renaissance: Essays in Honor of Ronald G. Witt*, C. Celenza and K. Gouwens, eds. (Leiden: Brill, 2006), 111 – 137; Jurdjevic, "Machiavelli's Hybrid Republicanism", *English Historical Review* 122 (December 2007), 1228 – 1257; Danielle Charette, "Catilinarian Cadences in Machiavelli's Florentine Histories: Ciceronian Humanism, Corrupting Consensus and the Demise of Contentious Liberty", *History of Political Thought* (forthcoming 2018);以及 Pedullà, Machiavelli in Tumult。关于公民人文主义的政治影响,参见 Mikael Hörnqvist, "The Two Myths of Civic Humanism"; John Najemy, "Civic Humanism and Florentine Politics"; James Hankins, "Rhetoric, History, and Ideology: The Civic Panegyrics of Leonardo Bruni",这三篇均收入 James Hankins, ed., *Renaissance Civic Humanism: Reappraisals and Reflections* (Cambridge: Cambridge University Press, 2000), 105 – 178; Mark Jurdjevic, "Civic Humanism and the Rise of the Medici", *Renaissance Quarterly* 52, no. 4 (1999), 994 – 1020; Anthony Grafton, "Humanism and Political Theory",以及 Nicolai Rubinstein, "Italian Political Thought, 1450 – 1530"。后两篇文章分别收入 J. H. Burns and M. Goldie, eds., *The Cambridge History of Political Thought*, 1450 – 1700 (Cambridge: Cambridge University Press, 1991), 9 – 29, 30 – 65。

只会给人民带来压迫并给君主带来不安全感(《君主论》第九章)。

早在创作主要政治著作之前的政治生涯中,[11]马基雅维利明显偏爱赋予人民权力并有精英参与的政治安排。在多领域——承担重要的行政、外交和军事职责——服务于佛罗伦萨共和国期间(1494—1512),马基雅维利宣称自己是城市人民大会(大议会,Great Council)的坚定捍卫者、公民民兵的公开倡导者。共和国的贵族瞧不起议会,坚持主张从质量和规模上改变民兵组织,从而减少他们的担忧和畏惧。当共和国因贵族政变、外国干涉、让美第奇家族重新掌权的教皇阴谋而被推翻时,马基雅维利写信给重获权力的君主,以此做出回应,他巧妙地建议君主背叛其贵族中不可信赖的盟友,与最近被剥夺权力的佛罗伦萨人民结盟。① 马基雅维利的麻烦在于,他卷入了一场反美第奇家族的阴谋,被折磨,被监禁,随后被限制在国内流亡。几年以后,在一份没得到充分研究的重要宪法改革备忘录中,马基雅维利重申,美第奇家族牺牲了贵族朋友的利益,最终重新赋予佛罗伦萨人民权力。② 正如第五章中,施特劳斯试图把马基雅维利的阶层倾向从人民一方彻底转变为贵族一方。

马基雅维利的《李维史论》(1513—1519)和《佛罗伦萨史》(1520—1525)清楚地展示了作者对人民政府的赞赏,这些著作通常

---

① See Machiavelli, "Ai Palleschi" (1512), in Machiavelli, *Opere I*, 87 - 89. 英译本参见 Machiavelli, "*Memorandum to the Newly Restored Medici*", in M. Jurdjevic, N. Piano, and J. P. McCormick, eds., *Florentine Political Writings from Petrarch to Machiavelli* (Philadelphia: University of Pennsylvania Press, forthcoming 2019)。

② See Machiavelli, "Discursus Florentinarum Rerum Post Mortem Iunioris Laurentii Medices" (1520), in Machiavelli, *Opere I*, 733 - 745. 英译本参见 Machiavelli, "Discursus on Florentine Matters after the Death of Lorenzo de' Medici the Younger", in *Florentine Political Writings*。

肯定而非否定《君主论》的道德和实践经验,这总让人感到有趣。①"近乎完美的"(尽管最终仍有缺陷)古罗马共和国是马基雅维利《李维史论》中的主要主题,而令人难堪的缺乏秩序的中世纪佛罗伦萨共和国则在《佛罗伦萨史》中占据中心位置。在罗马,创始人罗慕路斯(Romulus),谨慎且有德性,组织穷人加入了武装军团,并在元老院中把有钱人聚集起来(《君主论》第六章;《李维史论》1.9),以确保未来发生的平民和贵族之间的阶层冲突——马基雅维利认为这是自然的和不可避免的(《君主论》第九章;《李维史论》1.4－5)——将产生两个有益的机构:致力于普通人福利的平民护民官职位;以及大型公民议会,人民在这里自由讨论与直接决定立法和政治审判(《李维史论》1.2－8,1.16,1.58)。[12]我将在第四章描述卢梭的精心策划,他试图削弱马基雅维利对罗马制度的民主创新。② 对马基雅维利来说,由激烈但富有成效的国内阶层冲突,以及前所未有的海外领土扩张所创造与维持的秩序,预示了罗马的伟大非凡及其至少可以作为其后所有共和国效仿的模式的暂时性

---

① 关于《君主论》的共和主义,参见 On the republican aspects of The Prince, 参 Mary G. Dietz, "Trapping the Prince: Machiavelli and the Politics of Deception", *American Political Science Review* 80, no. 3 (September 1986), 777－799。

② 马基雅维利研究有一个日益受欢迎的趋势,这一趋势强调了佛罗伦萨政治思想中的平等主义维度,参见 Filippo Del Lucchese, *The Political Philosophy of Niccolò Machiavelli* (Edinburgh: Edinburgh University Press, 2015); Christopher Holman, *Machiavelli and the Politics of Democratic Innovation* (Toronto: University of Toronto Press, forthcoming);以及 Yves Winter, *Machiavelli and the Orders of Violence* (Cambridge: Cambridge University Press, forthcoming)。

的价值。①

更具体地说,在《李维史论》中,马基雅维利赞扬了罗马的制度,罗马制度以全民武装为保障,既源于阶层冲突,也能有效地重新引导阶层冲突。这些制度特别包括执政官和护民官——分别为精英和普通公民保留的、任期长达一年的行政长官职位;此外还包括元老院和人民大会(popular assemblies),它让贵族和平民公民团结在一起,并且在政治上固化他们与生俱来的阶层对立;最后,也包括全体公民对被指控犯有政治罪行的个人进行判决的政治审判——在马基雅维利看来,这是最接近真实世界的判断,近似于完全客观的政治判决。

在《佛罗伦萨史》中,马基雅维利证明佛罗伦萨的平民和贵族制度与罗马相比是多么混乱。佛罗伦萨人由行会半公半私的制度被安排组织起来,这从两个方面暴露了制度自身在政治上的不足:城市的商人和匠人是地位较高的民众(the popolani),分散在 21 个相互竞争的主要的、中等的和次要的行会当中;而行会排除了城市绝大多数自由出生的、健全的男性,大部分是受雇处理羊毛的工人,即大家知道的梳毛工人(ciompi)、未加入行会的工人(sottoposti)或平民。事实证明,这些被剥夺权利与被剥削的工人愿意与城市的古

---

① 关于马基雅维利政治思想中的民众武装在城市生活中的影响,参见 Timothy J. Lukes, "Martialing Machiavelli: Reassessing the Military Reflections", *Journal of Politics 66*, no. 4 (November 2004), 1089 – 1108; Yves Winter, "The Prince and His Art of War: Machiavelli's Military Populism", *Social Research* 81, no. 1 (Spring 2014), 165 – 191; Nathan Tarcov, "Arms and Politics in Machiavelli's Prince", in *Entre Kant et Kosovo: Etudes offertes á Pierre Hassner*, Anne – Marie Le Gloannec and Aleksander Smolar, eds. (Paris: Presses de Sciences Po, 2003), 109 – 121; Tarcov, "Freedom, Republics, and Peoples in Machiavelli's *Prince*", in *Freedom and the Human Person*, ed. Richard Velkley (Washington, DC: Catholic University of America Press, 2007), 122 – 142;以及 Pedullà, *Machiavelli in Tumult*。

代贵族(巨头或大人物)合作对抗行会,或愿意与一位像沃尔特·布里尼(Walter Brienne)(即所谓的雅典公爵)那样可能是暴君的人合作而反对整个城市。除此以外,在马基雅维利所处的佛罗伦萨,占统治地位的贵族机构而非正统元老院是半公开半私人的归尔甫派(Guelf Party),元老院只包含半数的城市贵族,这些贵族致力于统治其对手吉伯林派(Ghibelline)的贵族和一般行会人员。归尔甫派和吉伯林派这些敌对的贵族党派以一种非常不同于罗马的方式向外国势力效忠,[13]这些势力分别是教皇和德国皇帝,他们在城市里定期挑起社会纷争。

在《佛罗伦萨史》中,一个又一个佛罗伦萨人相继出场,他们有希望承担起有德性的创建者角色,比如,贾诺·德拉·贝拉(Giano della Bella)(第三章会讨论他)或布里尼;然而,他们每个人最终都拒绝像罗慕路斯那样在民事和军事方面武装全体人民,因此社会冲突(不仅是阶层之间的冲突,而且尤其是家族和派系之间的冲突)以断断续续的破坏性而非建设性的方式持续存在着。马基雅维利坚持认为,一位"明智的立法者"原本可以将正确的宪法秩序强加于佛罗伦萨共和国(《佛罗伦萨史》3.1),这或许能沿着"自然的"阶层路线将社会冲突适当制度化(《佛罗伦萨史》2.12)。与之相反的是,这座城市中天真的"好"领导者(比如贝拉)或者轻率的"坏"领导者(比如布里尼),都允许或鼓励社会不和以越来越混乱与多样化的方式持续存在下去:具体而言,对立的家族派系之间的激烈冲突,归尔甫派和吉伯林派贵族(然后是"明确对立不同"的归尔甫派)之间的冲突,最富有的行会中所谓受欢迎的贵族与处于中间地位或地位更低的行会的中产公民之间的冲突,以及最后是全程都发生的各种精英群体与城市平民之间的冲突,这些城市平民既没有加入也没有代表他们所属的行会。马基雅维利尽可能详细地记录了共和国令人沮丧的存在缺陷的秩序,以及长期不冷不热的领导如何导致其逐渐衰落:以阿尔比兹(Albizzi)寡头统治(1382年)和美第奇君主政权(1434年)的兴起为代表的城市腐败,以及由1494年法国和1512年西班牙对托斯卡纳的入侵为标志的地缘政治的衰落,这都能从根本上判定共和国的慢慢衰落。

马基雅维利对《佛罗伦萨史》中几乎每一个佛罗伦萨主要人物的描述,都可以与他在早期作品中对罗马人或古代领导者的论述相比较。① 最为明确的是,马基雅维利将贝拉描述为有机会成为罗慕路斯、摩西(Moses)或布鲁图斯(Brutus)那样的公民领袖:一位捍卫自身法律的辩护者,这套法律同时保护与造福他的人民(《李维史论》1.9,3.3;《佛罗伦萨史》2.13)。按照马基雅维利的说法,那些有德性的古代领导者明白,[14]新的法律和人民的自由必须以"布鲁图斯之子"、虐待人民的贵族以及开国者或改革者的顽固反对者的鲜血为保障(《君主论》第六章;《李维史论》3.3,3.30)。相反,马基雅维利认为,一种对"善"不加区分的观念促使贾诺离开这座城市,而不是像摩西或布鲁图斯那样诉诸必要的武力来有效施行其法律,并且确保佛罗伦萨普通公民的持久福祉——尽管被武装起来的人民两次出现在他的门前,恳求他这样做,并且承诺给予他军事支持。② 在第三章,我论证马基雅维利如何在他所有主要的政治著作中,自始至终保持对普通民众之德能和得体的正面评价;我反对学界的正统观点,这种观点坚持认为,马基雅维利在《佛罗伦萨史》中认为佛罗伦萨人民和普通民众在民事和军事方面都不如相对应的古人。

当然,《李维史论》和《佛罗伦萨史》确实让读者感到强烈对比,其中这两点是相互关联的。首先,马基雅维利反复强调,古罗马人

---

① 在尚未完成的著作"The People's Princes: Machiavelli, Leadership and Liberty"中,我更详细地论述了这一观点。

② See John P. McCormick, "Faulty Foundings and Failed Reformers in Machiavelli's Florentine Histories", *American Political Science Review* 111, no. 1 (February 2017), 204–216.

会为了公民的福祉而不断杀害自己家族的成员[例如,布鲁图斯、维吉尼乌斯(Virginius)、托夸图斯(Manlius Torquatus)等等],而中世纪的佛罗伦萨人则不断扰乱公民秩序,为了保护那些感到委屈的家庭、家族或党派成员的利益而残害或杀害其他公民。其次,在马基雅维利的描述中,佛罗伦萨人并非像罗马共和国那样,用武力征服其他意大利人,并在战争中击败德国、法国和西班牙的敌人,反而是恰恰被具备德行的古代共和国已征服的这些刚才提到的国家打败。佛罗伦萨共和国的政治福祉一直被德国皇帝及法国和西班牙的君主破坏(通常是通过罗马教皇邪恶或无能的干预)。

尤其能体现马基雅维利关于社会冲突制度化之有益影响的观点的是《佛罗伦萨史》第三卷对佛罗伦萨梳毛工起义(Ciompi Revolt)的生动描述。由于城市被压迫的羊毛工人无法求助于或许会对外诉说其委屈的护民官,并且无法直接面对佛罗伦萨聚集在元老院里的最富有和最杰出的公民,羊毛工人被迫用一系列带有破坏性的但并不特别血腥的暴动来挨家挨户追捕城市精英。[15]这些骚乱并没有给佛罗伦萨更贫穷的公民带来长期增长的收益,反而使城市最富有的家族中保守势力权力得以巩固(《佛罗伦萨史》3.24)。① 通过这种被确立起来的寡头制安排,马基雅维利向我们

---

① 历史学家的研究,参见 Gene Brucker, "The Ciompi Revolt", in Nicolai Rubinstein, ed., *Florentine Studies: Politics and Society in Renaissance Florence* (London: Faber and Faber, 1968), 314 – 356;以及 John Najemy, *Corporatism and Consensus in Florentine Electoral Politics*, 1280 – 1400 (Chapel Hill: University of North Carolina Press, 1982)。温特(Yves Winter)颇具魄力地从政治学角度细致论述了梳毛工起义的意义以及马基雅维利的相关分析,参见 "Plebeian Politics: Machiavelli and the Ciompi Uprising", *Political Theory 40*, no. 6 (November 2012), 736 – 766;以及 *Machiavelli and the Orders of Violence*。我在本书第三章和另一作品("Faulty Foundings and Failed Reformers"),讨论了马基雅维利对起义的看法。

展示了科西莫·德·美第奇(Cosimo de' Medici)及其家族的继承者——但他错误地把他们描绘成人民的捍卫者——如何爬升到商业巨子的地位。① 美第奇家族并没有武装公民,而只是把他们变成了经济方面的被庇护者,最终腐蚀了城市的公民生活,并保证在军事上依赖于外国势力和雇佣军军阀,后者会带来灾难(《佛罗伦萨史》5)。②

为什么罗马的创建者和公民君主如此有德性,而佛罗伦萨人却那么犹豫不决和无能,尤其是在民事上和军事上武装人民方面?在著作中,马基雅维利有时直接有时更微妙地谴责基督教,把近代共和国及其领导者的弱点归咎于基督教:与此前更具活力的政治信念体系的教导不同,基督教的信条鼓励被动、从属,并将惩罚推到另一个世界——并且或许最糟糕的是,这种教义在将会成为现代创建者和改革者的人当中,推广一种始终不加区分的关于"好"的观念(《君主论》第十五章;《李维史论》3.1)。这些教义看似抑制了现代人和君主的"坏"行为,但这些行为实际上有益于政治生活。古代被武装的民众常常自己动手规导与惩罚那些对公众犯下罪行的人;此外,诸如摩西和布鲁图斯等古代君主从未犹豫要消除对手对他们的新模式和新秩序的威胁,这些模式和秩序确保其人民和国家的自由与持久。

马基雅维利确实慨叹,基督教信徒遭受太长时间的痛苦,却没有马上去报复那些虐待他人的精英;正如他对梳毛工起义的叙述清

---

① 关于马基雅维利叙述佛罗伦萨历史的跨度起始于征服了古代贵族的行会共和国的相对平等,一直延伸到促使美第奇君主政权崛起的猖獗的不平等,参见 Amanda Moure Maher, "The Corrupt Republic: The Contemporary Implications of Machiavelli's Critique of Wealth Inequality and Social Dependence" (PhD Dissertation, University of Chicago, Political Science Department, 2017)。

② See Christopher Lynch, "War and Foreign Affairs in Machiavelli's Florentine Histories", *Review of Politics 74*, no. 1 (Winter 2012), 1-26.

楚地表明,如果羊毛工人最终被激怒到绝望,就会以毫无纪律和成效的方式罢工,反对压迫者。诸如美第奇家族、萨沃纳罗拉(Girolamo Savonarola)修士,以及马基雅维利自己的赞助人索德里尼(Piero Soderini)等佛罗伦萨的君主——他们都与罗马天主教会保持着这样或那样有形的关联——似乎内在地受到了基督教道德或者外在地受到了基督教世俗权力的束缚,[16]无法果断地在亚诺河(Arno)上建立并维持一个健康的公民共和国(《君主论》第六章;《李维史论》1.52,3.3,3.9,3.30)。尤其是,马基雅维利断言,基督教君主似乎没有能力一方面只用证明其良善的陈词滥调来武装人民,另一方面又能消除带有隐喻性的"布鲁图斯之子",后者永远威胁着"自由和公民的生活之道";换言之,憎恨人民自由、有着压迫心态的精英,深切痛恨人民参与政治,并反对所有试图限制他们自身之贵族权力和特权的改革者。①

不过,正如我将在第一章讨论的那样,马基雅维利就博尔贾生涯的重构提出了一种可能性,即基督教的某些特征或可被证明与古代异教徒的行为一致,并有可能作为未来体现德性的君主政治和民众政治的基础。一如我们将要观察到的,虽然博尔贾对于永恒的诅咒心怀焦虑,并因此倾向于相信存在宽恕的可能,这些都最终导致了他的政治末日,但马基雅维利暗示,他"观念"当中其他准基督教的成分表明,他会在政治上取得很大成就。例如:布鲁图斯杀害自己的儿子所彰显的对人民福祉的承诺;在极大的程度上,在这个世界而不是另一个世界(反复地,不止一次)赎罪的必要性;找一个人当替罪羊的必要性,以便君主会因好结果而得到荣耀,但政治对手却会因为想获得这些结果而经常采用令人厌恶的手段进而受到指责;承诺与体验真正的(总是有条件的)国内和平,这有助于在君主和人民之间建立一种亲密关系。

---

① See John P. McCormick, "Faulty Foundings and Failed Reformers".

从更跨越历史的角度说,学者们经常不加思考地误解马基雅维利对现代世界的实际政治和宪法形式的确切影响。毕竟,广义的启蒙时代的"共和主义者"选择性采用了马基雅维利的解决办法:他们只是部分地采纳了他关于新罗马人民全面军事化的呼吁,几乎完全拒绝了他预计的这些新武装的公民所要求的民主制度和实践。(第四章)以卢梭为例,他明确拒绝了马基雅维利对现代平民护民官和议会的呼吁,[17]在议会中,普通公民自身能自由讨论并平等参与制定公共政策。相反,现代宪法的制定者特地选择以普选方式来让人任职,在竞选中人民可以选择最明智和最谨慎的(实际上是最富有和最杰出的)个人,而且他们还专门选择了通过选举产生的贵族议会,据称议会将以忠实有效的方式代表普通民众的利益。①

或许,马基雅维利关乎"国家理由"——一个他从未使用的短语——的作品产生的实际影响最大,并由此招来了最为狼藉的骂名。② 欧洲绝对君主制的建构者盗用了马基雅维利显然是愤世嫉俗、不道德的教义,并决然割断了这些教义与他自身附带民主的平民主义的规范性关切之间的关联。他们把个人成功提升至国家君主的位置——都铎王朝、斯图亚特王朝、瓦卢瓦王朝、哈布斯堡王朝和霍亨佐伦王朝——当然也促使传统的贵族从属于这些王朝的权威。然而,现代国家的创建者依靠职业军队,以及通过支持代表公共利益,未能像马基雅维利所建议的那样充分赋予人民权力。这些

---

① See Bernard Manin, *The Principles of Representative Government* (Cambridge: Cambridge University Press, 1997); and McCormick, *Machiavellian Democracy*, chapter 7.

② 该术语源始于 Giovanni Botero, *The Reason of State* [1589], Robert Bireley, ed. (Cambridge: Cambridge University Press, 2017)。关于马基雅维利被设想在这一传统中所处的位置,参见 Friedrich Meinecke, *Machiavellism: The Doctrine of Raison d'État and Its Place in Modern History*, trans. Douglas Scott (New York: Praeger, 1962)。

现代君主——特别是接续其后的官僚体制国家——在经济上依赖于新兴的资本主义贵族,这在军事武装和民事武装方面,并没有给现代共和国的公民留下恒久的资源,而马基雅维利认为,对捍卫他们的自由以抵御贪婪的精英阶层而言,这些武装是永远必要的。[1] 在第二章,我将论证为了在良序的人民政府中实现自由,马基雅维利提出要求具备实质性平等的社会经济条件的方案;事实上,他直接把古罗马这个世界上最伟大的民主共和国的崩溃归咎于它未能阻止在其他方面不可避免的经济和政治不平等的加剧。

---

[1] See Barrington Moore, *Social Origins of Dictatorship and Democracy: Lord and Peasant in the Making of the Modern World* (Boston: Beacon Press, 1966); Perry Anderson, *Lineages of the Absolutist State* (London: Verso, 1979); and Charles Tilly, *Coercion, Capital and European States, A. D. 990 – 1992* (Oxford: Blackwell, 1992).

# 第一章　瓦伦蒂诺公爵的激情
## ——切萨雷·博尔贾、圣经讽喻及《君主论》

[21]大约五百年以后,关于马基雅维利的宗教观点依然没有形成共识。尽管马基雅维利明显持反对教士的政治立场,但许多学者仍然坚持认为,他的宗教取向在很大程度上仍属于正统基督教范畴。① 但其他学者持相反的观点:马基雅维利不仅对基督教充满憎恨,而且他的写作动机无非是想把宗教从人的生活中清除出去,建立一个无神论的世界秩序。② 本章并非要解决这个问题,而只是探

---

① See Maurizio Viroli, *Machiavelli's God*, trans. Antony Shugaar (Princeton University Press, 2010). 在该书中,作者有意为之(甚至愤世嫉俗)的天真姿态在很大程度上削弱其论点的可信度。新近关于马基雅维利之宗教观的严肃的研究,参见 Marco Geuna, "Ruolo dei conflitti e ruolo della religione nella riflessione di Machiavelli sulla storia di Roma", in R. Caporali, V. Morfino, and S. Visentin, eds., *Machiavelli: Tempo e Conflitto* (Milan: Mimesis, 2012), 107 – 140; and Alison McQueen, *Political Realism in Apocalyptic Times* (Cambridge: Cambridge University Press, 2017)。

② See William B. Parson, *Machiavelli's Gospel: The Critique of Christianity in The Prince* (Rochester: University of Rochester Press, 2016). 该书有力地补充了苏利文(Vickie Sullivan)对马基雅维利《李维史论》所做的动机相似的研究。See Sullivan, *Machiavelli's Three Romes: Religion, Human Liberty, and Politics Reformed* (DeKalb: Northern Illinois University Press, 1996)。

究在《君主论》的关键之处,马基雅维利所运用的基督教讽喻方式,①特别是在论及关键人物博尔贾的政治生涯时。我将会明确展示,马基雅维利充分利用福音书的知识,征引基督教的形象和教义,通过博尔贾的例子来传授他的政治经验。他是否如此全面地反对基督教,是否认为他的新政治科学、"新模式和秩序"(以宗教或非宗教的方式)挪用与推进了某些基督教教义,在很大程度上依然没有定论。

马基雅维利对博尔贾的论述总是给《君主论》的阐释者带来困惑。一些阐释者谴责马基雅维利的小册子并不体面,认为[22]马基雅维利以赞美的笔触描述雄心勃勃、狡猾而残酷的博尔贾,这证明了他并不关心虔诚、道德、好政府或基本的行为准则。在持相反观点的阐释者中,没有哪位知名人士会比卢梭更坚持认为,马基雅维利对博尔贾的使用具有带启发性的反讽意味:马基雅维利无意把博尔贾作为一个只是暴君的范例,在缺乏共和政府的情况下,不可避免会出现这样的暴君。② 更愿意相信马基雅维利的阐释者,在博尔贾的例子中发现马基雅维利直面当时可怕的政治现实。比如,布克哈特(Jacob Burckhardt)认为,马基雅维利叙述博尔贾的生涯是为了说明一个无情的、虚伪的军阀如何利用教皇的权威来积累权力,甚至创造了一种环境使教皇制度本身有可能会转变成合适的世袭君主制,即,变成一个在传统意义上更有效的君主国,能够驱逐外国侵

---

① Niccolò Machiavelli, *Il Principe* (*De Principatibus*) [1513/1532], ed. G. Inglese (Turin: Einaudi – Gallimard, 1995), hereafter P. See also Machiavelli, *Discorsi* [1513 – 17/1531], C. Vivanti, ed. (Turin: Einaudi – Gallimard, 1997), hereafter D.

② Jean – Jacques Rousseau, "Of the Social Contract, Or Principles of Political Right", in Victor Gourevitch, trans. and ed., *Rousseau: The Social Contract and Other Later Political Writings* (Cambridge: Cambridge University Press, 1997), 39 – 152, here 95n.

略者统一意大利。①

  我的阐释强调了圣经中具有一致性的地方,这些一致性无可争议地刻画了马基雅维利所叙述的博尔贾的起落,他是《君主论》中典型的"新君主",一位信奉基督教教义的"和平君主",臣民及马基雅维利本人都用带有赞誉性质的头衔"瓦伦蒂诺公爵"(Duke Valentino)称呼他。我赞同卢梭的观点,马基雅维利希望就博尔贾的政治生涯而传递的所有想法都不是显而易见的;但我不同意他以下看法,即不管从消极还是积极的角度看,马基雅维利都想让博尔贾具备"德性"和"精神",绝非为了把他作为榜样。② 我认同布克哈特,相信马基雅维利对博尔贾生涯的记录有着规范性意图和实际目标,他的话语表达并非模棱两可,但宗教目的却非常模糊。

### 马基雅维利的"公爵"和人民的和平君主

  在《君主论》第七章,马基雅维利认为切萨雷·博尔贾是借助运气(即借助其他君主的权力)获得权力,[23]但却通过德性(即凭借自己的军备和努力)巩固自身权威的最佳例子。马基雅维利把博

---

  ① See Jacob Burckhardt, *The Civilization of the Renaissance in Italy*, trans. S. G. C. Middlemore (New York: Macmillan, 1904), 113–117. 基于施特劳斯式的目的,斯科特(John T. Scott)和苏利文在以下这篇论文中挪用了布克哈特的观点,即"Patricide and the Plot of the Prince: Cesare Borgia and Machiavelli's Italy", *American Political Science Review* 88, no. 4 (December 1994), 887–900。

  ② 最近那些坚持认为马基雅维利对博尔贾的描述大多具有讽刺挖苦意味的阐释者包括:John M. Najemy, "Machiavelli and Cesare Borgia: A Reconsideration of Chapter 7 of The Prince", *Review of Politics* 75, no. 4 (Fall 2013), 539–556; and Erica Benner, *Machiavelli's Prince: A New Reading* (Oxford: Oxford University Press, 2014), 94–111。

尔贾刻画成一个明显比不上那些即便存在问题但仍能成功的神话般的君主的范例——他在先前的章节中讨论过这些君主:摩西、罗慕路斯、忒修斯(Theseus)、居鲁士(Cyrus),他们特别通过自身的德性和军备而创立民族或宗教。

尽管存在这样的缺陷,马基雅维利还是不遗余力地从个人层面把自己和博尔贾联系起来,并且借助博尔贾而使自己与作为一个阶层的普通民众关联起来。

首先,他用他在书的"献辞"中描述自己的语词来形容博尔贾:马基雅维利写道,他本人和博尔贾都过分且不公地遭受了"命运的恶毒"(《君主论》"献辞"、第七章)。奇怪的是,马基雅维利仅在第三章和第七章让自己成为《君主论》的对话者,而博尔贾是这两章的重要人物。在这两章中,马基雅维利提到,博尔贾被"人民"或"群氓"称为"瓦伦蒂诺公爵"。

继而,马基雅维利以一种流行或粗俗的方式,在叙述博尔贾短暂而引人注目的生涯时,专门用"公爵"来指称他(《君主论》第三章、第七章)。通过教皇亚历山大六世正式为他的儿子博尔贾取得一个高贵头衔的事件,马基雅维利提到,教皇在批准法国国王取消其婚姻请求的同时,也将国王的大臣鲁昂大主教(the archbishop of Rouen)提升为枢机主教;作为回报,教皇从国王那里得到了博尔贾的头衔"瓦伦蒂诺公爵"。然而,马基雅维利认为,博尔贾是通过他自己的成就而赢得人民眼里的"公爵"称号的,在马基雅维利的眼中明显也是如此。显然,马基雅维利最终关心的是人民的判断而非教皇和国王的判断。同样,马基雅维利坚持称博尔贾为"瓦伦蒂诺公爵"也正是因为人民都这么称呼他。①

---

① 请注意,佛罗伦萨权贵圭恰迪尼(Francesco Guicciardini)称他为瓦伦蒂诺公爵还基于一个更传统的解释理由:"博尔贾之所以被称为瓦伦蒂诺,是因为他在法国拥有一片同名的封地。" See Guicciardini, *History of Florence*, trans. M. Domandi (New York: Harper, 1970), 177.

马基雅维利在《君主论》其他地方做出过一个有名论断:人民对表象和结果着迷;"但在一个除了群氓以外别无他物的世界",表象和结果最终可能是最重要的(《君主论》第十八章)。尽管这句话经常被认为是马基雅维利对民众判断的批评,是他蔑视人民之肤浅的表述,[24]但马基雅维利本人与公爵之间的关系,以及他与(有德性的和粗俗的)人民之间的联系实际上证实了这一视角的有效性。事实上,在担任索德里尼——1494年命运多舛的佛罗伦萨共和国的首席执政官——的顾问和臣僚期间,马基雅维利给索德里尼的侄子写了一封信,预言了七年之后的《君主论》:

> 我并非通过你的视角(年轻贵族的视角)来思考问题——从中我只看到了审慎,而是通过多数人的视角来反思,这些人只看事情的结果而非手段。①

马基雅维利在此声明他对目的、对结果的关注,这超过了对手段的关注,因为它们是人民首要关注的对象。无论是马基雅维利还是人民,似乎都不会像少数人那样过分关心手段问题,因为这是很奢侈的。人民与公爵之间的直接关联——因人民对公爵带来的成果的欣赏而确立他们之间的联系——通过马基雅维利在《君主论》中对博尔贾生涯的论述而变得越来越重要。实际上,马基雅维利赞美它,或者正如我们将看到的那样,他把这种关系、这种联系神圣化。

在第三章,马基雅维利再一次首先介绍了亚历山大六世的私生子博尔贾。他的出身与得到的资助都很好——确实在宗教方面得到了赞扬。然而,他不是婚生子,这在某种意义上削弱了他出身的高贵,甚至使其变得粗俗。就像许多创建者和先知那样,博尔贾的

---

① Machiavelli, "Draft of a Letter to Giovan Battista Soderini (September 13-27, 1506)", in William J. Connell, ed., Machiavelli, *The Prince* (Boston: Bedford, 2005), 127.

崇高和谦卑一开始是含糊的,他虽然在神学意义上获得了合法性,却违背了传统道德。对马基雅维利很重要的是,博尔贾继承了别人的战利品和王国。《君主论》第四章似乎强调了这一点,因为它关系到被亚历山大征服的领土在他死后的命运,即使这里提到的亚历山大并不是前一章提到的博尔贾教皇,而是马其顿的亚历山大(Alexander of Macedon)。马基雅维利告诉读者,要是亚历山大大帝(Alexander the Great)的继任者当初能团结一致,那么他的战果就很容易传承下去——比方说,如果他留下一个儿子,这个儿子是称职的继任者。

以但丁为代表的最著名的神圣庄严传统,承认罗马的凯撒是亚历山大的继承者:[25]皇帝以身作则,目的是征服世界。① 事实上,马基雅维利评论了尤利乌斯·凯撒(Julius Caesar)如何模仿亚历山大,就像亚历山大和西比阿(Scipio)分别模仿阿喀琉斯和居鲁士一样(《君主论》第十四章)。在《君主论》前面的章节中,一个中心问题是,切萨雷·博尔贾(Cesare Borgia)是否有能力维持他从亚历山大那里继承下来的根基,并在基础上进行开拓。实际上,由于古代和现代的凯撒(Cesare)与亚历山大(Alessandro)的意大利文拼写是一样的,读者经常不得不停下来,思考马基雅维利在特定时刻所讨论的是哪一个 Cesare 和 Alessandro。更具体地说,马基雅维利生动直观地促使读者去思考,这位教皇和他的私生子是否或者在多大程度上恰当地模仿了古代更著名的同名人。马基雅维利邀请读者去思考古代和现代同名者之间的相似与不同:亚历山大和切萨雷·博尔贾是否取得了与古代同名的人一样的成就呢?马基雅维利用另一个名字——瓦伦蒂诺公爵——来称呼博尔贾,这是否意味着,与古代征服者的成就相比,他可以建立一些与之不同的新东西,

---

① Dante Alighieri, *Monarchy*, trans. Prue Shaw (Cambridge: Cambridge University Press, 1996), 52.

还是说这个重新命名只是突出了教皇和公爵离最终倒台究竟有多远？

## 切萨雷·博尔贾的寓言故事

马基雅维利认为，教皇亚历山大最初无法找到武装力量从军事上支持博尔贾，特别是他试图为获得教皇职位而重新夺回罗马涅（Romagna），因为他所有潜在的盟友都担心教会的领土范围扩大（《君主论》第七章）。为了应对这一僵局，亚历山大让意大利发生大变动，目的是分散敌人的注意力并迷惑他们。教皇鼓励威尼斯人帮助法国入侵意大利，继而，亚历山大要求从法国得到军备支持，帮助博尔贾与威尼斯人作战（《君主论》第七章）。简而言之，亚历山大有效地欺骗法国人，让他们帮助他夺取罗马涅，然后他让博尔贾负责那里。尽管事实上公爵用别人（包括教会、威尼斯人和法国人）提供给他的军队占领了行省，[26]但当马基雅维利描述公爵如何处理这些可疑的忠诚军队和他们的指挥官时，他论述了博尔贾"合乎道德地"行动的能力。

博尔贾马上认识到这些继承下来的部队是不可靠的：他们要么太"冷酷"，不愿战斗；要么很有可能成为威胁，太容易随时反对他们的新将领（《君主论》第七章）。公爵奉承、贿赂、腐化了绝大多数给他提供武器与威胁他的领主，赢得他们的支持。在描述这些行为的段落中出现了一次转折，勉强算得上是一次变身：一开始，最初的行动者是"亚历山大"和"教皇"，但是在使用了一些不定代词之后，接下来的主要行动者成了"公爵"或"瓦伦蒂诺公爵"。① 这就是马基雅维利的叙述中奇怪的暗示。帕戈罗·奥尔西尼（Pagolo Orsini）

---

① Cf. Matthew 17:1−9, Mark 9:2−8, Luke 9:28−36.

是最近一直与博尔贾发生争执的领主,同时公爵也需要从他那里得到军备。奥尔西尼显然有两个名字:尽管马基雅维利在别处用他的真名帕戈罗来称呼他,①但在这里,他称其为保罗阁下(Signor Paolo)、保罗先生(Mr. Paul)。公爵用包括马匹在内的礼物赢得了保罗的信任。不过,马基雅维利忘了告诉读者,这位有两个名字的保罗有没有从其中一匹马身上掉下来。相反,最重要的一点似乎是,博尔贾改变了他以前的对手保罗的想法。②

接下来,公爵争取获得保罗先生的帮助,以改变其他敌人的想法。在保罗的调停下,博尔贾邀请他们参加在海滨城市塞尼加利亚(Senigallia)举办的庆祝和解的活动,马基雅维利对此有所描述(《君主论》第七章)。参与者并不完全知情,这将是他们最后的晚餐。然而,与其他著名的最后晚餐不同,不是主人遭到背叛、被捕并接着被处决;③相反,公爵勒死了他的客人。作为佛罗伦萨的使者,马基雅维利在塞尼加利亚观察,得到公爵在1502年新年前夜的行动的一手资料。实际上,在《君主论》第七章这个地方,马基雅维利写得比较笼统,他是公爵生活的记录者,既观察了瓦伦蒂诺,也与瓦伦蒂诺谈话。马基雅维利反复强调,他希望记录公爵的言论和行动,以便于在未来没有亲身经历的人能够领悟。④

[27]在塞尼加利亚的暗杀事件之后,博尔贾不再依靠他人的军备——至少在他努力获取权力过程中是这样的。但维持权力完全

---

① Machiavelli, "A Description of the Method Used by Duke Valentino in Killing Vitellozzo Vitelli, Oliverotto da Fermo, and Others", in A. Gilbert, *Machiavelli: The Chief Works and Others*, Vol. I (Durham: Duke University Press, 1965), 163–169.

② Cf. Acts 9:1–19a, 22:6–11.

③ Cf. 1 Corinthians 11:23–26, Mark 14:20–21, Matthew 26:23–26:25, John 13:26–13:27.

④ Cf. Mark 1:14–15, 1 Corinthians 15:1–9, Justin Martyr 1 Apology.

是另外一回事:为巩固公爵在罗马涅的新权威,可靠的依附关系将被证实是必要的。博尔贾发现行省严重混乱;马基雅维利在描写折磨那里的人民的罪恶、争斗和傲慢时指出,当地贵族宁愿"剥削而不愿矫正他们的臣民"(《君主论》第七章)。为了罗马涅的和平与安宁,博尔贾诉诸"王者之臂";他提拔"残忍而能干的"雷米洛·德·奥尔科(Remirro d'Orco)为他做这项工作(《君主论》第七章)。雷米洛成功完成了这项任务,消灭领主,惩戒人民,并且因此为自己赢得了极高的声誉。

或许不足为奇的是,马基雅维利说,博尔贾开始担心雷米洛权威过大,过于"严苛",会招致人民的憎恶(《君主论》第七章)。然而,他没有说明博尔贾是否担心这种憎恶会指向雷米洛或博尔贾本人。或许最让博尔贾不安的是,雷米洛为自己赢得的名声不亚于甚或大于他在人民中引起的憎恶。人民会责怪主要的行为者还是单纯的工具呢?是君主本人还是辅助君主的左膀右臂呢?在这种情况下,谁是主要的推动者?是雷米洛,那个做了肮脏的事而使得罗马涅变得和平的人?是博尔贾,那个命令雷米洛这么做的人?是亚历山大,那个卓有成效地把罗马涅交给博尔贾的人?抑或是马基雅维利?毕竟,马基雅维利把他们都放到那里,至少是放在这个小寓言故事的语境中。

起初,纵使腐败的和具有压迫性的领主首当其冲地受到雷米洛严酷模式的影响,并对此感到厌烦,但确立起关乎立法和代表的制度似乎会减轻人民对通过残酷和暴力实现"和平与团结"的愤怒:博尔贾建立了一个法庭,由一位受人尊敬的主持官员和来自该地区各地的代表组成(《君主论》第七章)。用传统的韦伯(Max Weber)式话语来说,新君主的政策一开始必须由与他有直接私人关系的人执行,然后借助更为正式和非人格化的制度。根据韦伯的观点,这最终能确立在法律意义上合法的政府形式,[28]比如现代的法治国家,它至少在理论上是自由的,不受任何个人的从属关系影响。①当然,公爵在罗马涅似乎正经历这一转变,从借助一个亲信来统治,到以程序为基础进行管理。然而此时,形式上合理的制度不足以让马基雅维利或博尔贾完成下一个任务,在意大利中北部建立一个国家。程序化的行政管理并不是公爵提供给人民的全部;他还为他们的灵魂提供食粮。马基雅维利认为,一方面,博尔贾希望更彻底地驱除人民心怀的仇恨,另一方面,他想向他们表明,究竟是谁的残酷让行省变得井然有序:不是博尔贾,而是他的执行者(《君主论》第七章)。

马基雅维利的这段描述让人难以忘怀:一天早上,在色西那(Cesena)镇广场上,人们发现雷米洛被剖成两半(in dua pezzi),身旁有一把带血的刀和一块木头(《君主论》第七章)。任何稍微熟悉《君主论》的人都知道,马基雅维利身处当地,他报告说:"这个残暴的场景马上让人民感到满意并目瞪口呆。"(《君主论》第七章)

对这种让人满意与惊愕的大场面有多种解释方法。一种方法是把它看作对马基雅维利式箴言的具体说明。在《君主论》更靠前的地方,马基雅维利指出,所有构成他人掌权之成因的人都会走向毁灭。在第三章中,马基雅维利强调那些曾经帮助别人逐步掌握权力的人所面临的危险,得出结论,认为这是因为一个审慎的、新掌权的君主自然会害怕他们自己副手的勤奋或力量,并且会有力地反击他们造成的潜在威胁。简而言之,一个人会威胁到在他帮助之下获得权力的那个人,而如果那个人足够精明,就会消除以前所有的帮助并视之为潜在威胁。在这个身边的例子中,雷米洛帮助博尔贾巩固了势力,作为奖赏,他的身体被分割。然而,雷米洛可能做得太过

---

① See Max Weber, "The Profession and Vocation of Politics", composed circa 1917, in P. Lassman and R. Speirs, eds., *Max Weber's Political Writings* (Cambridge: Cambridge University Press, 1994).

了,因此或许罪有应得:马基雅维利在其他地方进行了臭名昭著的教导,对统治者而言,被畏惧比被爱戴更好,但为了真正得到安全,君主必须避免仇恨(《君主论》第十七章、第十九章)。恐惧让臣民寻求自我保护;但一旦他们杀戮的欲望超过了生存的欲望,[29]仇恨就会迫使他们突破自我保护的欲望范围。仇恨正是雷米洛的残忍在人民心中所产生的东西,一种公爵认为简直不能承受的"心境"。

但是,在马基雅维利笔下,博尔贾和雷米洛都是残忍的。为什么公爵的残忍更可取?为什么他的残忍会引起恐惧而非仇恨?在一次广为人知的讨论中,马基雅维利比较了博尔贾的残忍和佛罗伦萨共和国在处理附属城市——如皮斯托亚(Pistoia)——时试图采用的仁慈(《君主论》第十七章)。佛罗伦萨的"慈善"允许这种混乱——不和、叛乱、内战——继续下去,这些混乱使皮斯托亚付出生命代价,其代价高于博尔贾为罗马涅全体人民牺牲的一条孤独的生命(雷米洛的性命)。在这个意义上,至少,与佛罗伦萨的慈善相比,博尔贾的残忍更像是基督教的。① 毕竟,是基督教的信条提出人要为了其他人做出牺牲;人——耶稣基督(Jesus Christ)——必须为其他人的"罪恶"(peccati,马基雅维利最喜欢的语词之一)赎罪。② 确实,或许可以想一想博尔贾放在雷米洛的尸体旁边的那块木头,是否在视觉上暗示着十字架和耶稣受难的终极意义。③

进一步的反思有可能添附其他解释。后来,在第二十一章中,

---

① 下面这篇文章深入透彻地分析了《君主论》当中残酷的恰当使用与基督教之间的关系,即 Clifford Orwin, "Machiavelli's Unchristian Charity", *American Political Science Review* 72, no. 4 (December 1978), 1217 - 1228。不过,该文章的题目很容易被改写为"Machiavelli's Unconventionally Christian Charity"。

② Cf. 1 Cor. 15:3 - 4, 1 Peter 3:18, John 3:16, Hebrews 10:12 - 14.

③ 格拉齐亚(Sebastian de Grazia)提供了另一种更世俗的解释。See *Machiavelli in Hell* (Princeton: Princeton University Press, 1990), 84, 327.

马基雅维利围绕节日主题向君主提出建议:在一年中的适当时候,君主应该用节日和盛大场面(spettacoli)来让人民感到快乐——当描述雷米洛事件时,他使用了节日盛大场面这个词的复数形式。马基雅维利不需要提到这件几乎所有当时阅读《君主论》的人都知道的事情:雷米洛于1502年12月26日被切成两段。雷米洛的死对罗马涅的人民来说是一份圣诞礼物,或者更确切地说,是一份圣史蒂芬日(St. Stephen's Day)或节礼日(Boxing Day)的礼物。圣诞节是庆祝上帝与人类立约的节日,上帝承诺要拯救人类。① 继这一天后是圣史蒂芬日,是欧洲贵族按照传统以皮箱向穷人提供粮食的节日,这样穷人就可以在寒冬享受食物。马基雅维利的公爵似乎以一场节日盛会为普通百姓提供了"精神"食粮。也许这就是马基雅维利获得的部分经验:君主一定要始终显得慷慨虔诚(《君主论》第十六章、第二十一章)。[30]或者,在这种情况下,表象背后甚或是在呼吁关注表象背后,都可能存在更具实质性的信息。

毕竟,所有虔诚的基督徒都会尽力教导他们的孩子,圣诞精神不仅仅体现在礼物和庆典方面。圣父派他的儿子来拯救人类,给世界带来和平与团结。博尔贾也是他的教皇父亲送给罗马涅人民的和平君主。在这个意义上,雷米洛在圣诞节被处决是一份契约、一个信仰的承诺。事实上,按照传统的理解,也许公爵认为圣诞节不是一天,而是一个季节,一个由一些重要节日组成的季节。在圣诞节和圣史蒂芬日之后,基督教日历上的下一个大节日提醒人们,上帝和他的子民之间有另一份契约。直到相当晚近的时候,1月1日的割礼节才成为罗马天主教认识到耶稣与犹太人之关联的日子:耶稣的到来不仅带来了新律法,也履行了旧律法。就像自亚伯拉罕以来的所有犹太人一样,耶稣出生时身上就带有上帝与以色列人之契

---

① See Luke 2:11.

约的印记,这是一份以切割身体的一部分为标记的契约。① 我们应该记得,雷米洛是博尔贾的"王者之臂",是君主的延伸——在多种意义上,是博尔贾的手足(《君主论》第七章)。雷米洛是公爵权威的重要象征、一副政治阳具。我认为,在基督教礼拜日这个重要的节日期间,雷米洛被切割成两段血淋淋的躯体呈现在公众面前,这点值得注意。

瓦伦蒂诺公爵和罗马涅人民之间契约的实质性内容会是什么呢?博尔贾设立法庭,确立法律和责任,然后抛弃他自己诉诸非常态的法外暴力的那部分。他把自己与那具恰恰代表过度残忍、引发暴力之仇恨的身体分割开来。他戏剧性地切断的正是自己与那种专横暴力的联系。根据马基雅维利的描述,公爵在犯罪现场留下了带血的刀。在某种程度上,这传达出一种信号:"我没有这样做,雷米洛应该对此负责。"这把刀象征着雷米洛过分残忍的政策,所以它一直在他身边。然而,公爵可能正在传达一种更深入、更深远地区分彼此的形式。公爵似乎还说:"现在罗马涅秩序井然,[31] 我不再需要雷米洛或者刀子。"此后,向军队发号施令时或者在法庭的要求下,君主会借助剑而不是刀,这两种工具在功能意义上和象征意义上都非常不同。事实上,马基雅维利后来评论道,君主若没有正确使用残忍之道并激起民愤,则很有必要总是"手持一把刀"(《君主论》第八章)。相反,善于使用残忍手段的君主——能够治理良好并且避免民众的仇恨——可以依靠法律制度和代表制度。他自

---

① See Genesis 17:23 – 27. 异教徒和遵守教规的犹太人或许对割礼有不同理解:异教徒认为割掉包皮是要断绝与作为整体的成员之间的关联,守教规的犹太人则会把包皮区分出来,切除包皮会让作为整体的成员保持完整,而不是被分隔开来。关于中世纪欧洲的习俗,参见 Elisheva Baumgarten, "Circumcision and Baptism: The Development of a Jewish Ritual in Christian Europe", in E. W. Mark, ed., *The Covenant of Circumcision: New Perspectives on an Ancient Jewish Rite* (Waltham, MA: Brandeis University Press, 2003), 114 –127。

己不必使用犯罪手段；他可以放下犯罪武器，甚至不犯罪。

现在我们可以更全面地了解，为什么博尔贾会被群氓冠以"瓦伦蒂诺公爵"的头衔。在割礼节上，罗马天主教徒根据传统，用鲜血，以耶稣之名及其与另一代名词"救世主"的隶属关系来庆祝耶稣的圣化。罗马涅的普通民众似乎正是在此意义上理解"瓦伦蒂诺"这个名字的。人民可能意识到了马基雅维利在《君主论》中记载的行为：博尔贾发动战争、撒谎、将人绞死，并且违背他在罗马涅获得与巩固权力的方式。他们可能还认识到，当时有很多关于博尔贾的谣言，马基雅维利甚至都懒得提及：博尔贾的妹妹一直是他的姘妇，他杀死了自己的亲兄弟，强奸并谋杀了法恩扎（Faenza）年少的君主——这发生在保证这个少年君主的安全以换取他城镇的投降之后。①

然而，对人民而言，下述关于"事情之终结"的事实更为重要：瓦伦蒂诺公爵打败了欺压人民如此之久的贵族，结束了不断折磨他们的专横暴力，为人民确立起司法制度和代表制度。简而言之，瓦伦蒂诺给了他们"好政府"，并允许他们"享有幸福"（《君主论》第七章）。回想起来，人民更关心的是结果和表象，而不是产生结果的手段。幸福和好政府是让人民满意的实实在在的结果。对雷米洛的血腥处决让他们接受了表象，[32]相信公爵并没有完全参与雷米洛为了好政府与幸福而采取的残酷政策。人民知道公爵给他们带来的好结果；至少在某种程度上，他们有意不去了解，用以带来好结果的邪恶手段也属于他。

通过描述博尔贾的行为——韦伯不会对这种描述没有深刻印象，马基雅维利勾勒出诸如都铎王朝、波旁王朝、霍亨索伦王朝，以及他们杰出的大臣们，在建立欧洲民族王朝国家时所遵循的蓝图。

---

① See Guicciardini, *History of Florence*, respectively, 197, 126, and 193 – 194.

韦伯论证现代国家的公众合法性水平及程度在历史上是前所未有的;这是马基雅维利在论述博尔贾时描述与预言的公众合法性。① 尽管马基雅维利在多个段落中反复强调,人是忘恩负义或变化无常的(《君主论》第十七章),但他描述"人民",特别是作为一个阶层的"人民"的行为时,他强调:当公爵的政治好运随着他父亲的死亡、他自己的病情以及一位不友好的教皇的当选而开始消逝时,罗马涅的人民不会陷入无政府状态,起来反抗他的统治,也不会欢迎外国军队入侵,与之相反,他们忠诚地等待着已经给他们带来和平的君主重返,即第二次到来(《君主论》第七章)。人民的忠诚服从是对君主的奖赏,这位君主镇压贵族,遏制专横暴力,制定法律——这正是现代国家合法性的要素。虽然现代国家的创建者没有像马基雅维利所建议的那样,②深深扎根于民众的土壤当中,但是,与前辈相比,他们努力建立起与人民更为密切的关系。

在政治思想史上,马基雅维利是第一位在讨论君主国和共和国的稳定时,明确表明更愿意选择人民而非贵族的重要思想家。正如他在第九章断言,君主可以把他们的权力建立在人民或贵族、平民(popolo)或大人物的基础上。每一种政体中这两个阶层都有两种对立的"脾性":人民不愿意被支配,贵族意欲压迫人民(《君主论》第九章)。根据马基雅维利的说法,这些脾性相互作用,从而产生了君主国、自由或放任。[33]当阶层间成功互动时,就会产生自由或共和国;当他们产生冲突接近内战时,就会导致放任或无政府状态。然而,就《君主论》的目的而言,当政体的一部分不能充分满足他们

---

① See John P. McCormick, "Machiavelli, Weber and Cesare Borgia: The Science of Politics and Exemplary Statebuilding", *Storia e Politica* I, no. 1 (2009), 7-34. 然而,正如本书第二章和第三章所阐明的那样,马基雅维利的公众合法性概念并非到此为止。

② See John P. McCormick, *Machiavellian Democracy* (Cambridge: Cambridge University Press, 2011).

的脾性时——当大人物不压迫人民且在一定程度上对此感到满意时,或者当人民没有在足够程度上摆脱这种压迫的时候——其中一方、另一方又或者是双方,将会让一位有能力让他们做这样的事情的君主上台(《君主论》第九章)。

马基雅维利提出了几个理由,解释为什么君主应该与人民而不是大人物结盟。他警告说,被贵族捧上台的君主总是处于危险之中,因为贵族认为君主只是他们的自己人,他们可以随时罢免他,从自己的成员中找人取而代之(《君主论》第九章)。相反,人民给君主更多的回旋余地,因为他们不像大人物那样,认为自己和君主一样有能力统治国家。此外,马基雅维利断言,站在人民一边更容易:贵族不像人民能轻易得到满足,因为他们压迫人民的欲望是没有边界的,而人民不受压迫的愿望是确定的(《君主论》第九章)。当人民没有受到压迫时,他们会感到惊喜。而贵族却总是对君主的努力不以为然;他们总会认为,还能做更多的事情来为他们压迫人民提供便利。马基雅维利还提出,站在人民一边的危险性要小得多:当受到冒犯时,最多无非是抛弃君主;但心怀不满的贵族却极有可能弑君(《君主论》第九章)。瓦伦蒂诺公爵的例子表明,如果君主成功地保护人民免受大人物的迫害,并且平息由少数人必然带来的使统治变得腐败的无序,那么,人民将一直忠诚。

引用马基雅维利的一句话,"让我们回到我们离开的地方",或者回到"我们分开的地方"(ma torniamo donde noi partimmo)(《君主论》第七章),在描述了雷米洛的大场面之后,他旋即说出了这句话。在详细讲述一个关于切开、割断和分离的故事以后,马基雅维利在叙述中指出一种断裂、一个脱节:我们到底是在哪里"中断"或者"分道扬镳"?

## 命运的恶毒抑或缺乏德性？

[34]在马基雅维利的论述中,瓦伦蒂诺公爵在这一点上似乎成功为自己洗脱了罪名。他已经勒死了敌人,把过去的朋友切成碎片,还赢得了民心。简而言之,他已然消灭了所有他曾经依赖过的人——除了人民。毕竟,在《君主论》中,马基雅维利支持依靠人民,这样做唯一影响的只是个人的绝对自主权。但依然要考虑博尔贾最初对父亲的依靠。教皇亚历山大六世本已经从后来发生的事情当中消失,这时又回到了叙述中。马基雅维利说博尔贾在罗马涅是安全的,假如亚历山大还活着,那么,他可以继续在意大利攫取更多的东西(《君主论》第七章)。公爵的父亲(教皇)快要死了,而他的继任者很可能会夺走亚历山大已经交给他的东西。一个新君主将夺走博尔贾的祖传财产,马基雅维利残酷而坦率地称:人更容易忘记他们父亲的死,而不是他们所继承的财产的丧失(《君主论》第十七章)。公爵可能不在乎他父亲的去世,而在乎他自身的继承权。在一场与时间、与死亡的竞赛中——最初是父亲的死亡——马基雅维利详细叙述了博尔贾如何开始消除所有被他掠夺过的人的血统。换言之,他杀死了所有在罗马被他夺取了祖传财产的人。公爵必须清算一切他曾掠夺过或杀害了的人的后嗣;要这样做,他就必须消除新教皇反对他并重新夺回罗马涅的机会。用马基雅维利的话来说,博尔贾不想让一个"新创建者"有机会利用其他人的损失来使新教皇得益。他一定不能在牺牲公爵利益的情况下,把心怀不满或被剥夺财产的人交给一个新的摩西、罗慕路斯或忒修斯作补偿(《君主论》第六章)。

正如但丁(Dante)多年前曾记载的那样,诸如罗马涅等财产是教皇一直施舍给被庇护者和亲属的好东西。① 马基雅维利的《佛罗伦萨史》读起来就像是对法国、德国、拿波里和西班牙势力之入侵的冗长陈述,这些势力已经被新教皇召集起来,希望把他们先前的被庇护者逐出意大利中部地区。② [35]因此,罗马教皇对公爵的新君主国所构成的威胁的确真实存在,而前者是后者权力的最初来源。在《君主论》通篇暗示,不管君主有什么样的能力,他都面临着一项艰巨的任务,巩固意大利中北部领土的根基。鉴于罗马教皇的架构及其在意大利的地位,这样的政权将不得不在教皇的大力支持下建立,但却不能以同样的方式得以维持。马基雅维利观察到,罗马教皇太强大了,不允许这个地区存在一个可能统一意大利的敌对势力;但罗马教皇又太弱小了而无法统一意大利,它没有自己的军队,教皇选举受到外国势力的影响,而且一位教皇的统治时间往往很短——马基雅维利估算大约十年(《君主论》第十一章)。与此相反,更传统的君主国掌控他们自己的武装,世袭继承,并且不依赖于任何特定君主的寿命来取得成功,因为政治方案可以跨越几代人的生命周期而一直得以维系。

尽管存在着大量不利于公爵的可能性,但马基雅维利坚持认为,公爵在父亲去世之前,本可以完成几项任务来确保他自己的权力——可以说,是最后四件事(《君主论》第七章)。③ 除了要消灭他先前掠夺过的敌人以外,博尔贾还必须赢得罗马贵族的支持以遏制新教皇。他必须控制尽可能多的枢机主教团,以便影响下一任教皇的选举。他必须获得尽可能多的领土,以便在新任教皇对他的第一

---

① See Dante, *Monarchy*, 58 – 59.

② See Machiavelli, *Istorie Fiorentine* [1520 – 25/1532], Franco Gaeta, ed. (Milan: Feltrinelli, 1962), especially Book I.

③ See Regis Martin, *The Last Things: Death, Judgment, Hell, Heaven* (Charlotte: Saint Benedict Press, 2009).

次攻击中活下来。亚历山大离世的时候,公爵已经完成了这些事情中的大部分:马基雅维利津津有味地描述了公爵如何杀死几乎所有他能抓住的人;他如何战胜了罗马绅士们;以及他掌握了对足够多的枢机主教的控制权,假如他自己心中的人选不能当选,就阻止任何人得到圣彼得(St. Peter)之位。此外,博尔贾试图把征服的范围扩大到几乎涵盖所有尚未被法国、西班牙、米兰、佛罗伦萨或威尼斯控制的意大利。马基雅维利认为,如果他能成功地完成这项任务,那么,公爵就会自力更生,成为"意大利的仲裁者",不再依赖于命运,而仅仅依赖于他自己的德性。

[36]不过,马基雅维利写道,亚历山大在"他"拔剑之后的第五年离世。不太清楚马基雅维利指的是谁的剑——博尔贾的剑还是亚历山大的剑。随着马基雅维利开始详细讲述公爵的死亡,父亲与儿子之间的区别再次变得模糊不清:切萨雷着手开启他父亲的事业,其任务仅仅在几年后就受到了威胁。亚历山大留给公爵的地方只有罗马涅是稳固安全的,而其他所有的地方就像马基雅维利所描述的那样"摇摆不定"(《君主论》第七章)。这些其他潜在的被征服之地仍然未成为现实的理想城市——不属于这个世界的王国。①易而言之,公爵的绝对统治按理说是《君主论》所描述的最重要的政治形态,但它恰恰是那种马基雅维利在吹嘘自己所关心的、最重要的"有效真理"时所忽视的想象中的共和国和君主国(《君主论》第十五章)。

后来由于博尔贾失宠,马基雅维利通过下述报道增添了公爵的苦恼:不仅父亲即将离世,而且儿子(即切萨雷本人)在这场政治危机中病得很重(《君主论》第七章)。公爵发现自己身患重病,生命垂危,而且被夹在法国和西班牙的敌对势力之间,丧失了行动力。马基雅维利坚持认为,如果博尔贾没有病得如此严重,那么,他会轻

---

① Cf. John 18:36.

而易举地完成任务。公爵权力的人民基础显然是他的资源:马基雅维利再次声明,尽管博尔贾是脆弱的,但罗马涅并没有反抗博尔贾。人民肯定不是公爵的难题;他们遵守与和平君主的约定。在这里,马基雅维利自己再次进入了故事,他亲眼目睹并记录了年轻君主的行为。博尔贾政治生涯开始时,马基雅维利身处法国,他叙述了在新教皇"诞生"的那一天——实际上就是公爵在政治上终结的那一天,他与公爵在罗马的交谈(《君主论》第七章)。博尔贾告诉马基雅维利,他已经仔细考虑过父亲离世后将会发生什么事情,但却并没有告诉他,他自己也会病得很严重。显然,儿子若对遗产感兴趣,他更可能会考虑父亲的死亡,而不是他自己的死亡。公爵的病似乎一定程度上与他对死亡的理解有关,[37]他似乎相信自己永生不朽。但年轻的公爵为什么要担心自己的死亡呢?是怎样荒谬且不正常的思维方式会关注儿子的死,而不是父亲的死呢?人们普遍认为,父亲会死去;儿子长大后会成为父亲,而到那时,根据事物发展的自然规律,他们也会死去。

博尔贾向他的记录者承认,他从未考虑这样的事情。而马基雅维利并没有因此责备他。他告诉读者,他不能责怪公爵(《君主论》第七章)。回想一下,公爵与马基雅维利相似,遭受可怕的厄运,遭受"命运过分的恶毒"。但免受责备并不是马基雅维利的最终结论:事实表明,博尔贾犯了一个错误。毕竟,他的命运掌握在自己手中;这取决于他自身的自由选择或自由意志。这个错误是什么?博尔贾允许尤利乌斯成为亚历山大。也就是说,公爵允许朱利亚诺·德拉·罗弗雷(Giuliano della Rovere),一个他曾经冒犯过的人,成为教皇尤利乌斯二世。马基雅维利认为,博尔贾原本可以否决任何枢机主教的任命,他本来可以安全地允许选出一位法国或西班牙的枢机主教,这位枢机主教也许不会立即转而反对他。但是,公爵接受了朱利亚诺的保证,决定选一位他曾经错待的君主,结果这位君主让他失去了国家。这个错误违反了另一条重要的马基雅维利式信条:成就伟业的人永远不会忘记旧伤(《君主论》第七章)。就此而言,博尔贾最根本的错误是,他相信宽恕。①

这怎么可能呢?在这个寓言故事的前半部分,博尔贾似乎对宽恕一无所知——事实上,相信宽恕是他用来巧妙地对付他人的武器。公爵祈祷敌人相信和解,他正是以此为托辞引诱他们参加节日聚会,继而在那里杀掉他们。在这个例子中,公爵并不是原谅而是"欺骗"自己,让自己相信别人原谅了他。他为什么不应该这么想呢?任何当时读到这一叙述的人都知道博尔贾,博尔贾本人并没有冒犯朱利亚诺,就像马基雅维利带有误导性地指出的那样。公爵没有对朱利亚诺造成丝毫伤害。公爵的父亲亚历山大触怒了朱利亚诺,把他逐出罗马长达十年。博尔贾花费了所有精力,试图摆脱对教皇父亲的依赖。他想从父亲那里继承遗产,[38]但却不依赖父亲。但对朱利亚诺的触犯,就像是罗马涅的领土一样,一点一滴都是博尔贾继承的遗产。马基雅维利得出的经验教训似乎是,公爵对父亲的依赖程度超出了他的估计;他并不认为,先辈冒犯了要人,而他应对此负责。而建议则有可能是:不要让你或你的家人得罪的人掌权。[人们会好奇,美第奇家族的君主——马基雅维利把书献给了他——是否会理解并听从这一经验教训。另一个美第奇(即朱利亚诺),因马基雅维利为他的共和国效忠而解雇、折磨、限制他,让他在国内流亡,那么,仅鉴于此,朱利亚诺的继任者洛伦佐是否应该信任这个通过撰述而谋求职位的人呢?]

博尔贾的病或许还有另一个维度。也许他的致命疾病促使他完全重新评估宽恕的重要意义。博尔贾是天主教的好教徒——或至少他是教会的儿子。当第一次面对自己的死亡时,博尔贾可能不得不考虑一套不同的"临终事宜",而不是马基雅维利上述列出的明确与政治相关的事宜。这并非过于武断。博尔贾是个罪人,相当

---

① Cf. Matthew 5:38–42, Luke 6:27–31.

放纵,他临死之际,可能会审视自己的良心,思考自己多重罪行的严重后果。作为一个基督徒,他可能会认为,对他永恒灵魂的拯救需要宽恕他年轻时犯下的无数近乎致命的罪。有哪位忏悔神父好得过朱利亚诺这样的让人放心且好施惠的枢机主教和未来教皇呢?事实上,深重的罪恶可能需要一个相当伟大的精神权威的赦免。

在这个身体和灵魂都脆弱的时刻——事实上,马基雅维利可能坚持认为,这是"大脑的脆弱"(《李维史论》3.6)——博尔贾容易被父亲般的人所欺骗,这位父亲虚伪地许诺会宽恕他,而这在他此前生命的任何时候都不可能发生。在博尔贾至少一定程度上哀悼失去了自己并不那么神圣的生父时,或许也是在恐惧和颤抖中考虑到即将到来的天父的严厉审判,他同意朱利亚诺的请求,在罗马创造圣父,以换取关于赦免的承诺以及公爵的国家长久的安全。[39]马基雅维利暗示,就像博尔贾错误地相信朱利亚诺愿意原谅过去的错误一样,他内心希望自身对上帝犯下的罪行也能得到宽恕,这就是公爵毁灭的根本原因。

以下因素强调了博尔贾的政治生存能力与三个人(亚历山大、朱利亚诺、上帝)之权威相关联的程度:博尔贾生病和他父亲死亡的巧合,一位未来的教皇轻而易举地利用了瓦伦蒂诺的脆弱,公爵因对抗死亡而产生轻信。博尔贾竭尽所能,但还是低估了自己一直是父亲的儿子——或者说,是某个父亲的儿子——因此他最终不是只属于自己。

如前所述,布克哈特明显从马基雅维利在《君主论》中对博尔贾的描述中做出推断,他坚持认为,身体健康的博尔贾原本有能力恐吓枢机主教团,让他的人选当选为教皇——或者,他甚至本来可以密谋策划一些更让人注目的事情,比如废除教皇。[①] 然而,马基

---

① See, again, Burckhardt, *The Civilization of the Renaissance in Italy*, 113–117.

雅维利认为,在这个危机时刻,博尔贾患有精神疾病和心理疾病,这制止了他按照狡猾和残暴的性格行事。马基雅维利暗示,因为某种基督教的思维框架,公爵在罗马的行动方式和他以前在塞尼加利亚或色西那完全不同。如今,博尔贾似乎倾向于为自己的罪行寻求宽恕,不愿做出过分不敬的行为,而非充分发挥他自身相对朱利亚诺的优势,并无情地陷害并杀害他在枢机主教团中的对手——就像他在赦免先前的敌人时所做的那样。

按照布克哈特的想法,即使公爵阻止了那场在罗马选出他父亲继承人的选举,仍可以合理假设,长期受益于罗马教皇的非意大利势力,肯定会强有力地采取一致行动,尽力恢复选举。实际上,公爵本来可以宣布教廷职位是世袭的,并任命自己为教皇。然而,这种制度在本质上的根本变化——其世俗化或常规化——[40]同样也会引起基督教世界其他王国的强烈反对。另外,公爵原本可以简单地宣称意大利教会的一切世俗财产都是他继承的财产,并且敢于把罗马法庭迁到别的地方,如果罗马对外国势力如此重要的话。如果瑞士不是一个据点——对此,马基雅维利曾开玩笑地建议,要强化教皇的无限能力来腐蚀世上最有德性的地区(《李维史论》1.12)——博尔贾可能会坚持认为,阿维尼翁(Avignon)是重新建立教廷的地方。但根据马基雅维利的说法,除了希望与他们自身无法抗拒的腐败——罗马教皇把腐败带给它所栖身的每一个行省——保持相对安全的距离以外,法国、西班牙和德国的皇帝都会努力在罗马重建教廷。他们会从它的地理位置和功能中获得很多利益:罗马教皇职位的运作及那种架构确保了他们经常有机会干涉意大利事务且入侵半岛。

## 结论:尼科洛所说的福音书

在前面的讨论中,我重温了马基雅维利关于瓦伦蒂诺公爵之起落的论述。和其他著名的创建者一样,博尔贾的出身是个问题,对他试图重新组织成为臣民的人民而言,他是异邦人。这位西班牙非婚生子几乎进阶为整个意大利的仲裁者。虽然已经讲授《君主论》多年,但我总是被学生关于博尔贾最终命运的想法逗乐。马基雅维利提到公爵已经病入膏肓,但从未说明他真的死了。不过,在讨论中,绝大多数学生都会提到博尔贾的死,仿佛他因病而死或被教皇朱利亚诺处死。马基雅维利并没有提及博尔贾除政治失败之外的命运,他的书中找不到公爵的尸体。当代的读者知道,博尔贾被朱利亚诺剥夺了权力,关进了监狱,却得以逃脱并成为一名中级军官,最终死在了西班牙的战场上,但是,读者无法根据文本找寻到尸体的下落。在一本堆满尸体的书里,公爵的尸体消失了。①

[41]我们该如何理解圣经,尤其是基督教的道德故事,这些故事让马基雅维利对博尔贾生涯的描述就像一部福音书? 许多著名学者认为,马基雅维利并不是基督教热情的支持者。② 马基雅维利是否通过模仿这则演绎博尔贾的道德故事,来实施颠覆? 毕竟,人们希望反基督者看起来很像他神圣的另一个自我,尽管他有着截然不同的终极意图。③ 有意思的是,在"第一个十年",马基雅维利宣

---

① Cf. Mark 16:1–8, Matthew 28:1–10, Luke 24:1–8, John 20:1.

② See Isaiah Berlin, "The Question of Machiavelli", *The New York Review of Books* 17, no. 4 (November 4, 1971).

③ See 1 John 2:18, 1 John 2:22, 1 John 4:3, 2 John 1:7.

称博尔贾的倒台与所有"反基督者"的命运相吻合。① 在这个意义上,马基雅维利的瓦伦蒂诺公爵无非是相当虔诚的反基督者典范。实际上,像马基雅维利那样,把基督教的主题、主旨和转义词语渲染得如此暴力、充满阴谋且愤世嫉俗,似乎当然颠覆了基督教道德,甚或全盘颠覆。毕竟,在最后的晚餐上,耶稣没有扼死犹大(Judas)。耶稣也没有向他的父亲献祭另一个家伙——一个像雷米洛那样的傀儡,把他当作救赎全人类的耶稣受难剧的牺牲品。这一点是很清楚的。不过,马基雅维利是从根本上改动了福音书,还是彻底反基督教呢?他是否把所有基督教元素都用于反对基督教本身呢?②

诚然,马基雅维利明确声称,严格遵守基督教教义已然削弱了意大利的君主和共和国,对罗马教会世俗权力的过度容忍使半岛无法统一,没有能力抵御法国、西班牙和德国皇帝的频繁入侵。但是,马基雅维利在《李维史论》中写道,即便如此,基督教的问题跟"我们的宗教"本身不太相关,而更多与对它占主导地位的阐释有关(2.2)。他认为,诸如圣多明我(St. Dominic)和圣方济各(St. Francis)等近期的改革者,错误地强调了基督教的某些特点:他们强调基督生活的贫穷和自我否定,鼓吹把对邪恶之徒的惩罚推到另一个世界。也就是说,他们没有强调基督之死的真正意义:罪恶必须在现世而非来世以鲜血来偿还。我相信,这是关于雷米洛和割礼之更深层意义的线索。当然,雷米洛身旁的木头让人想起十字架的形

---

① Machiavelli, "First Decennale", in A. Gilbert, ed., *Machiavelli: The Chief Works and Others*, Vol. III, 1444–1457, at 1456.

② 帕森(William Parson)响亮地宣布"是的"。"马基雅维利肯定比较了基督和切萨雷……但他这样做是为了强调基督遗产的消极影响,而不是基督教教义对于一个现代创始人可能的潜在价值。"Parson, *Machiavelli's Gospel*, 68. 在这一点上对帕森的回应,以及针对施特劳斯就马基雅维利如何看待基督教所开展的研究做出的评论,参见 John P. McCormick, "Book Review: Parson, Machiavelli's Gospel", *Review of Politics* 79, no. 3 (Summer 2017), 522–524。

象,[42]耶稣破碎而血淋淋的身体在此被献给了对人类的救赎,就像雷米洛在大场面中被献祭给了对罗马涅的救赎一样。然而,耶稣不仅仅被钉在十字架上,他还受过割礼;而基督徒确实(或过去确实)颂扬与犹太教的这种联系。马基雅维利把雷米洛的死刑以道德故事的形式描述为被钉在十字架上的遭遇和割礼,似乎以此重述了两个传统、两部圣经之间的关联。摩西当然是马基雅维利关于武装先知的原型,而基督教的修士萨沃纳罗拉则是他谴责基督教缺乏武器的典型代表(《君主论》第六章)。

但博尔贾的寓言故事暗示,基督教提供了在民众合法性之上建立王权的无先例可循的可能性——这种可能性连忒修斯、居鲁士、罗慕路斯,甚至摩西都没有充分摸索出来。如果先知能够像基督教所教导的那样,比古代的创建者更广泛且更具实质意义地救赎人民,而不必要为人民的罪牺牲自己,那么情况又会怎样呢?马基雅维利愉快地叙述了"无数"被摩西杀死的嫉妒其权威的对手,摩西不允许自己的权力被他们篡夺(《李维史论》3.30)。此外,如果一个人能够一如基督教那样在原则上支持弱者,而在实践上却不会像《君主论》中最重要的、不知名的手无寸铁的先知那样失去武器,那么情况又会怎样呢? 重要的是,马基雅维利强调,博尔贾在罗马涅统治期间开始在军事上武装与训练人民。此外,在《李维史论》中,马基雅维利提出,定期公开处决显赫的公民——既让人想起雷米洛的大场面,又让人想起耶稣的受难——是共和国保护多数人免受少数人虐待的最可靠的方式(《李维史论》3.1)。

显然,瓦伦蒂诺公爵只学到了一半。一方面,在一个血流成河的民众仪式中,他杀死了雷米洛而不是他自己,并致力于在军事上把权力授予人民。然而,另一方面,当他允许朱利亚诺成为教皇时,他过分相信敌人,特别是"大人物"之间和解的可能性。尽管如此,马基雅维利和他的瓦伦蒂诺公爵确实为君主指明了道路,让他们能够直接与人民交往,比《君主论》提到的所有武装先知都更直接。

[43]事实上,他们做此事的方式不禁让人联想到世界上最著名的、没有武装的先知。

《君主论》和《李维史论》自始至终都在暗示,马基雅维利希望强调剑象征摩西而不是圣保罗。毕竟,保罗经常被当作真正的基督教创立者。就像马基雅维利的保罗阁下,他有助于博尔贾的权力巩固并促成马基雅维利对此的书面记载,圣保罗使我们可以了解耶稣的言行。剑象征着摩西战胜了自己内部的异教徒和外国的敌人;在基督教图像学中,它象征保罗的殉道。用马基雅维利的话来说,谁是更好的"武装先知"?答案似乎比较明显。①

然而,我们应该考虑,马基雅维利是否认为,成功的创建者有可能用书代替剑来武装自己。摩西、耶稣、保罗和马基雅维利最为狂热地把书籍当作武器——他们是或在某种程度上算是书的作者。在恰当的条件下,即使常规武器失败了,书仍能让人成功。一位手持书籍的先知的形象,促使我们重新思考政治成功的定义。毕竟,认为出自被处死的耶稣、被暗杀的摩西、被击败的博尔贾,以及被解雇与折磨的马基雅维利之手的书籍,使这些尽管短期内失败的先知获得成功——甚至在他们死后获得成功,从而在某种意义上的来生中为他们赢得死后最大的胜利。

尽管公爵失败了,但马基雅维利通过重述公爵的言行,依然把他作为必须依赖命运的新君主——也就是说,现实生活中所有的新君主——的最合适例子。马基雅维利断然提醒我们,尽管公爵有缺点,但他仍然在根本上值得受到注意与模仿。《君主论》以这种方式重新构想了成功,这使得读者重新思考,这本书——该书最广为

---

① 我们现在在暂时要把弗洛伊德(Sigmund Freud)的看法搁置起来,后者认为实际上希伯来人在沙漠中杀死了摩西,有效地把先知的剑对准了他自己,从而长期影响其人民的精神心理。See Sigmund Freud, *Moses and Monotheism*, trans. Katherine Jones (New York: Vintage, 1955).

人知之处在于对现实世界之实践的成功尤为迷恋——实际上是不是政治理想主义的实践,是不是对假想的理想政权的提升而非谴责。[44]马基雅维利可能假装对人们从未见过的共和国和王国漠不关心(《君主论》第十五章),但对于这个马基雅维利所承认的博尔贾的终被证明为"空中楼阁"式的王国,如何用其他方法界定(《君主论》第七章)?在《君主论》的最后一章中,统一的意大利如何成为事实或变得真实呢(《君主论》第二十六章)?

# 第二章 "保持国家富裕而公民贫穷"
## ——《李维史论》中的经济不平等与政治腐败

[45]对于古代和现代共和国承诺的公民自由,经济不平等或许是最大威胁。自由首先且最重要的是依赖于政治平等:每一个公民都应该以相对平等的方式影响法律和政策的制定;至少,政府应该在相当公平的基础上承担责任,对所有公民负责。① 然而,共和国中如此普遍的自由不可避免会使那些积累了更多物质财富(更长远来讲,还包括个人名誉和家庭荣誉的文化资本)的公民拥有这些优势,而以牺牲享有较少特权的公民为代价。简而言之,经济不平等不可避免地会削弱政治平等,从而削弱自由本身。② 如今,这一事实应当特别令人担忧,因为社会经济不平等在美国等当代民主国家及全世界其他国家迅速加剧。③

---

① See Charles R. Beitz, *Political Equality: An Essay in Democratic Theory* (Princeton: Princeton University Press, 1979); and Robert Alan Dahl, *On Political Equality* (New Haven: Yale University Press, 2006).

② See Danielle Allen, "Liberty and Equality Aren't Mutually Exclusive", *Washington Post* (October 17, 2014).

③ See Larry M. Bartels, *Unequal Democracy: The Political Economy of the New Gilded Age* (Princeton: Princeton University Press, 2010); Pablo Beramendi and Christopher J. Anderson, eds., *Democracy, Inequality, and Representation in Comparative Perspective* (New York: Russell Sage Foundation, 2011); Jacob Hacker and Paul Pierson, *Winner Take All Politics: How Washington Made the Rich Richer and Turned Its back on the Middle Class* (New York: Simon and Schuster, 2011);

公民自由允许富有的公民将他们的经济资源直接运用于政治：各种形式的保护和贿赂在所有共和党人或民主党人中无处不在。在任何时候、任何地方，稍微合法地收买影响力或兜售好处，以及明目张胆的非法的政治腐败，让政体中极少数的最富有的公民能够对法律的制定施加过度的影响，[46]而这些法律应有利于大多数人。① 除此以外，财富使某些公民能够逐步获得更高的声誉、有着更独特的外表、培养更好的公共演讲技巧。其结果是，无论是古代集会中的听众，还是现代选举中的选民，都有太多人倾向于支持富人。②

在这一章的开头，我将会勾勒出多个古代共和国，特别是雅典、斯巴达和罗马，为了在宪法上应对经济不平等对自由造成的威胁而做出的努力。这些宪法中没有一部非常成功地捍卫公民自由免受经济不平等之腐蚀和腐败的影响，读者对此也许不会感到震惊。③ 接下来，我转向马基雅维利在《李维史论》中对罗马共和国的分析，以便找到一些线索，这些线索可能指导我们理解古

---

Martin Gilens, *Affluence and Influence: Economic Inequality and Political Power in America* (Princeton: Princeton University Press, 2012); Thomas Piketty, *Capital in the Twenty-First Century*, trans. A. Goldhammer (Cambridge, MA: Harvard University Press, 2014); and Steven Fraser, *The Age of Acquiescence: The Life and Death of American Resistance to Organized Wealth and Power* (New York: Little, Brown and Company, 2015).

① See Robert Alan Dahl, *Democracy and its Critics* (New Haven: Yale University Press, 1989).

② See Bernard Manin, *The Principles of Representative Government* (Cambridge: Cambridge University Press, 1997).

③ See Jeffrey A. Winters, *Oligarchy* (Cambridge: Cambridge University Press, 2011); and Gordon Arlen, "Aristotle and the Problem of Oligarchic Harm: Insights for Democracy", *European Journal of Political Theory* (published online: August 25, 2016), DOI: 10.1177/1474885116663837.

代共和国原本应该如何更好地遏制经济不平等导致的腐化影响。① 特别是,我希望马基雅维利对与罗马土地法相关的危机的介入,会促使读者更有创见地思考,用他的话说,如何保护"自由和公民的生活方式"免受"少数人之极度贪婪和野心"的影响(《李维史论》1.40)。

学者往往低估了经济不平等在马基雅维利对政治腐败的诊断中所发挥的核心作用。无论是强调马基雅维利忠于罗马或佛罗伦萨之"共和主义"传统——这种观点让人产生怀疑——的知识分子史学家,还是因意识形态方面的保守主义立场而倾向于忽视、排斥或歪曲马基雅维利政治思想之民主特征的政治理论家,都把马基雅维利对罗马共和国腐败的批判归因于资源而非不断加剧的不平等。② 他们重点强调了下述造成公民腐败的主要原因:罗马人民道德水平的下降,它表现为市民风气和习俗的败坏,或者罗马人民都愈发支持马略(Gaius Marius)和凯撒等领导者,这些领导者承诺要改革再分配制度,目的是换取专制权力。根据马基雅维利的观点,腐败最终导致共和国的毁灭。

不管这些学者在何种程度上承认马基雅维利认为经济不平等是一个政治问题,[47]无论是从共和主义的角度还是从保守主义的角度来看,他们都倾向于认为,马基雅维利认为这种痛苦折磨潜在

---

① See Niccolò Machiavelli, *Discorsi* [1513 – 17/1531], in C. Vivanti, ed., *Opere I*: *I Primi Scritti Politici* (Turin: Einaudi – Gallimard, 1997), hereafter D. See also Machiavelli, *Il Principe* (*De Principatibus*) [1513/1532], ed. G. Inglese (Turin: Einaudi – Gallimard, 1995), hereafter P.

② 当然,我在这里指的是剑桥学派和施特劳斯学派对马基雅维利的阐释,在第六章和第五章我将分别进行详细讨论。

的治愈方法比实际病情还要糟糕。① 接下来,我将论证,马基雅维利在整部《李维史论》中表明,诸如罗马人民风俗、习惯和道德的日益腐化,以及他们对承诺经济再分配的煽动者的日益"崇拜"或"偏爱"(《李维史论》1.5,1.37),都可以完全归因于更深层次的结构性原因——罗马贵族和元老院造成的社会经济原因,他们通过帝国扩张来积累更多财富,这导致了共和国的崩溃。②

## 古代共和国的经济不平等

古代共和国如何减轻经济不平等对自由产生的威胁呢？在民主雅典,富人和穷人之间有着非正式的休战协定:只要富人没有利用他们丰富的经济资源和公众声望来损害政治平等,即社会公平(isonomia),人民就不会通过有利于穷人的民主制度安排来"榨取富人"。③ 德摩斯梯尼(Demosthenes)有一句名言:

---

① 这是内尔森(Eric Nelson)强调的古典罗马—共和主义的比喻,参见 *The Greek Tradition in Republican Thought* (Cambridge: Cambridge University Press, 2004)。

② 有新研究指出马基雅维利在经济不平等和社会政治腐败之间建立的联系,见 Julie L. Rose, "'Keep the Citizens Poor': Machiavelli's Prescription for Republican Poverty", *Political Studies* 64, no. 3 (October 1, 2016), 734 – 747; Amanda Moure Maher, "What Skinner Misses About Machiavelli's Freedom: Inequality, Corruption and the Institutional Origins of Civic Virtue", *Journal of Politics* 78, no. 4 (October 2016), 1003 – 1015; and Tejas Parasher, "Inequality and Tumulti in Machiavelli's Aristocratic Republics", *Polity* 49, no. 1 (January 2017), 42 – 68。

③ See Josiah Ober, *Mass and Elite in Democratic Athens: Rhetoric, Ideology, and the Power of the People* (Princeton: Princeton University Press, 1991)。

> 精英拥有巨大的财富,没有人能阻止他们享受这些财富;因此,他们不能阻止我们享受安全,这是我们共同的财富——法律。①

雅典宪法法律以三种主要途径使贫困的公民参与政治:对所有公民开放的立法大会;以抽签方式分配的行政职位;由大量随机选择的公民组成的政治法庭。在雅典公民大会(ekklêsia)中,每个公民都有权起草法案、讨论法规,这些法律最终由投票数决定。任何愿意且有能力竞选行政或司法职位的公民都可以报名参与任命地方法官和陪审员的政治抽签。这些政治参与形式得到公共基金资助,雅典人分配直接的政治权力,其范围大于历史上的一切政体。当然,必须要考虑财产资格、奴隶制以及对自由妇女和外国人的政治排斥问题,②[48]但尽管如此,在雅典最民主的时期里,与此前或此后的其他任何政体相比,它把权力赋予了更多的穷人,让他们参与实际统治。

借助大型的公民陪审团和放逐,雅典民众小心翼翼地守护着社会经济和政治权力——亦即,经济不平等和政治平等——之间的边界。曾经的行政官,事实上应该说是任何公民,都可能被其他公民起诉,并因其行为被认为对民主构成威胁而在大型的公民陪审团面前受审。除此以外,如果富人或杰出的公民被怀疑在大会、政体中担任只有极少数人担任的职位,又或者以其他任何一种方式产生过大的影响,那么,民众可能会排斥他们,事实上这些人会被放逐长达十年之久。

---

① Demosthenes, quoted in Ober, *Mass and Elite*, 198.
② 尤为深刻地重新反思雅典式民主中的包容或排他形式,以及反思对当今民主公民身份的重大影响的研究,参见 Demetra Kasimis, *The Perpetual Immigrant and the Limits of Athenian Democracy* (Cambridge: Cambridge University Press, forthcoming 2018)。

相比之下,贵族化的斯巴达力图以经济平等代替政治平等,确保斯巴达公民自由的理想。① 著名的斯巴达创建者利库尔戈斯(Lycurgus)从一开始就确立起严格的经济平等,对此,他用相当孤立的政治权力来补偿显赫的家族和个人;尽管利库尔戈斯否认贵族的传统经济优势,但他授予他们广为人知的政治权力。在共和国双重君主体制下,斯巴达由两个最古老的、最受尊敬的家族共同统治,其他显赫的家族被授权掌管共和国最重要的政治机构,即元老院。此外,共和国的最高行政官(即监察官)并非由抽签而是由斯巴达人民大会选举产生——斯巴达的人民大会本身就比雅典或罗马的人民大会要弱得多。②

据称,利库尔戈斯给所有公民平等分配土地,禁止对外贸易,实施严格的限制消费的法律,从而确立了经济平等。在这种情况下,斯巴达公民似乎可以说,统治他们的人不是富人,而是最有经验和智慧的公民。对我们而言,这个结论不应像最初看起来那么陌生;毕竟,强有力的现代共和主义的政治思潮,正是借助最优秀公民的统治,确认了真正意义上的自由。[49]然而,现代共和国和"共和主义"很少,甚或根本没有努力保证这些最优秀的少数人在实际上

---

① See Nelson, *The Greek Tradition in Republican Thought*; and Paul Cartledge, *The Spartans: The World of the Warrior Heroes of Ancient Greece* (New York: Vintage, 2004).

② See Melissa Schwartzberg, *Counting the Many: The Origins and Limits of Supermajority Rule* (Cambridge: Cambridge University Press 2013). 兰道尔(Matthew Landauer)比较了古希腊暴政的政治制度和实践,比如叙拉古(Syracuse)及诸如斯巴达的寡头政体,以便明确雅典人所理解的民主的基本品质是什么。参 Landauer, "When does the Demos Decide? Agenda Control and Free Speech in Ancient Greek Democracies",作者于 2016 年秋在芝加哥大学政治理论工作坊宣读过这篇文章。

不仅仅是富人或受富人庇护的人。①

因此,尽管雅典是一个经济上不平等的政治民主城邦,而斯巴达是一个经济上平等的寡头政体,我们仍可以在某种意义上得出结论认为,古罗马是两者的结合体。罗马共和国在政治上既是寡头的又是民主的;而在经济方面,罗马社会在很大程度上是不平等的,罗马公民享有广泛的、事实上几乎是前所未有的在社会经济方面向上流动的机会。② 众所周知,波利比乌斯将罗马宪法描绘成与其他更简单的政体相关的由多个部分组成的结合体:罗马混合政体在其首席行政官(执政官)方面包含了被驯服的君主权力,罗马元老院中

---

① 维罗里(Maurizio Viroli)的论著体现了这一点。See Maurizio Viroli, *Republicanism* (New York: Hill and Wang, 2002). 艾伦(Gordon Arlen)在《亚里士多德和寡头政治的危害问题》一文中,分析了用财富代替美德的持久诱惑。广义上探究物质平等在共和主义中的地位的研究,参见 Nelson, *The Greek Tradition in Republican Thought*; Alex Gourevitch, *From Slavery to the Cooperative Commonwealth: Labor and Republican Liberty in the Nineteenth Century* (Cambridge: Cambridge University Press, 2015); Steven Klein, "Fictitious Freedom: A Polanyian Critique of the Republican Revival", *American Journal of Political Science* 61, no. 4 (October 2017), 852–863; Robert Jubb, "Whose Republicanism, Which Liberty?" (unpublished ms., Reading University); and John P. McCormick, "The New Ochlophobia? Populism, Majority Rule and Prospects for Democratic Republicanism", in Yiftah Elazar and Geneviève Rousselière, eds., *Republican Democracy* (Cambridge: Cambridge University Press, forthcoming 2018).

② 罗马共和国应该被描述为寡头政制还是民主政制仍是一个充满争议的问题。有学者认为,诸如平民护民官、民众决定政治审判的结果、以更公平的方式组织起来的罗马议会的立法等,使罗马政治的民主水平要高于学者按照传统方式所设想的程度。持此观点的学者包括弗莱格(Egon Flaig)、林特(Andrew Lintott)、米勒(Fergus Millar)、诺斯(John North)和怀斯曼(T. P. Wiseman)。相反,赫勒科斯卡普(Karl‑Joachim Hölkeskamp)、莫斯泰恩‑马克斯(Robert Morstein‑Marx)、默尔森(Henrik Mouritsen)和拉夫劳伯(Kurt Raaflaub)重申并完善了由莫米利亚诺(Arnaldo Momigliano)和赛蒙(Ronald Syme)提出的著名观点,他们认为共和国纯粹是且只是一个寡头政体。

的克制的贵族权力,以及在平民护民官和公民大会中相当克制的人民权力。①

当考虑财富的政治作用时,很明显的是,罗马最富有、最显赫的家族起初正式地,然后非正式地主导执政官和元老院。公民大会的投票结果具有举足轻重的作用,它偏爱富有的公民,每年选出两位罗马的执政官。执政官最初专门从贵族阶层中选出来,肩负最高的行政和军事职责。元老院表面上只是审议与提供咨询的机构,但即便如此,它对共和国的财政和外交政策具有重要的影响力。元老院对执政官的指导,加上前任执政官加入元老院的可能性,使得这个由共和国最富有的公民组成的机构,可以过分离谱地操控共和国的最高行政官。在罗马,武装起来的穷人(即平民)以两种方式应对罗马贵族的政治垄断:一是鼓动确立护民官,即最富有的公民没有资格担任的行政长官职位;二是提升公民大会的重要性,使之更加接近于多数人统治,让他们在有利于富人的大会投票中掌握权力。

每年从平民阶层中选举产生十名平民护民官,他们在大众的拥护下履行职责。护民官拥有罗马政府大部分工作的否决权,他们也是公开起诉政治罪行的主要代理人,[50]能够阻止政策提案,并惩罚侵犯公民自由或腐蚀共和国之公民生活的行政官和显赫公民。进一步地,在共和国的历史进程中,立法权和司法权从寡头式的百人团大会(centuriate assembly)移交至由护民官主持的大会,贵族在那里会被排除在外,又或者可能被大多数更加贫困的公民投票否决。②

---

① See Polybius, *The Rise of the Roman Empire* (London: Penguin, 1980). See also Andrew Lintott, *The Constitution of the Roman Republic* (Oxford: Oxford University Press, 2003).

② See Fergus Millar, *The Crowd in Rome in the Late Republic* (Ann Arbor: Michigan University Press, 2002); and Millar, *The Roman Republic in Political Thought* (Waltham, MA: Brandeis University Press, 2002).

故而,我们可以理解罗马共和国处于雅典和斯巴达之间的某个社会政治连续体当中:一些政治制度直接授权富人,而其他政治制度则直接把权力授予穷人。除此以外,以有名的"新人"的职业生涯为典型的社会经济上的向上流动性,让罗马人坚持认为,他们的共和国并没有受一个由元老院家族构成的封闭的富裕阶层统治。

我在一开始提到,共和国阻止、减轻或预防经济不平等腐蚀公民自由的努力都没有奏效,或者说,至少没有长期有效发挥作用。即便雅典允许富人充分享受他们在经济方面的优势,但事实证明,民主雅典对寡头政变尤为敏感。人民在政治上苛刻地对待富人,无论这是真实存在的情况抑或仅仅是一种感觉,这促使雅典寡头推翻了民主制度——尽管这通常是因为民众在政治或军事管理方面有很大失误。在对政变及对雅典民主制度之稳定的不满的分析中,很难将两种因素分开来:伯罗奔尼撒战争(Peloponnesian War)给雅典带来的前所未有的压力,以及雅典精英长期以来怨恨严重限制他们政治权力的民主。①

即便如此,历史对敌人和批评雅典民主的人相当宽容。绝大多数哲学和历史记载都一直嘲笑雅典民众,因为他们不公正地下令处决大约六位公民:尤为臭名昭著的是,苏格拉底,还有阿吉纽西战役(Arginusae)中的五位雅典指挥官。[51]公元前411年和公元前404年,雅典发生了两次主要的寡头政变,但西方经典著作的传统很少关注在这期间寡头不同程度地勾结外敌,杀害了数以千计的雅

---

① 这个问题留待专家讨论。当然,对压迫之下的雅典民主的传统批评体现在修昔底德的《伯罗奔尼撒战争》当中,参见 Thucydides, *The Peloponnesian War*, trans. M. Hammond (Oxford: Oxford University Press, 2009)。对其批评进行的修正主义分析,参见 Josiah Ober, "Thucydides' Criticism of Democratic Knowledge", in *Nomodeiktes: Greek Studies in Honor of Martin Ostwald*, R. M. Rosen and J. Farrell, eds. (Ann Arbor: Michigan University Press, 1993), 81 - 98。

典民主人士。①

至于斯巴达人,尽管利库尔戈斯在禁止财富获取方面非常严厉,但拉塞达埃蒙共和国(Lacedaemonian republic)的经济愈发不平等;本来只打算享受政治权力的王室和贵族家族很快就积累了巨额财富,他们借此逐步把斯巴达普通公民边缘化,并且压迫他们。作为回应,有改革意识的国王——毫无成效的阿吉斯(Agis)与获得一点成功的克莱奥梅尼(Cleomenes)——试图重建利库尔戈斯的法律。然而,这些旨在恢复经济平等的努力却导致了暴力,即共和国精英内部的血腥冲突,可以说,冲突造成了斯巴达在军事和政治方面的衰落。实际上,正如新近学界指出的那样,旨在实现经济平等的斯巴达法律可能出自克莱奥梅尼本人之手,而事后可能只是被假意归于利库尔戈斯,以使这些政策合法化。② 即便如此,这些法律所造成的争议和不稳定性,突出说明了在共和国内部以和平的方式立法来确保经济平等是多么困难。

在罗马共和国,已经相当明显的经济不平等因罗马帝国的扩张而大大加剧,给国内的公民自由带来了可怕的后果。随着罗马军队离开城市并最终远离意大利半岛的时间越长,公民士兵变得越来越贫穷,而指挥官也越来越有权力。我将在后面更详细地讨论马基雅

---

① See Moses I. Finley, *Democracy Ancient and Modern* (New Brunswick: Rutgers University Press, 1985); and I. F. Stone, *The Trial of Socrates* (New York: Little, Brown and Company, 1987).

② See Michael A. Flower, "The Invention of Tradition in Classical and Hellenistic Sparta", in A. Powell and S. Hodkinson, eds., *Sparta: Beyond the Mirage* (London: Duckworth, 2002), 193–219; and Melissa Lane, "Founding as Legislating: The Figure of the Lawgiver in Plato's *Republic*", in L. Brisson and N. Notomi, eds., *Selected Papers from the Ninth Symposium Platonicum* (St. Augustine: Academia Verlag, 2013), 104–114.

维利对这一关键趋势的看法。①

基于各种各样的原因,雅典、斯巴达和罗马的宪法都未能成功阻止那些共和国富有的公民腐蚀城市自由与破坏其政体的自由状况。现在我将转向马基雅维利对公民自由、经济不平等和政治腐败的分析。马基雅维利的解释提供了有趣的反事实假设,这有可能帮助我们更有效地思考财富和自由问题。[52]我将尤为关注马基雅维利如何看待格拉古兄弟(Brothers Gracchus),这些罗马护民官致力于经济改革,他们代表罗马城市自由对于寡头掠夺和腐败的最终立场。不过,针对马基雅维利关于健康共和国内部的社会经济平等之适当地位的观点,我首先会提出一些一般性的看法。

### 马基雅维利的平等主义政治

马基雅维利讨厌富人吗?我曾经在其他地方表明,马基雅维利极度不信任富有的公民,非常担心他们的经济优势对共和国造成负面影响,由此,他建议采用严厉的手段对待他们,从而解决政治上的不平等。② 历史记载强有力地证明了,他在1494—1512年担任佛罗伦萨共和国公务员期间,坚定地反对富有的佛罗伦萨显贵(ottimati),后者反对人民政府。近期,史学界增添了早期传记方面的证据,证明马基雅维利是贵族的敌人,贵族不仅被当作政治阶层,而且也

---

① 对帝国之腐败影响更广泛的讨论,参见 Mary G. Dietz, "Between Polis and Empire: Aristotle's *Politics*", *American Political Science Review* 106, no. 2 (May 2012), 275 – 293。

② See McCormick, *Machiavellian Democracy* (Cambridge: Cambridge University Press, 2011).

被看作社会经济阶层。① 特别是巴萨斯(Jérémie Barthas)记录马基雅维利与佛罗伦萨贵族之间深刻的敌对关系的著作,强调了贵族给人民政府带来的政治问题,并且确认了一场由他们制造与加剧的尤为严重的金融危机。②

巴萨斯令人信服地表明,马基雅维利广为人知的佛罗伦萨民兵计划不仅要实现一个有价值的军事目标,而且要实现一个有益的社会经济目标:马基雅维利提出计划,封堵富有的公民从城市资助雇佣军的资金中积累而来的大量金钱——积累加剧了城市内部的不平等。本来,由于马基雅维利的民兵提议,有钱的家庭无法再以荒唐的利率从共和国获得优惠贷款,但是,这一提议,加之贵族对正义旌旗手索德里尼所掌管的民兵役的恐惧,导致他们反对民兵计划,并使他们愈发蔑视其主要倡导者和始作俑者马基雅维利。[53]不管怎样,考虑到这一背景,马基雅维利的著作在很大程度上并未涉

---

① See Robert Black, *Machiavelli* (Abingdon: Routledge, 2013), 36 – 39, 45 – 48, 51 – 67; John Najemy, M., "'Occupare la tirannide': Machiavelli, the Militia, and Guicciardini's Accusation of Tyranny", in J. Barthas, ed., *Della tirannia: Machiavelli con Bartolo*, Quaderni di Rinascimento 42 (Florence: Leo S. Olschki, 2007), 75 – 108; Roberto Ridolfi, *The Life of Niccolò Machiavelli* (Chicago: University of Chicago Press, 1963), 130 – 132; and Sebastian de Grazia, *Machiavelli in Hell* (Princeton: Princeton University Press, 1989), 95 – 96, 358.

② See Jérémie Barthas, "Machiavelli, from the Ten to the Nine: A Hypothesis Based on the Financial History of Early Modern Florence", in D. R. Curto, E. Dursteller, J. Kirchner, and F. Trivellato, eds., *From Florence to the Mediterranean and Beyond: Essays in Honour of Anthony Molho*, 2 vols. (Florence: Leo S. Olschki, 2009), 147 – 166; Barthas, "Machiavelli, Public Debt, and the Origin of Political Economy: An Introduction", in F. del Lucchese, F. Frosini, and V. Morfino, eds., *The Radical Machiavelli: Politics, Philosophy, and Language* (Leiden: Brill, 2015), 273 – 305; and Barthas, "Machiavelli, the Republic, and the Financial Crisis", in D. Johnston, N. Urbinati, and C. Vergara, eds., *Machiavelli on Liberty and Conflict* (Chicago: University of Chicago Press, 2017), 257 – 279.

及他与富有的佛罗伦萨贵族之间在个人方面及关乎政策方面如此强烈的对立,这让人很是难以想象。①

就此而言,我们一定要考虑马基雅维利在政治著作中对健康共和国,以及更广义的对同时代瑞士共和国和德国共和国中的平等条件的赞扬(《李维史论》1.55 – 56)。② 毕竟,用马基雅维利的话来说,这种平等只能由"保持公民贫穷而国家富裕"的政策所确立与维持(《李维史论》1.37);他指出,模式和命令"让富人变得两手空空"(《李维史论》1.26)。马基雅维利后来在《李维史论》中反复重申,"最有益于整顿自由生活方式的做法是,让公民保持贫穷"(3.25)。谈及古代时,马基雅维利重申了城市保持相对经济平等的必要性,他经常将它与保持公民武装的重要意义联系在一起:"必须保持国家富裕而公民贫穷,并且必须一直极度严肃认真地对待军事操练。"(《李维史论》2.19)除此以外,为了确保真正有价值的个人在和平时期得到尊重,马基雅维利建议,既要"让所有公民足够贫穷,使他们自己不能腐败或以财富腐蚀他人……又要维护军事秩序,以保证一直可以发动战争,并使依靠受尊敬的公民成为必要"(《李维史论》3.16)。平等主义的军事共和国使得生活方式不再腐败,它更器重具有军事德行的公民,而不是经济实力强大的公民。

马基雅维利在《君主论》第十章讲述了君主国要保留军事德行与抵受住敌人围困所必需的社会条件,但他以瑞士共和国和德国共和国为主要案例。在这样的背景下,马基雅维利提到了几项公共条款,这些公共条款旨在确保公民战时的供给和繁荣(包括"平民"的

---

① See Jérémie Barthas, *L'argent n'est pas le nerf de la guerre*: *Essai sur une prétendue erreur de Machiavel* (Rome: École française de Rome, 2011).

② 也可参见马基雅维利对瑞士和德国的系列反思:Machiavelli, "Rapporto Delle Cose Della Magna" (1508), "Discorso Sopra Le Cose Della Magna E Sopra l'Imperatore" (1509), and "Ritratto Delle Cose Della Magna" (1512), in M. Martelli, ed., *Machiavelli*: *Tutte Le Opere* (Florence: Sansoni, 1971), 63 –71。

社会经济福祉)(《君主论》第九章)。与之相似,《李维史论》广为人知的一点是马基雅维利强调了瑞士共和国与德国共和国怎样"杀光"它们所接触的富有的"绅士"(1.55),这样做是为了确保这些绅士——他们冒险离开自身堡垒的保护,肆无忌惮地掠夺乡村与侵占农民财产——永远无法在其土地上拥有立足之地。[54]马基雅维利总结道,瑞士共和国/德国共和国因此被"充分武装起来","非常自由",生活在"大致平等"的社会条件下(《李维史论》1.55, 2.19)。① 现在,我们或许有更充分的准备去研究马基雅维利对罗马共和国日益严重的经济不平等和政治腐败的批评,以及格拉古兄弟通过土地改革来扭转这种趋势的努力。

**佛罗伦萨语境下的罗马危机**

在《李维史论》中,马基雅维利公然挑战评论家就罗马共和国的共识:与前人不同,马基雅维利把罗马自由和伟大的蓬勃生机,归因于富有的贵族和普通人之间频繁发生的国内冲突所导致的"骚乱"。② 不过,马基雅维利也承认,在平民护民官提比略(Tiberius)和盖乌斯·格拉古(Gaius Gracchus)试图围绕再分配问题开始进行

---

① 在马基雅维利的研究中,一个愈发流行且被广泛接受的趋势是,强调他政治思想中的平等主义维度。See Filippo Del Lucchese, *The Political Philosophy of Niccolò Machiavelli* (Edinburgh: Edinburgh University Press, 2015); Christopher Holman, *Machiavelli and the Politics of Democratic Innovation* (Toronto: University of Toronto Press, forthcoming); and Yves Winter, *Machiavelli and the Orders of Violence* (Cambridge: Cambridge University Press, forthcoming).

② 在这个论题上,最权威的研究是 Gabriele Pedullà, *Machiavelli in Tumult: The Discourses on Livy and the Origins of Conflictual Politics* (Cambridge: Cambridge University Press, forthcoming 2018)。

经济改革之后,阶级冲突最终造成了罗马自由生活方式的毁灭(《李维史论》1.4)。土地法由格拉古兄弟提出,限制公民可拥有公共土地的数量,并重新分配已被富有的罗马人据为己有的平民公共土地。① 在《李维史论》第一卷第三十七章中,马基雅维利把这命运不济的兄弟的改革努力记为共和国历史上具决定性的时刻。

罗马贵族在不同的场合公开地以具有戏剧性的方式,不光彩地消灭了兄弟俩。公元前133年,元老和庇护他们的人试图阻止法律通过,提比略成功制止了他们,并再次当选为护民官,之后,在共和国公民集结的地方公然被杀害。十年后,他们亵渎了他兄弟盖乌斯的尸体,盖乌斯在卸任护民官之后自杀,他未能成功阻止提比略推行的土地改革和司法改革的保守倒退。显然,所有未来的"改革者"都会把这些教训记在心里,在武装军团的簇拥下进入罗马广场。

值得注意的是,马基雅维利描述罗马在这些事件之后衰落时,使用了格拉古兄弟的"时代"(time)一词,回应他们的政策时使用"丑闻"(scandals)和"争论"(contentions)等字眼(《李维史论》1.37,3.24)。马基雅维利认为这一衰落既不是由兄弟俩自身造成,[55]也不是由他们土地改革议案的内容所造成。他这样总结其论述:(1)批评兄弟俩在力图开展实质性土地改革时表现出来的"审慎",而不批评他们希望这样一些改革得以通过的实际"意图";(2)确认那些恰恰是平民所要求的与格拉古兄弟所提出并颁布的法律的必要性(《李维史论》1.37)。但为什么马基雅维利要为这些结论设计一条让人困惑且迂回曲折的路线呢?② 我认为,对富有的

---

① 在罗马共和国的历史进程中,土地法汇集了各种各样的规定:它始于李茨尼安—萨克逊法(Licinian – Sextian law,公元前367年),该法律限制了土地所有权,并为平民提供了债务减免;此外还附加了对利率的限制(公元前357年),最终大大限制了高利贷(公元前342年)。

② 关于马基雅维利对罗马土地改革的模糊解释,参见 Nelson, *The Greek Tradition in Republican Thought*, 75–86。

贵族读者(以《李维史论》的呈献对象为代表)而言,经济再分配是一个微妙的问题。① 故而,关键在于,我们要非常仔细地审视马基雅维利对兄弟改革议程之模棱两可的表述。

马基雅维利对格拉古兄弟之经历的讨论,最初似乎既要谴责兄弟俩,又要谴责罗马平民(《李维史论》1.37)。马基雅维利明显赞同平民的贵族评论家的立场——在《李维史论》较早前论述的一场辩论中(1.5),他本人力图驳斥他们——在此,他重申其昔日对手的断言:

> 罗马平民认为,创设护民官以使他们免受贵族侵害,虽然必要,但却不够;他们一旦创设了护民官,就会马上开始在野心的驱使下,渴望分享贵族的荣誉和资源,因为这才是他们所看重的。(《李维史论》1.37)

读者可能会以貌似合理的方式解读这种说法,认为平民渴望创设护民官一职是正当合理的,因为产生一位新的行政长官来保护平民免受贵族统治,是必然的要求,不过,马基雅维利谴责平民,因为他们那时仅仅出于野心和贪婪而追求执政官职位和分享贵族财富。②

---

① 关于透过年轻贵族卢塞莱(Cosimo Rucellai)、布昂德尔蒙迪(Zanobi Buondelmonti)这两位《李维史论》的呈献者来阅读该书的必要性,参见 John P. Mc‐Cormick, "Tempering the Grandi's Appetite to Oppress: The Dedication and Intention of Machiavelli's Discourses", in Victoria Kahn et al., eds., *Politics and the Passions*, 1500 – 1789 (Princeton: Princeton University Press, 2006), 7 – 29; and McCormick, *Machiavellian Democracy*, chapter 2。

② 苏利文认为该章的这一观点同样适用于解释土地法。See Vickie B. Sullivan, *Machiavelli's Three Romes: Religion, Human Liberty, and Politics Reformed* (DeKalb: Northern Illinois University Press, 1996), 69 – 70; and Sullivan, *Machiavelli, Hobbes, and the Formation of a Liberal Republicanism in England* (Cambridge: Cambridge University Press, 2004), 47 – 48.

鉴于马基雅维利在《李维史论》其他地方明确支持向平民开放执政官职位——由于这种开放性,罗马共和国"出身高贵的人和出身卑微的人"(《李维史论》1.30)都能利用美德,并且共和国能够受益于以平民为代表的政治"青年"的涌入——这里有一些让人感到疑惑的说法(《李维史论》1.60)。此外,《李维史论》开篇,马基雅维利强调,[56]当普通民众观察到富有的公民"不恰当地"使用财富时,即,进一步试图施行政治压迫时,普通民众只是希望减少或分享富有公民的财富(《李维史论》1.5)。最终,就连第三十七章的大部分,以及其他地方(如《李维史论》3.24),马基雅维利都在详细说明大人物(grandi)和平民(popolo)之间存在的严重经济不平等状况,在这种状况下,职位和财富也成为平民或许既能保护自身之自由又能保护共和国之自由的有益手段。对此,后面将有详细讨论。然而,在讨论罗马土地法时,马基雅维利至少一开始会请读者理解,他是在批评罗马人民过度的政治野心和不恰当的经济掠夺。

梳毛工起义(1378年)充满暴力和破坏性,为佛罗伦萨政治文化带来深深的精神创伤,在此环境下,马基雅维利在政治上致力于极为小心地解决经济不平等及其带来的政治后果。可以肯定的是,梳毛工被打败了,起义后得到民众广泛参与的共和国最终因贵族篡夺权力而遭到破坏。① 尽管如此,在佛罗伦萨人文主义努力使阿尔

---

① 历史学家的成果参见 Gene Brucker, "The Ciompi Revolution", in Nicolai Rubinstein, ed. *Florentine Studies: Politics and Society in Renaissance Florence* (London: Faber and Faber, 1968), 314 – 356; and John Najemy, *Corporatism and Consensus in Florentine Electoral Politics*, 1280 – 1400 (Chapel Hill: University of North Carolina Press, 1982)。关于梳毛工起义对马基雅维利政治思想的意义,参见 Yves Winter, "Plebeian Politics: Machiavelli and the Ciompi Uprising", *Political Theory* 40, no. 6 (November 2012), 736 – 766, and Winter, *Machiavelli and the Orders of Violence*。我在本书第三章中谈到马基雅维利如何与起义发生关联,当中的观点也体现在 McCormick, "Faulty Foundings and Failed

比兹寡头政治及后来统治城市的美第奇公国合法化的过程中,梳毛工在行为上和要求上据称的过分具有重要意义。① 与之相似,在使保守主义议程——既有苏拉(Sulla)事件中体现的激进议程,又有诸如西塞罗所拥护的更温和的议程——合法化方面,人们设想的格拉古兄弟之计划和行动的极端主义在古罗马已然发挥了中心作用。②

故而,佛罗伦萨人文主义显贵的读者,可能容易把平民对执政官和在罗马进行土地立法的要求,与梳毛工叛乱期间,级别更低的行会会员和无行会会员资格的工人的政治和经济要求联系起来。这次起义发生在马基雅维利写下《李维史论》之前的一个半世纪。羊毛工人要求债务减免,要求享有组织自身行会的权利,要求保证在共和国的主要行政委员会即执政团(*Signoria*)的席位。

马基雅维利不愿意明确支持格拉古兄弟或梳毛工的激进改革议程,这或许能解释,马基雅维利在《李维史论》中的写作方式致使很多阐释者认为农业法——由此也包括呼吁农业法的平民与推进农业法的格拉古兄弟——是罗马毁灭的主要原因。③ [57]然而,马

---

Reformers in Machiavelli's Florentine Histories", *American Political Science Review* 111, no. 1 (February 2017), 204 – 216。

① See James Hankins, ed., *Renaissance Civic Humanism* (Cambridge: Cambridge University Press, 2000), 75 – 178.

② 在批评土地法和格拉古兄弟的基础上,尼尔森(Nelson)把西塞罗塑造成为罗马(与希腊形成对比)共和国的典范,参 Nelson, *The Greek Tradition in Republican Thought*, 57 – 59。关于格拉古兄弟在罗马政治思想中的地位,参见 Daniel J. Kapust, *Republicanism, Rhetoric, and Roman Political Thought: Sallust, Livy, and Tacitus* (Cambridge: Cambridge University Press, 2014), 5, 46, 107, 126 – 129。

③ 比如,施特劳斯宣称马基雅维利最终赞成的是罗马元老院拖延通过土地法的策略:马基雅维利"赞扬罗马贵族在阻止土地法施行时所表现出来的耐心和勤劳"。除此以外,施特劳斯相信,在佛罗伦萨语境下,马基雅维利和施特劳斯一样认为,"对社会的强大而言,大人物相对于弱者和谦卑者的优势和

基雅维利更进一步研究认为，共和国腐败和崩溃的实际原因不是土地法，而是根深蒂固的、日益不公平的环境，土地法只是对这种环境的不可避免的甚至必要的反应。① 在这种语境下，马基雅维利再

---

高贵尤为重要"，因此，马基雅维利会批评格拉古兄弟的政策。See Leo Strauss, *Thoughts on Machiavelli* (Glencoe, IL: University of Chicago Press, 1958), 103, 206. 不过，科比(Patrick Coby)考量整个章节，简洁而准确地总结了它的主要观点：关于土地法那一章节"与它打算证实的说法相矛盾"，即假定罗马人民的野心是没有限度的，以及人民既不应该试图重新分配贵族控制的财富，也不应该试图掌控除平民护民官以外的职位。See Patrick J. Coby, *Machiavelli's Romans: Liberty and Greatness in the Discourses on Livy* (Lanham: Lexington Books, 1999), 97. 施特劳斯学派中，能认识到马基雅维利支持土地法的学者最广为人知的一位是 Nathan Tarcov, "Machiavelli's Modern Turn", in Michael Rohlf, ed., *The Modern Turn* (Washington, DC: Catholic University of America Press, 2017), 36 – 53, at 49。

① 误读第一卷第三十七章，把它看作对罗马平民、格拉古兄弟或土地法的控告，有这种误解的学者绝不仅是施特劳斯主义者。例如，约翰·波考克错误地断言，马基雅维利批评土地法，这是因为，对于马基雅维利来说，不平等"既不意味着财富的不平等，也不意味着政治权威的不平等——没有理由假设马基雅维利反对这两者——它只是一种事态，此间，一些人关顾其他人……当他们应当关顾公共善和公共权威的时候"。See J. G. A. Pocock, *The Machiavellian Moment: Florentine Political Thought and the Atlantic Republican Tradition* (Princeton: Princeton University Press, 1975), 211, 209. 除此以外，瓦特(Miguel Vatter)论证，第三十七章说明了马基雅维利的结论，即罗马人民变得"醉生梦死"，他们试图与贵族分享职位，尤其是分享财富，因此变得堕落腐化。在瓦特看来，马基雅维利"以希望霸占'一切'的说法"解释了与土地法相关的事件，"但这种欲望并不等同于人民期盼'不受支配'"：如果对物质的欲求解释了由野心引起的冲突，那么，对自由的欲求就解释了由必然性引起的冲突。野心的逻辑可以解释内战的事件，这只是因为人民已然被看作是"尊贵的"。在这个意义上，围绕农业法而产生的冲突是贵族和平民之间在财产问题上引发的斗争，而不是基于自由而引起的斗争。See Miguel E. Vatter, *Between Form and Event: Machiavelli's Theory of Political Freedom* (Dordrecht: Springer, 2000), 197; see also 229, 231, n. 30.

次明确评论道:"良序的共和国必须保持国家富裕而公民贫穷。"这种说法表明,马基雅维利偏爱比他实际上视其为范式的"完美"的共和国(即罗马)更加平等的社会经济条件——这些条件也必定比他所谓有问题的不平等共和国(即佛罗伦萨)的条件更平等(《李维史论》1.3)。①

## 来自元老院的经济和政治不平等

如果马基雅维利事实上并没有完全批评格拉古兄弟和农业法,那么我们如何理解他关于"这部法律必定已然存在缺陷"的断言(《李维史论》1.37)?马基雅维利对这种"缺陷"的借用,起初看起来构成了对回溯性法律的批评,他宣称:

> 试图借助一部追溯到非常遥远的过去的法律来纠正共和国内部正不断涌现的混乱无序,这种做法非常不明智。(《李维史论》1.37)

---

① 马基雅维利在《佛罗伦萨史》第三卷开头提到了用于描述佛罗伦萨社会状况之特征的"不可思议的平等",但许多学者只看到它的浅层意义,很少看到这一评价跟马基雅维利在接下来描述的事件之间的明显脱节:它既叙述了旨在克服共和国内部社会经济不平等的羊毛工人武装叛乱,也叙述了他们的失败、解除武装,在梳毛工起义结束时强化了其从属地位。这种平等的确"不可思议"。See Machiavelli, *Istorie Fiorentine* [1520–25/1532], Franco Gaeta, ed. (Milan: Feltrinelli, 1962), Book III. 马基雅维利在《佛罗伦萨史》这一卷第三章对言辞和行为的叙述之间存在分歧,对此,我强调并分析。在这里,无论如何都值得一提的是,整部《佛罗伦萨史》可以被解读为,一个极其富有的银行家族和他们的贵族客户如何在共和国里获得至高无上的政治地位。See Amanda Moure Maher, "The Power of 'Wealth, Nobility and Men': Inequality and Corruption in Machiavelli's Florentine Histories", *European Journal of Political Theory* (published online September 18, 2017), https://doi.org/10.1177/1474885117730673.

这种模棱两可的说法暗示了回溯性法律对它指向的目标尤为可憎;在这种情况下,不能指望从那些长期支配并从中获益的人那里拿走财产而不引发他们的不文明行为。然而,这并没有决定性地回应被认为存在于格拉古兄弟法案当中的"缺陷"之谜。毕竟,马基雅维利指出,罗马贵族因法律禁止他们未来获得更多的财富而感到异常愤怒,就像他们因法律要重新分配元老院已然控制的财富而被激怒一样。他写道:

> [不仅]更大一部分贵族——他们拥有的土地多于法律允许——不得不放弃它,而且将从敌人那里获得的土地分配给平民的做法,剥夺了贵族变得更加富有的机会。

由此,马基雅维利坚持认为元老院对失去新的收入来源的前景感到愤怒,[58]因为土地改革的目的是在实践中而非只是理论上在平民当中分配新征服而来的土地。

在进一步的评论中,马基雅维利使用了另一种关于时机或者说时机不对的说法:

> (罗马人)要么未能及早施行法律,以至于不必不断地重改,要么拖延到一定程度,以至于回溯法律成为各种丑闻的因由。(《李维史论》1.37)

换句话说,尽管早在李维和马基雅维利对罗马共和国的论述中,平民就提出了农业方面的立法要求,但相关法律既没有及早制定,后来也没有成功地被保留或加强。故而,根据马基雅维利的看法,致命的错误并不在于法律本身,而在于法律的确立相对滞后,当它被完全有效地制定出来时,或者说当它在没有遭遇强烈反对的情况下获得通过时,已经为时太晚。马基雅维利用什么理由来解释这只是因为法律颁布的时间太晚了呢?或者,更确切地说,尽管在共和国历史上很早就已经恰当地讨论并提议立法,但是是谁阻止法律的通过?

平民有合理的理由解释为什么在共和国最早期的时候大声疾呼要进行土地立法。正如李维指出,当平民士兵征战沙场时,元老院及其受庇护者废除了他们国内土地的赎回权;其结果是,士兵为共和国而战,导致农田荒芜,无法从中收益,因此再也无法偿还债务。继而,元老院阶层用廉价的奴隶劳动力在土地上耕作,以至于越来越多贫困且没有被雇佣的公民-士兵受债务束缚,或不再生育孩子重新加入军队。① 除此以外,在这些胜利的战争中,被公民-士兵征服的外国领土及其产生的财富——这些财富原本被认为归所有罗马公民所有——都由罗马贵族"监护"。

根据马基雅维利的看法,罗马的贵族——实际上,他们当中"更大一部分"是罗马最富有的公民——显然拒绝承认,公共善使得跟人民分享这些掠夺而来的财物并由此限制共和国内部的经济不平等是必要的(《李维史论》1.37)。[59]贵族把公共善与他们自己的经济特权联系在一起,正如马基雅维利观察到的那样,"他们假定他们捍卫国家所诉诸的方法是强烈反对"把土地分配给平民的土地法。许多阐释者认为,马基雅维利认为罗马贵族主要驱动力在于对荣耀或荣誉的欲求,而非受更基本的获取与保存财富的想法所驱动。② 不过,马基雅维利观察到,当讨论农业法时,经过长时间的

---

① See Livy, *History of Rome*, Books 1–10 (vols. I–IV), trans. B. O. Foster (Cambridge, MA: Loeb, 1919–26), e.g., IV.49, 51, VI.5, 35; cf. also, *Plutarch's Lives* (Vol. X), trans. B. Perrin (Cambridge, MA: Loeb, 1921), 145–241.

② 比方说,施特劳斯既没有强调罗马贵族压迫人民的欲望,也没有强调他们追求经济利益最大化的野心——马基雅维利将这两点结合起来并进行了明确强调;相反,施特劳斯强调了贵族据称在道德上更容易被接纳的对获得荣耀的欲望。在施特劳斯看来,马基雅维利"经过深思熟虑……使得罗马的统治

拖延以后,罗马贵族"总会向平民让出职位,而没有诉诸异乎寻常的丑行"(《李维史论》1.37),然而,当涉及所有权问题时,贵族首先通过长时间的拖延,最后通过暴力,极度"固执"地捍卫他们的经济特权。

回想一下,这些贵族认为属于自己的财产实际上是平民通过战斗的汗水和鲜血为罗马赢得的,这些财产理论上是平民拥有的,但事实上是贵族为了自己的利益剥削而来的。除此以外,马基雅维利的这种执拗以委婉且保守的方式,明确表明了元老们是为了维护经济不平等而屠杀格拉古兄弟及其支持者。马基雅维利认为,这个事实证明了"人们对财产的珍视远远超过对职位的重视"——而且,就像通常所做的那样,"人们"在这里委婉地指称贵族成员(比如《李维史论》1.3)。显然,马基雅维利眼中的贵族重视物质财富远高于他们的声誉和威望、荣誉和尊严。

故而,按照马基雅维利的说法,组成罗马元老院的贵族被驱使以牺牲平民为代价来扩大自身的经济利益,他们开始派遣共和国的军队"到意大利的边境及更远的地方"去获取那些贫苦的平民即使拥有了也不可能获利的土地(《李维史论》1.37)。依马基雅维利之见,元老院这一策略通过以下方式运作:由于罗马新敌人的领地"远远超出了平民的视界,其位置并非平民可以轻易去耕作的地方,因此他们不那么渴望这些土地"(《李维史论》1.37)。随着时间的推移,这些位置偏远的土地将成为少数能够负担得起的最富有的罗马人无所限制的收入来源——[60]不可避免地加剧已于国内存在的贵族和平民之间的不平等。

---

阶层'优于'其实际所是;他改造了一群人,这群人中最优秀的成员完美地不带有粗俗的偏见,他们专门受马基雅维利式的审慎所引导,这种马基雅维利式的审慎服务于每个人无法得到满足的欲念,强烈希望在这个世界获得永恒的荣耀"。See Strauss, *Thoughts on Machiavelli*, 134.

此外,让贵族富起来的帝国政策也让军事指挥官拥有过多权力(《李维史论》3.24)。根据马基雅维利的说法,元老院强迫军队去征服离罗马和意大利愈发遥远的土地,这导致有必要延长军事指挥的期限:元老院鼓励新设立临时执政官,为了征服与保有作为贵族不断扩大之收入来源的遥远的土地,临时执政官的任期不能仅有一年。马基雅维利承认,平民着手采取措施延长职位任期,他们重新选举护民官,护民官能让他们最有效地防范贵族的压迫,而且最巧妙地抵制贵族阻挠平民改革的努力。但马基雅维利论证道,元老院通过寻求获利越来越多的帝国扩张,一而再再而三地延长执政官的任期,最终破坏了共和国的"自由生活方式"。

简而言之,这项政策为逐渐为人所知的凯撒主义(Caesarism)奠定了基础:越来越少的首领拥有军事经验,共和国因此必须依赖规模越来越小的指挥官骨干队伍;除此以外,越来越多的平民化公民－士兵在经济上愈加依赖将军,而他们恰恰在远离城市时与这些将军一起生活多年。这样的情况为摧毁共和国的内战创造了条件:诸如马略和苏拉、庞培(Pompey)和凯撒、安东尼(Antony)和屋大维(Octavian)等军阀,终将成为军队首领而相互面对,这些军队由产生效力的个人受庇护者而非罗马公民组成(《李维史论》1.37,3.24)。

故而,共和国的平民是不是自然而然或不可避免倾向于崇拜或支持诸如马略和凯撒等未来的暴君,就像古代、近代和当代的保守主义批评家所指控的那样?《李维史论》的主旨暗示,答案是否定的。马基雅维利在他的整部著作中论证了,当罗马人民并没有被迫在政治自由和经济福祉之间做出选择时,他们最终将会抵抗那些承诺进行经济再分配的暴君,[61]比如曼利乌斯·卡皮托罗斯(Manlius Capitolinus)、斯普里乌斯·卡西乌斯(Spurius Cassius)和斯普里乌斯·马利乌斯(Spurius Maelius)(《李维史论》1.8,1.24,1.58;3.1,3.3,3.8,3.28)。然而,当人们被迫陷入社会经济绝望并无法实质性参与共和国政治时——正如马基雅维利坚持认为的那样,越来越多罗马人追随与支持布匿战争(the Punic Wars)(《李维史论》1.18,1.37)——他们可能确实会追随能提供经济救济和政治保护的暴君。马基雅维利明确表明,当共和党保障足够的经济福祉时,罗马人愿意站在元老院和地方法官一边,反对在经济再分配方面对个人私利野心勃勃的人;他们不会为斯普里乌斯、马利乌斯和曼利乌斯在相对公平的经济条件下提供的经济救济而牺牲政治自由。不过,一旦元老院彻底使他们贫困并实际上剥夺了他们的公民权,他们就会重新考量与权衡,由此马略和凯撒的诉求将变得越来越有吸引力——我们将在下面看到。

## 经济不平等和公民腐败

马基雅维利认为,元老院追求建立帝国的驱动力激化了不平等,这种不平等以下述方式腐蚀了罗马本国政治的公民素质:越来越贫穷和脆弱的公民——甚至是他们当中最"有德行"的公民——不再公开质疑、批评或在必要时积极反对由越来越富有、具影响力且自私自利的个人所追求的候选人身份和立法(《李维史论》1.18)。马基雅维利较为明确详细地阐述了罗马的模式和秩序,如何没有跟行政官的任命和立法这两个特别重要领域中的不平等所产生的腐败相同步。

马基雅维利称,在地方法官的选举中,一开始只有有价值的公民竞选"执政官和其他一等职位",可能在护民官方面也是如此(《李维史论》1.18)。根据马基雅维利的看法,只要罗马保持不腐败,公民就希望被看作有资格胜任高级职务,并且会以适当的公共精神方式行事。由于公民认为选举竞争中被拒绝是一件可耻的事,[62]所以他们避免那些会对其候选人产生不良影响的行为。但是随着罗马变得腐败,"有权势的人,而非有德行的人",尤其想在共和国内部谋求高位,而且这种欲望越来越强烈;那些"有德行的"却非"有权势的"公民避免竞选公职,因为他们害怕强大的对手(《李维史论》1.18)。(这一说法表明了,马基雅维利认为公民可能具备德行,但不一定有权力,甚至不一定特别勇敢。)

马基雅维利观察到,在布匿战争之后,罗马怎样继续征服"非洲、亚洲及希腊的绝大部分",从而消除一切可信的军事威胁(《李维史论》1.18)。这一新发现的安全使得罗马人自以为是,而罗马人民开始把"党魁而不是征服者"提升至执政官的位置。然而,马基雅维利对这种"小恩小惠"的批评立刻发展成情况更加糟糕的分析:"好人"不再居于高位,因为执政官的职位转而任命给"讨好权力"的人。在这些情况下,腐败的主体基本不是奉承大众的人,而是用武力恐吓大众的人,以及用恩惠来结交少数派的人。

在《李维史论》先前的论述中,马基雅维利注意到没有腐败的共和国如何选举执政官:在国王被驱逐之后,"帝国统治权"(即指挥权)"由执政官掌握,他们不是通过出身、欺诈或暴力,而是借助自由投票来获得最高权力,并因此必会成为最优秀的人"(《李维史论》1.20)。① 根据马基雅维利的估计,罗马产生具有德行的执政官的选举制度的潜在可能性是不受限制的:

> 如果两位相继主政的有德行者像马其顿的菲利普(Philip of Macedon)和亚历山大大帝那样,能够征服世界,那么,通过选举执政官的模式,共和国应该能获得更大成功,因为它潜在不仅仅可以产生两个相互接替的君主,更可以有无数个有德行的君主。在每一个良序的共和国中,都能看到体现德行的承继模

---

① 当然,暴君克劳狄乌斯(Appius Claudius)这一有名的例子是个例外,他确实是由"自由投票"选出来的(《李维史论》1.35)。

式。(《李维史论》1.20)①

[63]但这种可能性只有在相对平等的条件下才能实现,而与激进的不平等无关。

罗马选举制度的腐败很快也影响了它的立法制度(《李维史论》1.18)。在马基雅维利看来,罗马腐败之前,护民官——他声称是所有的公民——在会议上自由地提出、讨论和争辩法律,评价法律在多大程度上能促进共同善。② 相比之下,一旦罗马抵挡不住腐败,具有公共精神的公民就不再表达他们对法律的观点;只有"有权势的"公民才这样做——不是为了"公共自由",而是为了追求他们自己的利益——其他公民只是过于害怕而不敢反对他们。"故而,人们要么被欺骗"——借助讨人欢心的方式或各种恩惠,要么在恐吓中"被迫"在议会上"决定他们自身的毁灭"。

不管马基雅维利先前表现出何种犹豫或含糊其辞,在第一卷第三十七章的结尾,他直截了当地责怪贵族创造了这样的环境并导致了共和国的灭亡:"贵族的野心是如此巨大,如果它没有被各种方式和模式征服,就会很快毁灭一个城市。"(《李维史论》1.18)与平民的渴望相比,贵族的渴望对共和国的伤害更大,而平民需要不止一种手段——如护民官——来阻止大人物的傲慢。

---

① 在这里,马基雅维利含蓄批评佛罗伦萨是秩序糟糕的共和国,因为它任命行政官的模式是不明智的。他在其他地方具体指出,佛罗伦萨在最初的候选人名单和最终确定行政官的名单之间隔了太长时间;由于没有经常重新评估资质,新具德性的人选被排除在名单之外,而不再有德性的人却实际上被任用。See Machiavelli, "Discursus Florentinarum Rerum Post Mortem Iunoris Laurentii Medices", in *Opere I*; *I Primi Scritti Politici*, 733–745, at 733.

② 参见兰道尔(Landauer)对雅典言论自由之重要意义的评价。雅典的言论自由被看作是给民众做出判断提供宽泛的政策议程的方式。Landauer, "When does the Demos Decide?".

> 在土地法引起争议的三百年后,罗马才被征服了,要不是平民总是通过这项法律和其他欲念来约束贵族的野心,那么被奴役状况就可能更快出现。(《李维史论》1.37)

也就是说,除了护民官之外,平民也正确地设法借助土地法或分享诸如执政官之类的职位,来削弱贵族的物质优势(《李维史论》1.60)。

正如上面的引文表明,马基雅维利理解大人物(grandi)的固执要对最终摧毁罗马的"丑闻"负责;这些丑闻事实上并非由格拉古兄弟颁布的土地法导致,土地法那时候在很大程度上是对寡头的贪婪和不让步的较为必要的回应。马基雅维利坚持认为,如果大人物既没有受到恰恰像土地法那样的法律约束,[64]也不受通过这些法律所要求的平民不希望被主宰的强烈欲望制约,那么,他们将会更早地摧毁共和国(《李维史论》1.37)。基于此,在马基雅维利对城市腐败和共和国衰落的分析中,经济不平等不应该被忽视或者轻视。最终,根据马基雅维利的估计,元老院的大人物和贪婪者的野心使兄弟俩在民众当中产生影响力,并引发了共和国的崩溃。关于土地法的大部分章节都在从整体上说明贵族如何加剧罗马的不平等状况,并详细描述他们如何坚决拒斥通过与人民分享共和国的财富来改善这些状况。

## 结论:格拉古兄弟的审慎和意图

当马基雅维利赞同格拉古兄弟的"动机,甚至谨慎"时,他的意思究竟是什么(《李维史论》1.37)? 如上所述,他显然没有丑化格拉古兄弟式的事业。因此,他必须批评他们的方法。马基雅维利并没有谴责格拉古兄弟致力于再分配的政策;再一次地,他似乎只是批评他们复兴这些法律的时机。然而,或许在这里,马基雅维利总体上有其他想法:格拉古兄弟应该确立一部全新的法律,不是复兴一部马基雅维利所谓的"非常古老的法律"。就像利库尔戈斯等立法者或创建者那样,为了让国家富裕而公民贫穷,他们应该制定自己的法律——以他们自己名字命名。为了做到这一点,同时又无损于他们的政治远见,格拉古兄弟极有可能被迫去恐吓、胁迫那个最不愿意对他们的设计做出让步的障碍,即罗马的元老院,或者使之中立化。

在历史上,格拉古兄弟只是恳求元老们同意他们具有实质性的政策:要求贵族允许把领地分给平民,这些土地原本使贵族富裕起来;并且这一行为应遵循相当严格的程序性防范。作为回应,元老院消灭了兄弟俩。再一次,马基雅维利坚持认为,贵族愿意与平民谈判分享荣誉和职位;[65]但旨在实现经济平等的改革需要更严格的措施与更强有力的杠杆。如果不需要做出那么充分的解释的话,那么,或许马基雅维利提到的土地法的"缺陷",实际上是他明确批评的格拉古兄弟之审慎的缺陷:他们尝试通过立法——寻求贵族方面合法的顺从——来确定一件事情,在这个问题上,直接的强制是必要的。在《君主论》中,马基雅维利批评格拉古兄弟,因为他们没有利用自身在军事上组织起来的人民(《君主论》第九章)。但在《李维史论》中,他把他们的灭亡归咎于轻率地(也即完全人道地)执行了一项反对贵族的国内计划。

当然,这两种行动模式互相并不排斥,马基雅维利似乎暗示格拉古兄弟既没有必要强迫元老院,也没有必要掌管受武装的公民,即使他们已经这样做了(《君主论》第九章)。作为护民官,格拉古兄弟领导参与他们大会的人民;但是他们缺乏正式且合法的权威来统领加入军团的人民。马基雅维利在好几个场合都强调过如何有效运用这种权威来消灭整个元老院:最著名的是,通过西西里的阿加托克雷(Agathocles the Sicilian)(《君主论》第八章)和赫拉克利亚的科利尔库斯(Clearchus of Heraclea)(《李维史论》1.16)。罗马的执政官和其他意大利共和国的执政官——被公开授予帝国统治权与统辖武装公民权力的最高地方行政官——可以比仅仅作为城市地方官的护民官更成功地推行亲平民的改革。或者,马基雅维利暗示,至少与那些忠诚地——或许太忠诚地——致力于遵守既定法律惯例的护民官相比,最高军事行政官能更成功地进行有争议的改革,就像格拉古兄弟那样。

如果马基雅维利确实迂回曲折地指出了格拉古兄弟在尽力执行其再分配计划时原本应该用暴力消灭元老院,而不是让他们自己被暴力消灭,那么下述情况就会给马基雅维利的宪法模型造成困难。尽管马基雅维利反对他在贵族文人中的对手,坚持认为平民护民官使得罗马"更加完美"(《李维史论》1.3),但它不能解决导致共和国崩溃的基本问题。格拉古兄弟事件与围绕土地法的社会经济环境表明,[66]作为保护罗马自由的制度手段,护民官必要但在根本上并不充分。可以确定的是,马基雅维利宣称,假如没有护民官持续不断地推动土地改革,并且代表平民行使他们其他的制度性权力,那么罗马共和国的腐败与崩溃将会快得多。然而,护民官不一定能解决经济不平等的问题,相应地也无法无限期地阻止共和国的衰落与重蹈覆辙。

我认为,马基雅维利关于格拉古兄弟的最终判断的阐释还有一个明显的问题。如果格拉古兄弟用暴力使得元老院中立化,那么又是什么把他们和摧毁共和国的军阀——人们认为,土地改革的成功通过恰恰首先阻止了那些军阀的崛起——区分开来呢?格拉古兄弟难道不在道德层面和事实层面等同于后来成功的暴君——那些事实上确实摧毁了罗马自由的暴君?难道格拉古兄弟不会加速而是推迟共和国的灭亡?由于马基雅维利在他关于格拉古兄弟的叙述中强调了"意图",因此我们应该在他讨论要改革一个处于无可救药之腐败危险境地的共和国的必要性时,审视他在《李维史论》

其他地方对意图的援引。

在第一卷第十八章,马基雅维利写道:

> 人们认为,让城市的政治生活重新恢复良序要以好人为条件,而诉诸暴力只会让坏人成为共和国的君主;因此,几乎没有好人会希望通过邪恶手段而成为君主,即使他的目的是好的。(《李维史论》1.18)

换句话说,存在罕见却真实的例子,想要改革腐败共和国的好人会诉诸未经法律允许的暴力。根据马基雅维利的论述,格拉古兄弟履行这样一种角色,即使不是出于谨慎,也是基于意图。他们的意图是好的,但却在审慎方面具有缺陷。如果他们为了达到他们的好目的而诉诸邪恶的手段,那么,他们没有机会确立僭主政治。①

除此以外,不仅仅是格拉古兄弟自身不愿意沦为暴君,他们面对的外部环境也不利于暴政:就在格拉古兄弟拥有摧毁元老院的机会时,[67]罗马人民尚不是腐败的被庇护者,即完全依靠其军事资助人来维持他们的经济福祉。

然而,正如前面提到的那个例子所表明的那样,在马基雅维利的心目中,旨在于共和国内建立经济平等的单边行政行动不是一个一次性的主张,而有着反复出现的必要性。就像所举的西西里的阿加托克雷之例那样,提比略·格拉古原本可以消灭其共和国贵族,

---

① 我在其他地方分析过,纵使马基雅维利不太靠谱地模糊了改革者和暴君之间的界线,参 McCormick, "Subdue the Senate: Machiavelli's 'Way of Freedom' or Path to Tyranny?", *Political Theory* 40, no. 6 (December 2012), 717 - 738; McCormick, "Of Tribunes and Tyrants: Machiavelli's Legal and Extra - Legal Modes for Controlling Elites", *Ratio Juris* 28, no. 2 (June 2015), 252 - 266; Mc - Cormick, "Machiavelli's Greek Tyrant as Republican Reformer", in *The Radical Machiavelli*, 337 - 348; and McCormick, "The People's Princes: Machiavelli, Leadership and Liberty" (book manuscript in progress)。

实行强有力的经济－军事改革,并在安然离世前留下一个更加平等且公民充满活力的共和国。① 然而,就像此前提到的斯巴达所表明的那样,在马基雅维利看来,旨在实施共和国内部之经济平等的单边行政行为有着一再出现的必然性,而不是一次性的主张。马基雅维利表明,利库尔戈斯的法律不管一开始多么成功,都需要诸如阿基斯(Agis)和克列昂米尼斯(Cleomenes)等继任者的暴力重建才能长期有效(《李维史论》1.9)。此外,按照马基雅维利自己的说法,在斯巴达的案例中,结果是喜忧参半的。即使格拉古兄弟已然有所作为,如同马基雅维利暗示他们原本应该做的那样,其他的"格拉古兄弟"将不得不在未来出现,以确保他们的改革永远成功。这既非出现在斯巴达,也非出现在罗马语境中。

为最大限度减少因经济不平等的增加而对共和国城市自由造成的威胁,还有另外一种可能的改革路线。相比据称有意设计好的路线,即行政官员用暴力减少其亲平民改革的贵族反对者,这条路线较少采用直截了当的暴力,并且对城市自由的潜在威胁也更小。但在马基雅维利的文本中,这条路线较少得到支持:共和国最富有的公民能够明智地避免执行那些会带来更多不平等的政策,他们为此而冒风险,最终在政治上被阉割或在经济上被平民捍卫的专制所侵占。

---

① 关于马基雅维利把阿加托克雷视为潜在的共和主义改革者的例子,参见 McCormick, "The Enduring Ambiguity of Machiavellian Virtue: Crime, Cruelty and Christianity in The Prince", *Social Research* 81, no. 1 (Spring 2014), 133 - 164; McCormick, "Machiavelli's Inglorious 'Tyrants': On Agathocles, Scipio and Unmerited Glory," *History of Political Thought* 36, no. 1 (2015), 29 - 52; and McCormick, "Machiavelli's Agathocles: From *Criminal Example to Princely Exemplum*", in Michèle Lowrie and Susanne Lüdemann, eds., *Between Exemplarity and Singularity: Literature, Philosophy, Law* (Abingdon: Routledge, 2015), 123 - 139。

共和国富有的公民并没有像元老院那样谋杀温和的经济改革者,诸如格拉古兄弟,他们或许应该放弃一些金蛋,而不是让君权篡夺者出现并杀掉下蛋的鹅。① 马基雅维利在其他地方指出,罗马和佛罗伦萨的贵族如何原本可能更容易接纳人民,而不是继续走危及他们政体的自由地位与他们在政体中自身的特权和威望的道路。尤其是,他展示了屋大维和美第奇家族怎样在这种情况下,[68]利用傲慢贵族的贪功而获得各自的封邑。

尽管强调了这些对共和国最富有公民做出审慎判断的机会,但马基雅维利没有提供例子证明,在经济不平等问题上,这些贵族确实采取了明智的和解策略。与之相反,寡头常常谋求他们的经济优势最大化,以至于他们不可避免既逐渐损害了人民的自由,又削弱了那些他们自身地位和特权所依赖的条件。

---

① [译注]该形象说法源自格林童话中的《金鹅》故事。

# 第三章 《佛罗伦萨史》转向保守的神话

[69]尼科洛·马基雅维利的后期政治著作,特别是《佛罗伦萨史》表达了他新发展起来的保守主义,这一观点如今已经不存在争议。① 即便许多学者倾向于把这个佛罗伦萨秘书的前期政治偏好——正如《君主论》和《李维史论》所体现的那样②——定位在共和政治光谱中民主的一方而非贵族的一方,他们都得出结论认为,《佛罗伦萨史》的思想更成熟,作者通过几种基本方式改变了自身观点:最为显著的是,与早期著作相比,马基雅维利在很大程度上对平民更挑剔,而对精英更钦佩;他对社会阶层的二重理解转向了对社会阶层的三重理解;他不再将罗马共和国(或者一般而言的古代民主共和国)作为一种值得仿效的政治宪政模式,转而支持贵族共和模式,把威尼斯作为最好的例证。③

---

① Niccolò Machiavelli, *Istorie Fiorentine* [1520 – 25/1532], Franco Gaeta, ed. (Milan: Feltrinelli, 1962), hereafter *FH*.

② Niccolò Machiavelli, *Il Principe* (De Principatibus) [1513/1532], G. Inglese, ed. (Torino: Einaudi – Gallimard, 1995), hereafter *P*; and Machiavelli, *Discorsi* [1513 – 17/1531], C. Vivanti, ed. (Torino: Einaudi – Gallimard, 1997), hereafter *D*.

③ 尽管在马基雅维利多大程度上变得保守的问题上,他们有不同看法,但以下著述认为,他的观点具有决定性地朝那个方向转变。See Albert Russell Ascoli, "'*Vox Populi*': Machiavelli, *Opinione*, and the *Popolo*, from the *Principe* to the *Istorie Fiorentine*", *California Italian Studies* 4, no. 2 (2013), 1 – 23; Francesco Bausi, *Machiavelli* (Rome: Salerno, 2005); Robert Black, *Machiavelli* (Abingdon: Routledge, 2013); Humfrey Butters, "Machiavelli and the Medici",

接下来,我将质疑人们能推进这三种主张的程度,提及那种认为马基雅维利后期对人民(和平民)作为政治力量持有更悲观态度的说法,并且反驳这样一种论点,即在1519年之后,马基雅维利既放弃了他在《李维史论》中提出的新罗马民主共和模式,也抛弃了其政治代表作中如此重要的二重阶层分析。我希望能证明,在《佛罗伦萨史》中,马基雅维利从历史角度对佛罗伦萨人民和贵族各自行动的详细记述,[70]削弱了一切关于他公然批评人民并同情贵族的言论效力——这种同情是相关研究者的新发现。故而,我认为,提出"转向保守"之论题的人在其分析《佛罗伦萨史》时压倒性地依赖于贵族而完全忽视了人民,这是错误的。他们一直忽略了,马基雅维利在整本书中所展示的人民和贵族的行为方式,跟他对这些群体的行为评价十分不连贯。我将论证,人民与贵族相抵触,而马基雅维利在《佛罗伦萨史》中运用的文学-修辞方法——一种使行动

---

in J. M. Najemy, ed. , *The Cambridge Companion to Machiavelli* (Cambridge: Cambridge University Press, 2010), 64 – 79; Mark Hulliung, *Citizen Machiavelli* (Princeton: Princeton University Press, 1984), 75 – 78, 86; Mark Jurdjevic, *A Great and Wretched City: Promise and Failure in Machiavelli's Florentine Political Thought* (Cambridge, MA: Harvard University Press, 2014); Mario Martelli, "Machiavelli e Firenze dalla repubblica al principate", in J. - J. Marchand, ed. , *Niccolò Machiavelli: politico storico letterato* (Rome: Salerno, 1996), 15 – 31; David Quint, "Narrative Design and Historical Irony in Machiavelli's Istorie Fiorentine", *Rinascimento* 43 (2003), 31 – 48; Giovanni Silvano, "Florentine Republicanism in the Sixteenth Century", in G. Bock, Q. Skinner, and M. Viroli, eds. *Machiavelli and Republicanism* (Cambridge: Cambridge University Press, 1990), 41 – 70; Maurizio Viroli, "Machiavelli and the Republican Idea of Liberty", in G. Bock, Q. Skinner, and M. Viroli, eds. , *Machiavelli and Republicanism* (Cambridge: Cambridge University Press, 1990), 143 – 171; and Viroli, *Machiavelli* (Oxford: Oxford University Press, 1998), 126. See also Mario Martelli's introduction to his edition of Machiavelli's *Il Principe* (Roma: Salerno, 2006), 15 – 31.

胜于言语的写作模式，与《君主论》和《李维史论》相比，它更见于《佛罗伦萨史》——加强而非削弱了他先前表达过的、在他后期看似更加保守的政治著作中体现的民主共和主义。

马基雅维利有时在《佛罗伦萨史》中会自相矛盾，比如，他坚持认为佛罗伦萨人民拒绝与贵族共享政治职位(3.1)，而在提出这一点之前的几个段落中他正在详细描述人民是如何真诚地试图共享政治职位(2.39)。还有些时候，马基雅维利的描述与他对行为和事件的评价完全不相协调：他经常谴责流行的或民众的行为是不恰当的、过分的、不合时宜的，而事实上，《佛罗伦萨史》及先前著作的陈述表明，他不仅容忍这种行为，而且予以赞同。比方说，马基雅维利批评在梳毛工起义达到高潮时，在一次重要的议会会议上，佛罗伦萨平民在街上制造骚动(3.15)。然而，根据马基雅维利式的标准，颠覆是有利于城市的事件（或者将颠覆的危害降至最低，颠覆是没有害处的事件），应该予以明确支持(《佛罗伦萨史》3.1；《李维史论》1.4)，理应认为这种难以控制的行为要么完全恰当，要么道德中立——尤其是因为，在这个例子中，平民不会对城市行政官中的政治对手造成人身伤害。

我将会论证，《佛罗伦萨史》的叙述可以证明马基雅维利在其政治著作中对社会阶层持有一致看法，[71]为此，我有必要做出长篇大论的回顾。除此以外，我认为，当比较《佛罗伦萨史》中马基雅维利对人民和大人物的叙述，以及《君主论》和《李维史论》中提到的观点时，这些证据就会变得显而易见——对此，马基雅维利并没有给出明确信号。在讨论《佛罗伦萨史》中通篇使用的修辞性评论的特殊形式之后，我将会指出，认为马基雅维利转向保守的学者没有认真对待写书的直接背景：美第奇主教，也就是《佛罗伦萨史》的读者对象，通过在佛罗伦萨贵族中的朋友(amici)而统治佛罗伦萨，已经逐步把城市的普通公民视为强有力的敌人，而人民逐步把佛罗伦萨的统治者视为非法的暴君。

对《佛罗伦萨史》的核心问题是为什么现代佛罗伦萨共和国如此逊于古罗马,马基雅维利的回答不可能来自任何关于动机或"脾性"的变化,据说他认为这些东西属于现代人或贵族。我认为,更确切地说,这个问题的答案源于马基雅维利对不同"模式和秩序"的分析,这些模式和秩序体现了与古代共和政体相反的现代共和政体的特征。根据马基雅维利的看法,现代和古代的共和政体展现出截然不同的制度—宪法框架,在这些框架内,历史上民众和贵族的欲望一直发挥作用且相互作用。

## 对人民更悲观?对贵族更赞不绝口?

有学者努力从学术的角度论证,与《君主论》和《李维史论》相比,马基雅维利在《佛罗伦萨史》和16世纪20年代的其他作品中,对普通民众更加挑剔。下面这个《佛罗伦萨史》经常被引用的段落,几乎成为所有论证的重要依据:

> 罗马民众希望与贵族共享最高职位,而佛罗伦萨民众战斗的目的则是把贵族排除在外而完全独自统治佛罗伦萨。由于罗马民众的期望更加合理,贵族逐步认为民众的冒犯更能被忍受,从而在没有诉诸武力的情况下更乐意同意他们的要求。[72]因此,在经过一些争论后,[罗马人]聚在一起制定法律,这些法律既满足了民众,又保留了贵族的尊严。相反,由于佛罗伦萨民众的愿望如此不公平、对贵族的伤害如此之大,因此贵族费更大的力气自卫,从而更容易造成流血事件,并会有公民被放逐。除此以外,[在佛罗伦萨]最终执行的法律从未与公共善相一致,而是反映冲突中胜利一方的利益……因此,[佛罗伦萨]贵族的军事才干和宽宏大度完全消失殆尽……于是,

佛罗伦萨越来越谦卑,变得奴性十足。(《佛罗伦萨史》3.1)①

现在,我将会集中关注马基雅维利在《佛罗伦萨史》中描述民众行为的三种情况,(并且刻意指出)这三种情况彻底否定了马基雅维利在上面所引段落中做出的评价性判断:推翻雅典公爵的暴政后,民众与贵族和解(2.39-42);在赢得大家支持的贝拉离开后,民众逐渐不再消灭贵族(2.14);在梳毛工起义期间,佛罗伦萨的平民表现出所谓邪恶和不合宜的行为(2.12-15)。

我认为,带着要评估马基雅维利的评价性判断在多大程度上与他所描述的政治环境相容的目的,阅读《佛罗伦萨史》的这些片段,这是必要且具有启发性的;也就是说,粗略而言,当马基雅维利讨论佛罗伦萨的贵族和民众的政治行动时,他使用的形容词是否与他使用的动词相匹配,这值得追问。我的直觉是,在《佛罗伦萨史》中,马基雅维利对贵族和民众的大部分评价性判断,一直都被他对每个群体行为的实际描述所掩盖。马基雅维利于书中几乎每一处对民众的明确批评都包含在他对事件和行动的细节的描述当中,这些事件和行动都大大降低了那些批评的力度,尤其是以作者在《君主

---

① 下列作者提供了关于这段话的重要分析,但这些重要分析并非必定赞同"转向保守"的观点:Anna Maria Cabrini, *Per Una Valuatione delle Istorie Fiorentine del Machiavelli:Note sulle Fonti del Secondo Libro* (Florence: La Nuova Casa Editrice, 1985), 367-370; Gisela Bock, "Civil Discord in Machiavelli's *Istorie Fiorentine*", in Bock, Skinner, and Viroli, eds., *Machiavelli and Republicanism*, 187-189; Gennaro Sasso, *Niccolò Machiavelli: La Storiografia*, Vol. II (Bologna: Il Mulino, 1993), 185-199; Harvey C. Mansfield, "Party and Sect in Machiavelli's *Florentine Histories*", in Mansfield, *Machiavelli's Virtue* (Chicago: University of Chicago Press, 1996), 150-151; and Marina Marietti, *Machiavelli: L'Eccezione Fiorentina* (Florence: Cadmo, 2005). Although see Cabrini, *Interpretazione e Stile in Machiavelli: Il Libro Terzo delle Istorie* (Rome: Bulzoni, 1990), 12-14, 93。

论》和《李维史论》中设定的标准衡量。

现在,我将详细探讨这三种情况的细节。这三种情况直接关系到现在很多学者提出的主张。他们坚持认为,[73]马基雅维利在其后期更关注佛罗伦萨的作品中,对共和国的下等阶层更加挑剔,这与他早期更公开谈论古代问题的作品截然相反。

**贵族造成他们自身的失败与选举权被剥夺(1343年)**

第一种情况明确反驳了马基雅维利关于公众反对在与贵族共享职位的问题上做出妥协的说法,它出现在上面引用的第三卷的开头,在他发表经常被引用的宣言之前的五个段落中。马基雅维利在第二卷的结尾表明——尽管他是在几页后才指出(《佛罗伦萨史》3.1),当佛罗伦萨的保护者兼暴君、所谓的雅典公爵布里尼被驱逐之后,佛罗伦萨民众改革共和国宪法,恰恰是为了与贵族"分享"职位。马基雅维利指出,这些宪法修订是为了推进公共善,而不仅仅像他将很快在第三卷开篇时指出的那样,是为了给任何特定的政治行为者或集团谋取利益。

除此以外,马基雅维利明确指出,曾经合作推翻沃尔特的民众与贵族之间的休战,已经被贵族所破坏,贵族诉诸暴力,竭尽全力在城市最高行政机构执政团的权限范围内让自身更具权力,民众已向贵族重新开放行政官职位——这种做法颇为合理,着眼于公共善而非党派利益。在这种情况下,贵族使用暴力恐吓民众内部的成员,挑起战争,导致了贵族自己的军事失败,并最终被民众剥夺了政治权力。马基雅维利直截了当地描述(甚至是明确评价),民众最初的冲动是为了再一次与贵族分享行政官职位,而不是动用武力反对他们完全拥有这些职位。

马基雅维利叙述这些事件时指出,一旦大人物(古代的贵族)

以及平民(行会中的公民)驱逐沃尔特,那么这两个群体都会商议宪法改革问题。他们同意把执政团三分之一的权力让渡给贵族,[74]并且贵族将进一步占据共和国其他行政官职位的半数(《佛罗伦萨史》2.39)。佛罗伦萨人着手将城市划分从六个片区改为四个片区,并且执政团成员的人数从六个增加到十二个,与让贵族加入城市主要行政委员会的做法相一致。在此之前,执政团由城市六个片区中从每个片区中产生的一名执政组成,他们当中没有一个人能(正式)成为贵族;在新的安排下,四个片区中每个片区都有三名执政(马基雅维利更喜欢称他们为执政官),当中三分之一是贵族——由于贵族在公民总数中所占比例相对较小,因此贵族的比例实际上更高。

这些改革措施清楚表明,马基雅维利完全意识到佛罗伦萨民众愿意与共和国贵族分享最高行政长官职位,这种意愿程度并不亚于他们的罗马祖先。贵族被彻底、永久剥夺职位(但没有被剥夺政治影响力)的状况并非民众创造。马基雅维利本人在这个节骨眼上观察到:

> 假如大人物倾向于根据文明生活方式的要求谦逊行事,那么城市原本会在这种统治秩序下让人生活得心满意足。然而,大人物既无法容忍私人生活中的伴侣,也不能容忍地方行政官中的同僚——不,他们渴望成为君主。(《佛罗伦萨史》2.39)

和《君主论》和《李维史论》一样,马基雅维利在这里把要施行压迫之难以抑制的品行或脾性归于贵族,他们渴望得到凌驾于城市中所有其他人之上的无可争议的高贵(地位)和统治(权力)(《君主论》第九章、《李维史论》1.3-5)。除此以外,与《李维史论》第三卷开篇所表达的观点截然不同,在这个例子中,马基雅维利表明了"不合理的"是贵族而非民众的行为,他们想要"独自"统治城市,没有任何阶层对手的"参与"。

接下来，马基雅维利讲述了大人物如何在日常生活中对民众表现出傲慢无礼和自大，这些做法彻底激怒民众，民众哀叹他们只不过以一个代表公爵的暴君，换回了成百上千个暴君，也就是最近被重新授权的贵族(《佛罗伦萨史》2.39)。马基雅维利对因此而产生的处境的描述——"一边傲慢无礼, [75] 一边愤愤不平"——完全符合他在《李维史论》中的判断，亦即，傲慢(insolenzia)是贵族施行压迫之品行的最常见表现，对这种傲慢的愤怒甚至盛怒(rabbia)是民众不想被支配的最常见表现(《李维史论》1.16)。

地位较高的民众的首领很快就向大主教阿奇艾乌奥利(Acciaiuoli)(此前他已经调解了城市内部的社会冲突,结果好坏参半)抱怨了大人物整体的粗鲁不雅行为，以及他们个人对民众的不文明行为(《佛罗伦萨史》2.39)。在这个例子中，马基雅维利用来描述贵族之粗鲁不雅行为的词汇"不得体"(disonestà)让人想起了相反的得体品质，而当马基雅维利在《君主论》中论证民众比贵族优越、正直和正义时，就认为他们具备后一种品质(《君主论》第九章)。在这里，平民首领说服大主教，再次授予"民众独自"在执政团执政。不过，在这个例子中，人民并没有努力将贵族完全排斥在政府之外；相反，他们试图在某种程度上支持大人物在城市其他主要行政官中的任职资格，以维护他们的"尊严"。①

阿奇艾乌奥利使用"善意的话"试着向贵族证明这个结果的正

---

① 这一章强调佛罗伦萨人民和平民的和解本性——他们得体、追求公共善、愿意接纳和平胜于正义——直到他们被寡头压迫得走投无路。然而，必须指出，马基雅维利认为这不完全是一种恭维。在某种意义上，罗马、佛罗伦萨及所有政体的人民都太善良了。马基雅维利暗示，在贵族从行为得体转变为压迫他人过程中，如果民众和他们的关系真的能再稍微密切一点，换言之，要是民众能更快地制服贵族，致力于以更公正和稳定的方式改革共和国，那么，这个世界就会变得更加美好。这就是为什么马基雅维利经常论证，在大多数时候，平民主义的暴君有必要消灭腐败共和国的大人物，因为人民很少愿

当性,并承诺如果他们同意顺从就会确保"和平"(《佛罗伦萨史》2.39)。但即便如此,大人物,尤其是里道夫·德·巴尔迪(Randolph de Bardi)却变得愤怒,他强烈谴责大主教,称之为所有党派不忠且轻浮的朋友。他宣称,贵族现在会很乐意冒着同样的生命危险,捍卫他们先前与雅典公爵斗争时获得的荣誉。马基雅维利描述了大人物如何武装自己,作为回应,人民也这样做,跟随贵族前往领主广场。广场上有很多叫喊声,双方相遇,随之出现了骚乱:贵族大声疾呼,支持他们在执政团中的大人物同僚,而人民公开要求贵族执政辞去职务。然而,马基雅维利指出,许多贵族实际上并没有现身保护自己的行政职位,他们选择留在自己家里,不敢面对"全体经武装的民众"(《佛罗伦萨史》2.39)。这就是贵族的"军事德性和慷慨",[76]众所周知,马基雅维利在下一卷的开篇就引述了这一点。

于是,代表民众的当班执政取代了贵族执政,起初他们力图通过坚称执政团中的贵族是"正派和善良的人"来平息人民的敌意。由于没能保住贵族的职位,他们向贵族同僚发出指令,让其穿过心怀强烈敌意的人群安全逃回家。民众执政不会背叛他们的贵族同僚(正如马基雅维利先前提到的那样,他们遵守共同掌权的原则,这是贵族没有展现出来的一种品质),广场上那些情绪激动的佛罗伦萨人在执政团贵族成员继续回家时也不会试图伤害或杀害他们。

在接下来的武装冲突中,伤亡惨重的民众试图穿过三座桥①,巧妙地穿过一条通往防御工事后方的未设防的道路来攻击贵族。

---

意自己这样做。See John P. McCormick, "Machiavelli's Greek Tyrant as Republican Reformer", in F. del Luc chese, F. Frosini, and V. Morfino, eds., *The Radical Machiavelli: Politics, Philosophy, and Language* (Leiden: Brill, 2015), 337–348; and McCormick, "The People's Princes: Machiavelli, Leadership and Liberty" (book manuscript in progress).

① [译注]这三座桥分别是 Ponte Vecchi、Rubaconte 和 Carraia。

马基雅维利记述到,最顽固的贵族家族、曾公开宣称要战斗至死的巴尔迪家族(the Bardi)"失去了他们的精神",放弃防御投降了(《佛罗伦萨史》2.41)。马基雅维利写到,在敌对开始之时,民众人道地对待被俘的贵族,比如卡维丘里(Cavicciulli)、多纳蒂(Corso Donati)和帕齐(Pazzi)家族的成员;然而,或许是因为民众在随后的争斗中遭受了巨大的损失,现在他们以极其残忍的方式对待贵族中最后的坚持者巴尔迪家族。马基雅维利评论到,即使是佛罗伦萨最卑劣的敌人也会对他们的行为感到羞愧:民众,特别是"他们当中最卑贱的人"彻底摧毁或烧毁了巴尔迪家族所有的房子和塔楼。但从另一个角度来看,我们会反过来思考,这个结果是否完全不公正,正如马基雅维利在之前两章中称,里道夫挑起了这场冲突,使整个城市武装起来,并让民众遭受如此惨重的损失。事实上,马基雅维利在第二卷通篇都把巴尔迪家族看作最有罪的贵族家族之一,它破坏了城市和平,威胁了民众的自由,尤其是帮助雅典公爵崛起(例如,《佛罗伦萨史》2.32-33,2.36)。

[77]马基雅维利描述了民众在公开的战斗中彻底征服了大人物之后,如何以(与主要行会、中等行会和次要行会的划分方式相一致的)三部分来重整城市的秩序:有权势的行会(potenti)将在元老院占两个席位,地位居中的行会(mediocri)获得三个席位,地位较低的行会(bassi)得到三个席位,正义旌旗手(Gonfalonier of Justice)将由三个群体轮流接管,作为主要行政委员会的第九位成员(《佛罗伦萨史》2.42)。① 马基雅维利写到,恢复此前禁止贵族担任所有高级职务的正义法令,以此对付大人物,他们当中许多人的权力被削

---

① 在某种程度上,马基雅维利可能正依赖当代编年史家传达这一信息,有充分的理由相信,他搞错了不同行会在执政团席位的确切分配状况。See John M. Najemy, *Corporatism and Consensus in Florentine Electoral Politics*, 1280-1400 (Chapel Hill: University of North Carolina Press, 1982), 141-142.

弱成为群众,也就是说,强制他们加入行会,并使其因此受到行会法律和司法裁决的制约。后来事态的发展表明,民众或许不应该以这种方式让贵族混入其中,因为这种做法加剧了民众自身军队(更不用说政治方面)的腐败。马基雅维利断言,如果城市里没有贵族这样的军事对手,民众在军事上就会变得越来越"缺乏男子气概"。

在这里,马基雅维利宣称,贵族被这次失败彻底摧毁,再也没有诉诸武力对付民众,并且变得"愈发仁慈和可怜"(《佛罗伦萨史》2.42)。但就像我们在梳毛工起义中即将观察到的那样,马基雅维利本人后来对他们在"八圣之战"(the War of the Eight Saints)中的阴谋和行为的描述,对这一评论的真实性提出了严重的质疑。尤其是,贵族是依然强大的归尔甫派的头领,他们再次密谋以武力夺取元老院,驱逐对手,后来几乎使城市陷入内战(《佛罗伦萨史》3.8);此外,贵族暗中鼓动城市中心怀不满的劳动阶层,实际上以梳毛工起义的形式挑起了一场全面内战(《佛罗伦萨史》3.12–13)。

尽管如此,马基雅维利宣称,这次民众战胜大人物的结果是,"佛罗伦萨失去了它的武器和慷慨"(《佛罗伦萨史》2.42)。但这提出了一个迫切的问题:情况为什么会是这样?难道民众既没有足够的武装,也没有熟练的战术,便打败所谓的更具军事才能、更英勇的贵族吗?除此以外,既然马基雅维利在这里及其他地方的叙述中暗示了贵族行为懦弱,[78]那么,在军事精神的意义上,他实际上在多大程度上真的认为他们是"慷慨的"呢?① 最后,为什么从这一刻开始,获得胜利的民众不会为了城市的利益而保持并扩张他们的军备呢?马基雅维利往后披露,民众与贵族混合,在贵族的倡议下,民

---

① David Quint 尽管做出认真研究,但依然只把握到马基雅维利这里的断言的表面价值,参见他的文章"Armi e nobilta: Machiavelli, Guicciardini, e le artistocrazie cittadine", *Studi italiani* 21 (2009), 53–74。

众,特别是在行会中最富有的民众愈发开始承接起贵族所有的坏品性——要统治他人的欲望——同时也失去了军事美德这一他们昔日与贵族共同拥有的好品性。

### 民众放弃消灭贵族(1295年)

现在我将探讨《佛罗伦萨史》中的第二个例子。我认为,这个例子表明了马基雅维利并没有完全支持自身对佛罗伦萨民众的控诉,控诉他们在与城市贵族打交道时,心怀"不合理的欲望",做了"有害的且不正义的"事情。这个例子出现在《佛罗伦萨史》第二卷支持人民的贾诺·德拉·贝拉已经离开城市,而不是使用暴力来执行正义法令之后,正义法令是贾诺限制贵族以或合法或法外的手段伤害人民的法律。

在贾诺离开城市后,当贵族和民众准备公开决战时,一个由民众、贵族和神职人员组成的非正式委员会介入冲突(《佛罗伦萨史》2.14)。马基雅维利表明,这次调停的结果是,民众在有机会压迫贵族——实际上,可能会消灭贵族——的时候变得温和。这似乎与马基雅维利在《李维史论》中的观点非常相近,即人民通常可以被"一个好人",又或者在这种情况下被好人的话所劝阻,不去鲁莽地、不公正地行事(《李维史论》1.2,1.5,1.59)。由三方组成的委员会请求民众不要以他们的人数优势压倒贵族,而是接受他们自身已经获得的政治利益。作为回应,民众不仅停止了与贵族的武装冲突,[79]而且实际上放松了他们与贾诺此前对大人物施加的立法限制。

马基雅维利是这样叙述这起事件的细节的。当贾诺离开了这座城市,贵族马上设法搁置他们之间的宗派分歧,从中选出两个人做代表(可能是一个是归尔甫派的,一个是吉伯林派的),就减轻正义法令之严厉程度的问题,向偏向于大人物的元老院提出请求(《佛罗伦萨史》2.14)。民众依然为城市精英的阴谋所带来的影响而感到痛苦,他们担心这些法律——不论实践证明它们是多么不奏效——如今会被彻底废除。马基雅维利讲述了人民和贵族如何因这场争论而准备在军事上互相攻击。尽管贾诺力图避免暴力冲突——或许他本人可以更有效地控制这次冲突,但暴力冲突即将随之爆发。贵族和行会成员在城市周围相互对抗,大批民众在元老院附近聚集。

马基雅维利描述到,在这场危机中,上述的行会成员、贵族和神职人员组成一个群体,发挥调停者的作用,试图通过直接与每一个团体对话,平息即将发生的冲突(《佛罗伦萨史》2.14)。起初与大人物接触的调停者坚持认为,贵族的"傲慢""管理不善""作恶多端"使他们与民众相处时陷入困境,迫使他们剥夺贵族的荣誉和职务,并通过惩罚他们的法律。他们提醒贵族,正义法令的颁布实施针对的是他们自己的恶行,他们自己也要为他们被排除在最高行政长官职位之外负责。委员会坚持认为,试图通过邪恶强行夺回他们已经失去的东西,无异于毁灭祖国和他们自身。

不过,大概是因为在其他地方马基雅维利怀疑过大人物是否有能力因羞愧而表现良好(例如,《李维史论》1.40,1.48),他认为调停者主要出于战术上的考虑,最后向贵族发出恳求(《佛罗伦萨史》2.14)。[80]他们指出,贵族显然寡不敌众,面对民众的"人数如此之多、财富如此之丰、仇恨如此之大",他们当中的懦夫无法应战。他们坚持认为,民众很快就会知道,贵族只是名义上的,因为很多人不会战斗,而那些战斗的人将被无声地打败。

由三种身份组成的委员会也运用战术来与民众对话,但他们更强调道德因素。他们首先建议,民众总想战胜贵族是不明智的(《佛罗伦萨史》2.14)。从一开始,这就是一个相当奇怪的禁令,因为马基雅维利在前面的章节中已经表明,正义法令并没有阻止诸如多纳蒂等贵族对民众的人身伤害,甚至是致命性伤害,也没有阻止他们逍遥法外(《佛罗伦萨史》2.13)。另外,马基雅维利还谈到,贵族如何成功使元老院——即使没有一个大人物是元老院成员——转而反对民众的庇护者贾诺,迫使他离开这座城市(《佛罗伦萨史》2.13)。

马基雅维利讲述到,即便如此,调停者继续以这种方式争辩,暗示如果民众使得贵族非常绝望,以至于殊死一搏,那将是不明智的(《佛罗伦萨史》2.14)。他们指出,毕竟,命运并不总是眷顾那些在战斗中人数更多的人。调停者谈到主导其恳求民众的道德考虑,坚持认为,根据正义法令,贵族个人如此轻易被驱逐出去是不公平的。他们提醒民众,贵族在战争中很好地为城市服务,用"这样的仇恨"攻击他们"既不好也不公正"。贵族可能会容忍自己被排斥在元老院之外(马基雅维利对事件的叙述经常违背这一说法),但他们不会忍受根据法令而持续不断遭受法律惩罚(具体而言,他们可能会被驱逐出祖国,或者因为证据不足的指控而被处决)。同样,这并没有准确描述新近发生的事情:马基雅维利已经表明,贵族只需得到执政团中一名执政的同情,[81]就能避免被排斥在元老院之外,并且贵族通过恐吓人民首长(the people's Capitano),使其做出有利于他们的判决,就能规避法令规定的犯罪惩罚(《佛罗伦萨史》2.13)。

在马基雅维利看来,接下来民众内部围绕委员会的建议开展辩论:一些人坚持认为,他们的人数已经超过贵族,应现在就着手战斗;一些人建议,如果民众调整法令的条款,贵族可能会更加满意;另一些人则宣称,除非通过暴力强制,否则贵族永远不会满足(《佛罗伦萨史》2.14)。最终,马基雅维利讲述了"更温和、更明智"的民众如何说服其他人,这些民众认为调解花费的成本将被证明小于战争的成本。因此,民众放下武器,规定在正义法令中增加额外见证人的法律条款。

调解人诉诸必然性和道德,力图阻止贵族和民众开战,但他们在与贵族商议过程中更强调必然性,而在恳求民众过程中更强调道德。这与马基雅维利在早期著作中的建议相符,即需要"钢铁"来阻止精英的不正确行为,而对好人而言,言辞足以说服那些倾向于比贵族更正派的民众不要采取有害的行动(《李维史论》1.58;《君主论》第九章)。正如马基雅维利在《李维史论》中坚持认为的那样,傲慢的贵族(即"布鲁图斯之子")不会停止努力取消既约束他们又赋予人民权力的制度性法令,除非他们恶意的嫉妒和贪得无厌的压迫欲望遭遇永恒的必然性,即死亡(《李维史论》3.3)。

《佛罗伦萨史》给出的经验教训是完全一样的,即使马基雅维利在此从未明确表达过。马基雅维利在书中对大众节制与贵族恶意的描述,与他早期在《君主论》中的描述完全一致。在《佛罗伦萨史》中,他只是没有在评价人民和贵族时强调这种区别。在关于阶层政治的"有效真理"方面,与《君主论》和《李维史论》相比,《佛罗伦萨史》提供的直接指导似乎少得多。[82]我最终的观点是,虽然马基雅维利在对人民进行一般意义上的评价时并没有明确指出人民是节制的,但他在《佛罗伦萨史》中对民众行为的描述却始终体现出节制品格,而大家最熟悉的就是第三卷的开篇。

### 佛罗伦萨平民的"邪恶"本性和"不得体"行为?(1378年)

为了说明在《佛罗伦萨史》中,马基雅维利改变了他先前宣称的民众具有善良本性的看法,学者经常强调以下两点:第一,在梳毛工起义期间,未被提及姓名的梳毛工或羊毛工人发表的臭名昭著的讲话(3.13);第二,马基雅维利在《佛罗伦萨史》中自始至终对佛罗伦萨的平民进行的强烈谴责,当其描写梳毛工起义时,这种谴责似乎最为猛烈(3.10-14)。这样一来,《佛罗伦萨史》似乎以不知名的梳毛工的讲话而强加给民众的不道德态度,与《君主论》和《李维史论》赋予民众的"正派"或"善良"本性形成鲜明对比。这些学者声称,该讲话的两个史无前例的重要方面在于,梳毛工认可公然的欺骗、狡猾和贪婪,以及后两部著作坚持认为民众和贵族具有同样的本性;也就是说,他认为,无论身着肮脏的破布还是精致的长袍,平民和贵族本质上是相同的。①

然而,一旦试图把不知名的梳毛工作为马基雅维利关于普通民众的"新"观点的代言人,便会遇到一个难以克服的问题:梳毛工的同伴最终没有听从他的建议。羊毛工人和其他平民不顾梳毛工的劝告,即使他们有机会有权力用暴力来完全颠覆城市的社会政治秩序,但他们没有这样做。因此,马基雅维利虽然没有对此事进行任何明确的评论,但他证明了平民最终不愿意完全参与不知姓名的梳毛工向他们提出不道德要求,以及完全参与压迫行为——[83]马基雅维利在《佛罗伦萨史》毫无保留地不断表明贵族的这种特性。

正如在前面讨论过的两种情况中,当分析羊毛工人的讲话和随后的民众(更具体而言,是小人物和平民)在梳毛工起义第一阶段的行为时,读者应该仔细比较马基雅维利表面上对民众做出的评估,以及他引用的与他们行为相关的证据。就像在其他地方那样,有些学者认为马基雅维利"后期转向保守",他们对他陈述中言辞与行为之间的反差很不敏感。在《佛罗伦萨史》中,马基雅维利确实说过,佛罗伦萨平民的本性是"沉溺于邪恶"(2.34);他们总是与城市中最"心怀不满的"人混在一起(3.3),他们在 1378 年 7 月的骚乱中诉诸"不得体"行为;马基雅维利对第一波梳毛工起义浪潮中平民"可耻的和可悲的"要求表示了相当强烈的愤慨(3.15)。但我认为,马基雅维利对他们行为的描述,与这些表面上严厉的批评不相符。

事实上,马基雅维利在历史叙述中清楚阐明,平民在扼住这座

---

① See Jurdjevic, *A Great and Wretched City*, 124–127.

城市的咽喉时,提出了一项宪法制度安排,根据这一安排,他们(即城市中大多数自由的、土生土长的成年男性)在执政团投票选举中可以被主要行会和中等行会中的对手击败(此外,他们还给次要行会中关系不稳定的盟友多于其要求的席位)(《佛罗伦萨史》3.15)。我们将看到,马基雅维利表明,要是民众愿意,他们可以在1378年7月21日单独统治这座城市——这完全符合不知姓名的梳毛工的建议。然而,他们的制度性要求揭示了他们的真正需求:融入而不是"篡夺"之前排斥与压迫他们的行会共和国,甚至愿意接受在那个政权中不相称的从属性地位。

接下来,让我们回过头看看马基雅维利对梳毛工和其他平民在梳毛工起义前几年的工作条件的描述;让我们看看在这次臭名昭著的讲话中,马基雅维利笔下的无名梳毛工所说的话;[84]最重要的是,我们必须分析他对平民随后在1378年7月所做出的行为的描述与评价。

从第三卷第十二章开始,马基雅维利讲述了1378年7月佛罗伦萨下层的精神状态。与归尔甫派有关联的贵族以及最有权势的行会成员在佛罗伦萨最近一次社会动乱中煽动"最底层的平民"放火与抢劫(《佛罗伦萨史》3.12)。按照马基雅维利的说法,平民中"胆子最大的人"担心,随着和平的恢复,他们现在会因为自己的罪行而受到惩罚,并且"像以往经常发生的那样"被上流社会背叛指责,而他们实际上正是被上流社会怂恿而犯下这样一些罪行。马基雅维利已经表明,其他杰出公民——即那些被归尔甫派相当不公平地告诫为所谓的吉伯林派的人——鼓励次要行会的下层平民也代表他们参与纵火和骚乱(《佛罗伦萨史》3.10)。然而,这些行会成员不像执行归尔甫派贵族命令的平民那样容易受到严厉和武断的惩罚,马基雅维利将很快阐明其中原因。

接着,马基雅维利从最近的这些特殊情况出发,更泛泛地解释了为什么在相当长的一段时间里"小人物憎恨这座城市最富有的公民和行会的首领",以及为什么这个城市绝大多数工人认为自己的劳动报酬不足(《佛罗伦萨史》3.12)。他详细讲述了在过去的一个半世纪里,佛罗伦萨人如何加入商业行会(地位较高的民众),命令共和国政府遵守行会的划分方式,行会划分为7个比较富有的、"更受人尊敬"的行会,以及14个不那么富裕并因此"没那么受人尊敬"的行会(《佛罗伦萨史》3.12)。这些机构的发展产生了两个结果。

首先,共和国出现了一个由古代贵族和最富有的行会成员组成的新统治阶层。那些在正义法令(the Ordinances of Justice)实施过程中可能已经被排除在最高行政权之外的贵族,依然可以借助自身在归尔甫派拥有的突出地位而支配相当大的权力[85]——尽管当雅典公爵被驱逐后,那些贵族在武装冲突中被平民彻底摧毁了。在马基雅维利看来,这些"傲慢的"贵族"开始偏袒大公会的平民"(《佛罗伦萨史》3.12)。其次,这个新的统治阶层开始压迫城市的下层;具体来说,古代贵族和新的所谓的民众贵族"迫害次要行会的成员,以及与小人物结盟的[平民]"(《佛罗伦萨史》3.12)。在不同时期,次要行会与那些按照以往说法属于"吉伯林派"的杰出公民结成盟友,这些公民经常被归尔甫派中他们的对手所"告诫"(即被剥夺选举权或流放);或者,次要行会与在社会地位和政治经济权力方面低于行会共同体的平民结盟。

因此,据马基雅维利所言,这个由归尔甫派贵族和最富有的行会成员组成的新统治阶层实际上在多年前就已经开始巩固其地位。而且,一旦梳毛工起义被完全镇压(以及一旦从起义的灰烬中诞生的人民政府被推翻),其巩固就会完成。马基雅维利在第三卷(《佛罗伦萨史》3.1)开头指出,除此以外,不仅好战的贵族在与商业"行会首领"的结盟中耗费了自己的军事德性,而且这些首领先前曾在与大人物的武装斗争中作为民众自由的拥护者,如今却被贵族特有的压迫欲望所腐化。

在马基雅维利看来,行会共和国的制度安排造成的一个关键的后果是,城市的劳动阶层被全面征服:

> 根据行会的排序,受雇的下层民众(il popolo minuto)和最底层平民(la plebe infirma)的几种职业并没有成立自身的行会,而是附属于相对应的其他行会。因此,当(下层民众和平民)对他们付出的劳动所得到的酬劳感到不满意时,又或者当遭受其雇主以其他方式压迫时,他们无法转会,[86]而只能去找管理他们的行会官员。他们估计,其结果是,他们从这些官员那里并不会得到公正的对待。(《佛罗伦萨史》3.12)

因此,行会共和国面临的情况是:最富有的公民与傲慢的、被剥夺选举权但仍然相当有权势的贵族勾结起来,压迫次要行会的成员和其他人。另外,城市中的大多数劳动者被大行会内拥有更高社会经济地位的人剥削,而无法诉诸他们认为公平的申诉程序。尽管马基雅维利表示,平民认为他们正在受到剥削的想法很大程度上是主观臆断,但马基雅维利没有给出任何证据来证明这种压迫实际上并不是事情真实的状况。

在这里,马基雅维利的叙述提供了一些回顾性背景,说明为什么在他早期的叙述中,雅典公爵沃尔特能够在其暴政开始时,通过处决杰出的民众(其中一位恰好拥护美第奇)(《佛罗伦萨史》2.33)的方式获得平民的"恩典"。处决毕竟不能让平民满意,因为正如马基雅维利在这个问题上所宣称的,"沉溺于邪恶"是他们的"本性"(《佛罗伦萨史》2.34)。相反,也许平民有充分的理由将这些富有的行会成员视为压迫者,并因此期望这样一些处决的结果会带来某种程度上的正义。除此以外,我们现在更清楚为什么公爵要通过提供武器和旗帜进一步博得平民的喜爱(《佛罗伦萨史》2.36):因为平民没有自己的行会组织,只是服从其他行会,因此他们无权在自己以行会形式组织的民兵组织中携带武器并担任旗手,直到公爵在其短暂的暴政任期内赋予了他们这些权利。

马基雅维利详细阐述了让羊毛工人不满的情况,特别是,他借此机会指出,尽管即将爆发的梳毛工起义引发了狂飙突进运动,但最终这件事——佛罗伦萨统治阶层相信,直至马基雅维利那个年代,它都这是这座城市有史以来发生过的最糟糕的事——丝毫没有改变这座城市的社会经济状况。请注意马基雅维利如何在下面这段话中融合过去和现在:

> 在所有的行会中,[87]曾有并且仍然有为数最多的未加入自身行会的工人(sottoposti)的行会,曾经是并且依然是羊毛制造商的行会。这个行会势力超过其他行会,拥有更大的权力,因此,它曾雇佣并且仍然在雇佣大多数平民和小人物。(《佛罗伦萨史》3.12)

马基雅维利暗示,梳毛工起义并没有结束这座城市行会共同体富有的平民对劳动阶层的压迫。

这些长期存在的情形就是后来成为马基雅维利在第十三章中将臭名昭著的言论归于匿名的梳毛工的背景:用马基雅维利的话来说,在该背景下,"平民"(uomini plebei)(既包括为羊毛制造商工会工作的未加入行会的工人,也包括隶属于其他工会的平民)都感到"非常愤怒"(《佛罗伦萨史》3.13)。马基雅维利提到,在1378年的春天,平民被城市上层阶层煽动不满情绪,犯下纵火和抢劫罪,为此感到相当焦虑。在一次夜间会议上,平民讨论了他们所有人在艰难时期面临的"共同危险"。会议上,"他们当中最大胆最有经验的人"向同僚发表讲话,而马基雅维利没有点明这个人的名字。对许多学者而言,未被提及名字的梳毛工充当了马基雅维利本人在《佛罗伦萨史》中不道德的和政治现实主义的替身;此外,这一形象据说证实了马基雅维利有成熟的信念相信普通民众在政治上容易是邪恶的。

讲话中要注意的第一点是，这位羊毛工人本人承认，他的平民同胞并不倾向于坚持他们的罪恶是在其他人的强迫下犯下的。他说：

> 听到你们当中有许多人因为最近犯下的这些罪行而感到内疚，因此想要避免犯下更多罪行，我感到非常不公。（《佛罗伦萨史》3.13）

第二个重点是讲话结束后，民众并没有完全听从梳毛工的建议。这位梳毛工一开始说，如果不是迫不得已，他会建议他们继续生活在"宁静安逸的贫困"中，而不是冒着"靠不住的利益"风险犯下更多的罪行（《佛罗伦萨史》3.13）。然而，对平民来说，"整个城市都充满了仇恨"，[88]带着要惩罚自己错误行径的想法，他们需要采取攻势来确保自身安全。因此，在马基雅维利的阐述中，最初煽动发言者和他的听众的，并不是什么邪恶的倾向，而仅仅是在周围特别可怕的环境中对安全的渴望。

然而，梳毛工也放眼未来，坚称民众必须寻求"比我们过去享受到的更大的自由和更多的满足感"（《佛罗伦萨史》3.13）。他提议升级焚烧和抢劫行动，也就是扩散暴力——让更多同胞参与到犯罪中来，因为

> 如果许多人都行为不端，没有人将会受到惩罚。虽然轻微的罪行往往会受到惩罚，但严重的罪行通常会得到奖励……因此，我们要成倍增加我们的罪恶，以此肯定会轻而易举得到赦免。

梳毛工继续坚称，如果未来我们夺取了富有的敌人的财富，那么，他们的财富将帮助我们在前进的道路上捍卫"我们的自由"。详细探究羊毛工人的言论中提炼出来的所有马基雅维利式的原则

显然很有诱惑力。他的一些宣言既大胆得不同寻常，又雄辩得令人无法抗拒。例如，羊毛工人感叹道：

> 忠实的仆人永远是仆人，善良的人也永远穷人。
>
> 除了失信者和胆大妄为者，没有人能逃脱奴役；除了用贪婪和奸诈的手段，没有人能摆脱贫穷。（《佛罗伦萨史》3.13）

尽管如此，我的分析将集中在这篇讲话中与本章核心问题直接相关的方面。在讲话中，羊毛工人称人人在本性上是平等的，许多学者认为这是马基雅维利对自己之前观点的否定，即所有城市、所有政体都由两种不同类型的天性或脾性构成：渴望压迫的贵族特征，以及渴望不受压迫的人民特征。但是，梳毛工在这里自信地指出：

> 不要被他们非难我们的古老血统所恐吓。所有人都出自同一祖先；因此所有人都有同样古老的血统，被自然以同样的方式塑造出来。如果大家都脱光衣服，那么我们长得差不多；如果我们都穿上他们的衣服，而他们穿上我们的衣服，那么我们就会变得高贵，而他们看起来是卑贱的。[89]最终把我们区分开来的只有贫穷和富裕。（《佛罗伦萨史》3.13）

然而，很少有评论者会问：羊毛工人为什么必须如此费力地说服民众他们所谓的真实天性？为什么他必须教导平民，让他们率性、真实、自然地行动，就像他们在社会上的对手那样？事实上，羊毛工人本人提出了一种可能，即他误判了其伙伴的真实本性，因为当讨论他们目前普遍感受到的内疚时，他声称：

> 如果你们如此容易受到良知和羞耻心的影响，那么你们就不是我所认为的那一类人。（《佛罗伦萨史》3.13）

简而言之,羊毛工人恳求民众放弃马基雅维利在以前的作品中赋予他们的"正派"(《君主论》第九章):

> 如果仔细观察人的行为,就会发现,所有获得巨额财富或巨大权势的人,都是通过欺诈或借助武力。而对于通过欺骗和暴力所得到的一切,他们都会用某种虚伪、体面的幌子掩盖其可耻收益(falso titolo di guadagno adonestono)。(《佛罗伦萨史》3.13)

借由这些请求,羊毛工人恳求那些马基雅维利认为天生正派的人去学习如何做不正派的事,然后用一层虚伪的正派面纱来欺瞒过往的这种行为。又一次地,如果平民"总是沉溺于邪恶",又为什么需要这样的劝说呢?

接下来,羊毛工人提出,通过他所推崇的暴力、欺诈、贪婪和广义的邪恶手段,由民众实现的最终目标:

> 我们要么成为这座城市无可争议的贵族,要么至少获得对这座城市的大部分控制权,这样的话,不仅我们以前的罪行会得到原谅,而且我们将拥有足够的权威和力量威慑我们的对手,给他们造成全新的伤害。(《佛罗伦萨史》3.13)

本着这种精神,这位羊毛工人在讲话接近尾声时惊呼道:

> 我听过多少次你们抱怨自己雇主的傲慢和行政长官的不公正!现在是时候了,你们不仅要摆脱他们,而且要让他们完全受制于你们的力量,让他们的恐惧与怨言多于你们对他们的害怕和抱怨。(《佛罗伦萨史》3.13)

[90]民众必须牢记这些既定目标——在城市中获得完全管辖权,或在城市内获拥有占优势的力量,并用这些目标来准确地判断

其后续行动。

马基雅维利认为,羊毛工人的讲话煽动了民众已经发怒的恶灵,他们都同意一旦同盟者的数量增加,就会重启自己的暴力行为。此外,他在下一章的开头写道,作为对羊毛工人讲话的回应,民众正在着手"侵占共和国的权力"(《佛罗伦萨史》3.14)。但我将论证,马基雅维利在本章和随后的章节中描述的行动证明了,平民既不想完全掌握这座城市,也不想在这座城市中获得最大的权力。①

不过,在更多恢复起义的合适时机出现之前,羊毛工人和其他平民无法享受等待所带来的闲适,因为执政团马上得悉了他们的计划,并通过酷刑从他们当中一人那里获得了细节(《佛罗伦萨史》3.14)。执政团与行会代表协商后,决定第二天早上召集附近所有的 16 名执旗官,让他们率领自己的民兵组织到广场上集合。然而,一位工匠无意中听到宫殿里执政团的这些计划,在他的提醒下,就在当晚,数千名平民聚集在全市各大主要教堂的广场上,打算早上向宫殿进发。当旗手听到这样一些部队正在集结时,没有一位愿意挺身而出保卫执政团,最终,执政团只得到 80 名成员的保护。

按照马基雅维利的说法,群众于清晨涌向执政团,坚持要求执政团成员释放其因犯。但这一要求被拒绝了,直到民众放火焚烧执政团现任负责人正义旌旗手卢意吉·圭恰迪尼(Luigi Guicciardini)的房子(《佛罗伦萨史》3.14)。一旦释放囚犯,平民就会夺过正义

---

① 对无名梳毛工之演讲的另一种令人注目的解读方式,参见 Cabrini, *Interpretazione e Stile*, 85 – 98; Gabriele Pedulla, "Il divieto di Platone: Machiavelli e il discorso dell'anonimo plebeo", in Jean – Jacques Marchand and Jean – Claude Zancarini, eds., *Storiografia repubblicana fiorentina* (1494 – 1570) (Firenze: Cesati, 2003), 209 – 266; Jeffrey Edward Green, "Learning How Not to Be Good: A Plebeian Perspective", *The Good Society* 20, no. 2 (2011), 184 – 202; and Yves Winter, "Plebeian Politics: Machiavelli and the Ciompi Uprising", *Political Theory* 40, no. 6(2012), 736 – 766。

旌旗手的正义大旗(Standard of Justice),并借着它的权威,以或公开或私人的方式烧毁冒犯过他们的人的房子。在最激烈的时候,马基雅维利讲述了某些社会地位较高的公民如何想方设法让聚结的群众焚毁那些与他们有个人恩怨的敌人的房子。

但总的来说,平民遵循自己的议程:他们焚烧了羊毛行会的记录,这不足为奇,[91]这些记录可能包含一些信息,比如过去的罪行和对个别羊毛工人的未决起诉(《佛罗伦萨史》3.14)。平民把一些公民晋升至骑士等级,认为诸如萨尔韦斯特罗·德·美第奇(Salvestro de' Medici)、阿尔贝蒂(Antonio Alberti)和斯托齐(Tommaso Strozzi)等市民对他们的困境心存同情,还晋升了一些市民,比如圭恰迪尼,他们的房子在当天早些时候就被烧毁了(《佛罗伦萨史》3.14)。马基雅维利指出,执政团很大程度上仍然没有得到行会领袖和民兵首领的保护,为数不多的几个最终在白天的旗手出现不久后也离开了。

接下来,到7月21日结束,多数人——包括平民和较低级别的行会成员(根据马基雅维利的说法,当时超过6000人)——要求行会放弃他们所有的旗帜,并正式接管这些旗帜(《佛罗伦萨史》3.14)。马基雅维利说,有了这些旗帜和正义大旗,他们第二天早上向行政官宫殿进发,并且用武力占领了它。在那里,"平民首领"与"行会代表以及其他公民"举行会议,阐明平民即将向执政团提出的条款(《佛罗伦萨史》3.15)。马基雅维利没有点明,是行会代表和其他杰出公民主动接近平民领袖,还是平民领袖召唤他们。不过,他确实提到,执政团的代表——执政团成员派来与平民谈判的四名保民院(the Colleges)成员,惊讶地发现这些行会领导者已经在那里与平民协商。

1378年7月21日一天将尽时,在大规模的骚乱和示威之后,6000多名未加入行会的工人和较低级别的行会成员指控他们队伍中的4人及4名政府代表,正式向执政团提出他们的和平条款(《佛罗伦萨史》3.15)。民众要求执政团做出以下让步:建立三个新行会,让以前没有加入行会的工人和小人物参与其中;从这三个新成立的行会中产生两名执政团成员代表民众;分配给次要行会的执政团成员名额从两人恢复至三人;①为新行会提供可举行会议的公共空间;禁止羊毛行会使用外国法官;赦免目前被起诉或最近被定罪的囚犯;[92]恢复那些被归尔甫派指责为吉伯林派的公民的荣誉和权利。平民还坚持为自己争得两年的赦免,免除他们轻微犯罪的刑期,并要求城市负责公共债务的机构(the Monte)提供优惠的财政政策。

马基雅维利对这一提议做出如下声明:"这些要求对共和国来说是不光彩的和危险的。"(《佛罗伦萨史》3.15)但在现实中,它们到底有多可怕呢? 评估它们时,读者应该牢记并考虑以下几个方面:在这之前,城市极其不公平的社会政治秩序是由马基雅维利本人界定的;匿名的梳毛工关于平民应该持有的相当不合理的最终目标的说法;以及平民此时此刻近乎绝对地控制了这座城市。

在起义前的佛罗伦萨宪法结构中,21个行会分享执政团的8个席位:马基雅维利早期的记述(《佛罗伦萨史》2.42)表明,7个主要行会拥有2个席位,14个次要行会被分为中型行会和小行会,分别拥有3个席位和2个席位。② 马基雅维利再次反驳了他在第三卷开头的说法。在这里,他表明,在此之前完全被排除在这些安排之外的平民要求通过有利于全体公民的法律,而不仅仅是有利于他们自身——尽管他们是占据优势的一方。在这方面,值得强调的是平民

---

① 城市精英已经利用1348年的黑死病来降低其执政的数量。See John M. Najemy, *A History of Florence*, 1200 – 1575 (New York: Wiley – Blackwell, 2008), 145.

② 这种关于执政团席位分配的说法可能夸大了分配给中等行会和小行会的席位数目。See Najemy, *Corporatism and Consensus*, chapters 5 and 6.

实际上要求得到什么和没有要求得到什么：他们放弃了大、中型行会在执政团中的既有席位；他们将次要行会的席位从两个恢复到三个；他们不要求废除归尔甫派，从而让古代贵族的尊严和权威保持原样；他们要求停止告诫，从而试图公平对待被归尔甫派迫害的、身份不明的"吉伯林派"公民。当然，平民要求赦免自己的罪行，他们要求重组城市负责公共债务的机构，以便将公共债务的财政负担从普通行会成员身上转移到行会中最富有的成员身上。

然而，最重要的是，平民只要求自己在执政团中占有两个席位，这就表明他们不想剥夺大、中、小行会的政治优势，[93]尽管平民的人数大于其他三组行会成员之和。简而言之，尽管以平民的地位，他们可以将自己的意志强加于这座城市，尽管匿名的梳毛工恳请平民让共和国完全属于他们自己（或者至少由平民自己统治），但平民仍要求在政府内部扮演从属的角色。

在上述考察的《佛罗伦萨史》前两个例子中，马基雅维利通过记录行为（甚至通过他对行为的总体评估）表明，行会组织的平民，并没有以任何近似于压迫佛罗伦萨贵族的方式行事。在这里，马基雅维利虽然对平民提出了过分的批评，但从他对他们行为和要求的描述中可以看出，平民既不想给整个共和国带来"邪恶"，也不希望通过把自己变成"城市的君主"而"篡夺"整个共和国；相反，他们寻求的是一种适合该城市各个地区（包括他们自己和他们最强大的对手）的政治决策。

回到马基雅维利对1378年7月事件的描述，他记录了市政府对平民要求的反应："执政团、保民院和人民议会由于怕事情变得更糟糕，便都同意了他们的要求。"（《佛罗伦萨史》3.15）但是，要最终通过提议的改革，还需要获得公社议会的批准。根据城市的法规，人民会议和公社会议不能都在同一天开会，因此公社议会的投票被推迟到第二天。可以想象，在这种特殊情况下，平民本来可以坚持废除成文公约，并要求立即进行最后表决，但他们并没有这么做。

马基雅维利总结了他对当天事件的描述:"由于行会和平民目前看来都很满意,平民承诺一旦新法律通过,一切骚动就会得到平息。"然而,第二天,民众的愤慨和精英的懦弱,注定难以使目前的平静持续下去。

马基雅维利写到,第二天早上,当公社议会正在商讨时,"不耐烦和善变的群众举着城市的旗帜回到了广场上,[94]他们大声而吓人的喊叫吓坏了整个议会和执政团"(《佛罗伦萨史》3.15)。公平地说,马基雅维利喜欢自己的政治粗暴,他究竟在多大程度上反对这种大声、吓人、可怕的叫喊,并反对这种公开展示的民众团结呢?在《李维史论》中,马基雅维利以罗马平民的行为为例,认为共和国的精英不应对这种骚乱感到如此担忧(2.2),唯独那些"只在书上读到过"街上的喧嚣和抗议的人才应该认为这些事情是"可怕的"(1.4)。事实证明,在《佛罗伦萨史》的这个时刻,正如马基雅维利接下来表明,恰恰是佛罗伦萨的精英而不是佛罗伦萨的平民表现得不同于古罗马的相应阶层。

马基雅维利写到,这场骚乱和喊叫的结果是,其中一名执政团成员马里格诺利(Guerriante Marignolli),"更多的是出于恐惧而不是私人利益,假借锁门跑下楼,逃回了自己家。当他偷偷溜出去的时候,却发现自己无法在人群中隐藏身份"(《佛罗伦萨史》3.15)。那些被视为邪恶的平民在广场上大喊大叫,但没有对他做出任何伤害。然而,看到一位行政官员出于某种不明的目的而离开宫殿,民众便心生疑虑,因此"激起群众要求所有其他执政官也撤离宫殿,否则将杀掉他们的孩子,并把他们的房子夷为平地"。就像起义后来发生的情况那样,在这里,行政官员的动机——特别是兰多(Michele di Lando)的动机——事实上的不明确引起了民众的不信任,其结果是,民众诉诸恐吓而不是实际的人身伤害,以确保承诺给他们的让步真的会得到兑现。

公社议会通过了新的法律(《佛罗伦萨史》3.15)。然而,在马基雅维利的叙述中,执政团成员退到了他们安全的会议室里,而议会成员却不敢离开宫殿这个庇护所。显然,在这两个群体中,没有一个像米尼尼乌斯(Menenius)、瓦拉里乌斯(Valerius)、赫拉提乌斯(Horatius)或者卡米勒乌斯(Camillus)那样愿意向人群发表安抚恳求或严厉训诫的讲话。马基雅维利写道,官员对事件的现状深感痛苦:

> 看到民众的行为如此不得体,而那些本可以约束或压制他们的人表现得如此歹毒或懦弱,[95](行政官员)对这座城市的安全感到彻底绝望。(《佛罗伦萨史》3.15)

尽管如此,至少按照罗马的标准,平民根本没有做出任何不得体的行为。他们已经威胁了城市的公民,但实际上,虽然他们有足够机会去伤害城市公民头领的人身安全,可是他们并没有真正这样做。

马基雅维利指出,当来自受平民尊敬的家族的斯托齐和阿尔贝蒂(Benedetto Alberti)建议执政团成员屈从于"民众的驱使"离开宫殿时,其中两位执政团成员深深感到这种想法带来的侮辱,他们高度怀疑斯托齐和阿尔贝蒂对民众的偏袒,坚决拒绝这样做(《佛罗伦萨史》3.15)。然而,每一位执政团成员最终都安全离开了宫殿,甚至包括那些最初表现出不情愿的人;按照马基雅维利的说法,事实证明,他们"不愿冒着被认为是大胆多于明智的危险"。因此,在其他条件不变的情况下,由于平民的煽动,梳毛工起义的第一波浪潮以非常温和的改革告终,而平民没有对城市的显赫公民造成人身伤害。

我们可以得出结论认为,佛罗伦萨的平民并不像马基雅维利估计的那样具有与贵族"相同的本性";他们既不想压迫,也不愿在有机会的时候施行压迫。相反,平民主义的改革建议表明,羊毛工人只是希望进入行会。他们寻求制度保证,以确保他们不会继续受到压迫——在没有任何反驳证据的情况下,马基雅维利表示他们曾经受到过贵族和"行会贵族"的压迫。因此,马基雅维利对平民行为的描述严重降低了一种看法的重要性,即他实际上相信他所说的关于平民的话——无论是他自己说的,还是借匿名梳毛工的名义说出来的。就此而论,我认为,在马基雅维利对平民所谓的"邪恶"动机和所谓的"不得体的""危险的""不光彩的"要求的修辞性谴责中,存在相当多的回溯性讽刺。

事实上,这里下层阶层的行为实际似乎印证了马基雅维利在他早期著作中对平民的描述,但他并没有使其合理化——当然,也没有与之相矛盾。马基雅维利经常表明,[96]可以肯定的是,普通民众会在受到极端压迫时突然发起暴力攻击(《君主论》第十九章;《李维史论》1.44,2.2)。但是,马基雅维利一次又一次证明,如果他们可以获得合理的制度和组织资源,就会更倾向于温顺的表现(《君主论》第九章;《李维史论》1.4,1.40)。例如,罗马平民声称想要在元老院的台阶上把科利奥兰乌斯(Coriolanus)撕成碎片,但事实证明,他们更愿意在一个正式的会议上审判他一生的所作所为(《李维史论》1.7)。除此以外,马基雅维利指出,罗马平民撤离了这座城市,而不是烧毁它以抗议债务束缚并就创立与随后恢复平民护民官进行谈判。他还描述了在不那么戏剧性的情况下,罗马普通民众如何拒绝应征入伍或者诉诸混乱的示威活动,而不是肆意对贵族进行人身伤害,以获得罗马元老院的政治让步。

根据马基雅维利在《佛罗伦萨史》中提出的证据,佛罗伦萨平民似乎只想拥有与罗马平民类似的市政-军事安排;在这种安排下,他们可以更正常地表达在政治和经济上的不满,并且往后得到妥协让步,而不需要像最近这样,因没有制度而靠发动骚乱、纵火和抢劫来表达不满。的确,如果所有的普通民众(即平民和未加入行会的工人,那些像民众和平民一样的人)都可以求助于像罗马平民护民官那样的行政长官,正式表达他们的不满,如果佛罗伦萨的精英整体上都像他们的罗马祖先一样聚集在元老院里,那梳毛工起义的进展会有多大程度的不同?① 正如我已指出,马基雅维利表明,从根本上来说,罗马和佛罗伦萨的脾性是相同的;两者的区别主要在于,它们通过不同的制度模式和秩序而形成。

## 关于佛罗伦萨的作品的创作环境

我已经表明,《佛罗伦萨史》并不像马基雅维利对佛罗伦萨社会阶层,以及它们之间的互动的描述乍看起来那样简单——至少大大超出学者的发现。这些学者认为,马基雅维利后来的政治作品展现出保守的或贵族式的转向。

[97]不过,通过表达民众相较于贵族、民主国家相较于贵族共和国的显著优越性,马基雅维利改变了表达的方式,这种做法的意义何在呢? 为什么马基雅维利不再全力倡导共和国呢? 在这种共和国中,基于民众之整体正派、普遍正确的集体判断及其不愿意受到压迫的脾性,是他们而非贵族有理由担任"自由的捍卫者"(《李维史论》1.4–5)。② 毕竟,认为存在保守主义转向的学者在马基雅维利16世纪20年代的著作中发现了明显的语气变化。即便他们对这些变化的审视不够敏感和坚定,但这一发现是正确的。在此,我将从文本和语境的角度出发,解释这些变化,并论证这些变化实际上更多是表面而不是根本的,也就是说,更多是修辞意义上的,而

---

① See John P. McCormick, "Subdue the Senate: Machiavelli's 'Way of Freedom' or Path to Tyranny?", *Political Theory* 40, no. 6 (2012), 714–735, at 730.

② See John P. McCormick, *Machiavellian Democracy* (Cambridge: Cambridge University Press, 2011).

不具有实质性意义。

马基雅维利在复兴的佛罗伦萨共和国(1494—1512)担任了十多年的行政秘书、外交使者和民兵组织者,这个国家却被贵族政变、外国干预和教皇阴谋所推翻,这使得美第奇家族在马基雅维利的家乡重新掌权。如今丧失职务的马基雅维利写信给重新掌权的达官贵人,建议他们背叛贵族中的盟友,转而与突然失去权力的佛罗伦萨人民结盟。① 众所周知,马基雅维利随后卷入了一场反美第奇的阴谋,遭受了酷刑、监禁并被限制在国内流放。②

1520年,在美第奇家族征求宪法改革的一份重要备忘录中,马基雅维利重申了他对美第奇家族的忠告,即他们最终要以牺牲家族的贵族朋友为代价,重新把权力赋予佛罗伦萨人民。③ 然而,在这份名为《论佛罗伦萨的政务》(Discursus on Florentine Affairs)的提案中,马基雅维利的提议非常具有试探性:人民大会(即大议会)曾经是1494年人民政府的核心,是复兴后的共和国的一项出色制度。马基雅维利小心翼翼地向美第奇家族的收信人保证,在美第奇庇护

---

① See Machiavelli, "Ai Palleschi" (1512), in Machiavelli, *Opere I*: *I Primi Scritti Politici*, C. Vivanti, ed. (Torino: Einaudi – Gallimard, 1997), 87 – 89. 英语翻译参见 Machiavelli, "Memorandum to the Newly Restored Medici", in M. Jurdjevic, N. Piano, and J. P. McCormick, eds., *Florentine Political Writings from Petrarch to Machiavelli* (Philadelphia: University of Pennsylvania Press, forthcoming 2019)。

② Roberto Ridolfi, *The Life of Niccolò Machiavelli* (Chicago: University of Chicago Press, 1963), 130 – 132; Sebastian de Grazia, *Machiavelli in Hell* (Princeton: Princeton University Press, 1989), 34 – 40; and Robert Black, *Machiavelli* (Abingdon: Routledge, 2013), 75 – 80.

③ See Machiavelli, "Discursus Florentinarum Rerum Post Mortem Iunioris Laurentii Medices", in Machiavelli, *Opere I*, 733 – 745. 英语版本参见 Machiavelli, "Discursus on Florentine Matters after the Death of Lorenzo de'Medici the Younger", in *Florentine Political Writings*。

人的有生之年,他们佛罗伦萨贵族中的主顾不会被聚集在大议会的民众所威胁。[98]事实上,马基雅维利似乎将这个人民大会嵌入了威尼斯式的混合政权中,这种政权是一个含糊不清的贵族共和国,在其中,精英公民、执政团级别的权贵和中等级别的公民掌握主要权力。

然而,马基雅维利坚持认为,一旦美第奇家族赢得快速接近永恒回报的机会,大议会就应该重新获得在共和国内立法、选举和司法方面的领导地位。此外,他还提议创设平民行政官,即监察官职位(proposti),以使普通民众影响共和国宪法的民主改革。1512年到1519年间,马基雅维利论述民众的风格为什么从直截了当转变为小心谨慎呢?

我认为,创作背景在这里发挥着决定性作用。当美第奇家族委托马基雅维利撰写《论佛罗伦萨的政务》,并几乎同时出版《佛罗伦萨史》的时候,这个家族在普通的佛罗伦萨人中的受欢迎程度正处于自1494年皮埃罗·德·美第奇(Piero de' Medici)被驱逐以来的最低点,或许也是史上最低点。当美第奇家族于1512年回到这座城市时,还不完全清楚他们能在多大程度上满足显贵希望镇压人民和关闭大议会的要求。然而,他们随后的行动无疑回答了这个问题。因此,随着时间的推移,他们在佛罗伦萨人民那里招致越来越多的敌意。

对马基雅维利而言,在这种岌岌可危的情况下,在《佛罗伦萨史》这本由美第奇家族资助的、记述城市历史的著作中,大肆赞扬其赞助者的社会政治对手(人民和平民),又或是公开把权力授予那些宪法提案《论佛罗伦萨的政务》——美第奇家族向马基雅维利征集这份提案,把它作为当代政治改革的可能性基础——的对抗者,都是轻率的。由于马基雅维利本人与1494—1512年的人民政府及其首要行政官、美第奇的坚定对手索德里尼有着密切的私人联系,谨慎行事就变得更加必要。有学者在分析马基雅维利后期作品中普通民众的角色时,提出保守主义转向之观点,他们要么忽视了这种处境,要么轻率地将其束之高阁。的确,[99]他们完全忽略了马基雅维利在《佛罗伦萨史》中关于人民和群众的讨论所涉及的言行之间的不一致,也不合理地忽视了马基雅维利在其宪法提案《论佛罗伦萨的政务》中打造的微妙但鲜活的民主潜力。①

## 《佛罗伦萨史》抛弃了罗马的共和模式?

考虑到这些背景因素,仅仅基于马基雅维利在《佛罗伦萨史》中没有经常提到罗马共和国,没有利用他早先在《论佛罗伦萨的政务》中提出的将罗马重建为民主共和国,并将其作为具体宪政模式的做法,但凡比较熟悉《君主论》和《李维史论》便不会得出结论认为,马基雅维利实际上不再含蓄地借鉴罗马经验,或不再把它们相提并论。如果马基雅维利没有明确的说法,为什么读者会认为在《佛罗伦萨史》中,马基雅维利不再含蓄地比较他在《李维史论》中塑造的"近乎完美的"罗马共和国,与他自16世纪20年代以来的著作中所讨论"伟大而悲惨的"佛罗伦萨共和国(《李维史论》1.3;《佛罗伦萨史》2.25)?事实上,正如我在本书序言中所勾勒的那样,马基雅维利对佛罗伦萨的起源、宪法形式、与外国势力的关系,以及《佛罗伦萨史》中对佛罗伦萨领导者之行为的描述,与他在《君主论》和《李维史论》中对共和罗马的描述形成了直接对比。简而言之,只要耐心寻找古罗马和古罗马人,不管他们是否在任何特定的场合被点名提及,在整本《佛罗伦萨史》中都可以找到对他们暗地里的引证。

---

① See, especially, Silvano, "Florentine Republicanism", 56–61, and Viroli, "Machiavelli and the Republican Idea", 154–155.

然而,马基雅维利的作品以古代政治体为主要参考框架,以现代共和国为主要关注点,这两者存在显著的区别:明显由两个社会阶层转变为三个社会阶层。例如,为什么马基雅维利在《佛罗伦萨史》提到了平民和人民之间的分裂,但却在《君主论》和《李维史论》中把平民和人民看作一个统一的社会阶层来讨论? 在《君主论》和《李维史论》中,他交替使用了平民、百姓、人民和群众等术语,但却在《佛罗伦萨史》中经常把人民(popolo)或地位较高的民众[100]与底层民众(popolo minuto)、没有加入行会的工人(sottoposti)、老百姓(plebe)区分开来。在《佛罗伦萨史》一书中,马基雅维利追溯了佛罗伦萨三个政治阶层的发展:他们如何从行会共同体的决定中产生,并把自己划分开来,在执政团中代表三个群体。高级行会最终与"古代贵族"合并,形成了一个新的精英阶层——"大众贵族"或"显贵",而中等行会和次要行会则在梳毛工起义之后,重又把城市平民排除在行会之外。在《论佛罗伦萨的政务》中,马基雅维利恰如其分地提出了一种适应佛罗伦萨公民这种三足鼎立的历史划分状态的宪法模式——可以说,这是马基雅维利当时面临的社会经济现实。不过,对于这种起支配作用的社会习俗的处理方式,主张保守主义转向的学者坚持把它看作马基雅维利新的规范性偏好,即更偏向于佛罗伦萨的三阶层模式而不是罗马的两阶层模式。① 我认为,这种观点是没有根据的,因为许多原因都会影响马基雅维利毕生对共和国公民福祉和军事福祉的理解。

马基雅维利明确表示,与罗马不同的是,佛罗伦萨一开始就受腐败的侵扰,腐败对随后包括阶层分裂在内的政治发展产生了不利

---

① 虽然拉蒙迪(Fabio Raimondi)接受马基雅维利采纳了社会阶级的三分法,但他把这个概念用于解读马基雅维利偏好社会"混合"的倾向,这是一种有趣的解读方式。See Fabio Raimondi, *Constituting Freedom: Machiavelli and Florence* (Oxford: Oxford University Press, 2018).

影响。罗马拥有罗慕路斯这一可敬的缔造者,他下令罗马城的全体公民在公开场合统一起来、武装起来,由最富有和最杰出的公民组建元老院;相反佛罗伦萨是一个政治上杂乱无章的殖民地,并最终变成了一个解除武装的商业共和国,社会冲突在这里从与生俱来的阶层仇恨蔓延到马基雅维利认为的人为的家庭、行会、政党和宗教冲突。

不管佛罗伦萨的创建者是卡提林(Catiline)、苏拉还是凯撒,在《佛罗伦萨史》中,马基雅维利都证明了,共和制的篡位者没有谁以健康正确的方式整顿了这座城市(2.2)①。因此,佛罗伦萨贵族和人民之间所有日后的社会冲突,都是在破坏大人物和人民之间正常的阶层划分——大人物和人民是施行压迫和抵抗压迫的社会阶层,而且他们只受到一个基本的、对城市有益的共通之处所约束:军事德性。佛罗伦萨两个社会阶层的区分自然而然产生,具有潜在好处,但随着时间推移,[101]却逐步使城市分裂,分裂沦为群众,即武装不足或不适当的产业阶层,主张存在保守主义转向的学者认为这是马基雅维利新近偏好的阶层安排。

很难说马基雅维利不再支持罗马而非佛罗伦萨的宪法和阶层安排,因为他接下来论证了佛罗伦萨被证明比罗马更不稳定,也更不利于军事威慑。正如马基雅维利在《佛罗伦萨史》中通篇阐明的那样,佛罗伦萨人民只有有限的制度手段来最大程度地减少贵族对他们的虐待——同样,佛罗伦萨既没有护民官,也没有元老院。马基雅维利批评佛罗伦萨人民完全将贵族排除在最高行政长官之外,

---

① 关于马基雅维利对各个公认的罗马建国者的迷恋,以及他在其人文主义批判中对这种迷恋的运用,参见 Danielle Charette, "Catilinarian Cadences in Machiavelli's *Florentine Histories*: Ciceronian Humanism, Corrupting Consensus and the Demise of Contentious Liberty", *History of Political Thought* (forthcoming 2018)。

但正如我们看到的,马基雅维利对真实事件的描述表明,人民最终别无选择。罗马人民拥有公民武装,可以与正式聚集在元老院的贵族进行谈判,以便确立行政长官(即护民官)来有效地保护他们自己,与此不同,佛罗伦萨的人民没有其他选择,只能在获得(最初试图与大人物分享)公职后行使职权,剥夺贵族获得高级职位的资格。当面对马基雅维利所描述的(借助他所描述的事实和事件,即使不是每次都借助马基雅维利描述它们用的修辞)贵族屡次施行暴力和实施压迫时,佛罗伦萨人民感到要完全剥夺贵族的权利是一种被迫的行为。

就像马基雅维利描述的那样,作为回应,佛罗伦萨贵族通过加入贸易行会与放弃军事领导职位来让自己看似受欢迎,即使是普通民众也能从中受益和学习,就像在罗马一样(《佛罗伦萨史》3.1)。在马基雅维利的罗马两阶层模式中,民众中的社会流动成员可以向上融入贵族,并且不会导致共和国军事德性的消亡;佛罗伦萨使用三阶层模式是因为,当贵族试图向下融入构成人民中最富有的商业阶层的精英行会时,该模式的初始要求具有缺陷,会怂恿贵族放弃其军事威慑(《佛罗伦萨史》3.1)。①

此外,佛罗伦萨的行会结构将平民永久性排除在城市政治组织之外[102]——尽管这是平民在梳毛工起义期间赢得的短暂收益。佛罗伦萨没有一位缔造者或改革者能像罗慕路斯在罗马那样创建元老院,让社会上流动的民众可以通过展示军事德性进入元老院;也没有人能把整个普通公民阶层(包括富有的公民和穷困的公民)组织成一支统一的公共军事力量(雅典公爵和兰多这两位就该方向提出建议的君王,最终在这些尝试中做出了让步)。在罗慕路斯创建的军团中,有着与罗马元老院争夺政治权力的人民大会,给全体

---

① 关于罗马和佛罗伦萨在精英-民众的社会融合方面表现出来的差异,参见 McCormick, *Machiavellian Democracy*, 101-110。

人民要求设立平民护民官提供了筹码。

在马基雅维利后来的著作中,几乎没有证据表明他不再认为罗马两阶层的政治社会学比佛罗伦萨三阶层的政治社会学更可取。事实上,马基雅维利继续称两阶层的安排是"自然的",并认为三阶层秩序依历史环境存在,并有内在缺陷。更重要的是,考虑到马基雅维利毕生都把国民军放在优先地位,两阶层有利于塑造军事力量强大的公民,而三阶层则反映了更多样化、更脆弱、更手无寸铁的商业公民身份。在马基雅维利看来,现代和古代的共和国展示了截然不同的制度-宪法框架,而在这些框架中,历史上一直存在的大众和贵族的欲望在其中运作和互动。马基雅维利指出,佛罗伦萨有缺陷的"模式和秩序"与罗马更具生机的"模式和秩序"之间的差异,可以归因于三个相互关联的因素:现代与古代缔造者或改革者不同的政治倾向(以及他们所创建或复兴的不同类型的制度);基督教对当代君主制和共和制德性的不良影响;以及现代共和国内部人为的社会分工与"自然"的社会分工之间的冲突愈发激烈。

因为佛罗伦萨显贵偏爱威尼斯风格而不是罗马风格的共和国,①所以当马基雅维利创作专门针对佛罗伦萨精英观众的作品(特别是那些旨在产生直接政治影响的作品)时,自会淡化其共和主义的新罗马性质。简而言之,他偏爱民主共和主义的形式,优先考虑军事武装及有组织的公民,[103]从根本上来说,这不同于其读者的政治倾向。不用说,马基雅维利的贵族读者也不喜欢罗马护民

---

① Felix Gilbert, "The Venetian Constitution in Florentine Political Thought", in Nicolai Rubinstein ed. , *Florentine Studies*: *Politics and Society in Renaissance Florence* (London: Faber and Faber, 1968), 463 – 500.

官,不喜欢罗马完全把权力授予人民大会的做法。①

推进平民主义抵抗和民主统治的制度手段问题,把我们带入持"转向保守"之观点的学者对马基雅维利《论佛罗伦萨的政务》的讨论当中。② 由于马基雅维利包容了佛罗伦萨公民的三个阶层(而不是将他们减少到两个阶层),似乎赋予了最高级别的显贵显然无懈可击的权威,而且(至少暂时)愿意接受权力较小的人民大会(完善后的大议会),因此,这些学者得出结论认为,马基雅维利已经朝着威尼斯式的宪政理想迈进了一步。这些学者把《论佛罗伦萨的政务》解读成一个为温和的(或彻底的)贵族共和国提出的议案;但他们都忽视了要认真对待,哪怕是提一下一个关键的制度性因素,即监察官,这个因素将把该提议从现在的威尼斯样式推向未来的潜在的罗马可能性。

在提案的末尾,马基雅维利建议,监察官这一行政长官职位不能由佛罗伦萨精英担任,它必须附属于共和国的两个最高委员会,由地位最高的公民和地位中等的公民担任。这些监察官将从人民正义旗手团中以抽签方式选出,并临时分配给共和国的行政委员会和元老议事会,任期很短。马基雅维利授权监察官把上级议会做出的决定提请至大议会,由大议会进行最终裁决,从而赋予大议会,这一拥有最多共和国人员的机构以对公共政策的最终决定权。对监察官的随机挑选、快速指派,以及监察官在更高机构内较短的任期,最大程度地减少了他们被同在委员会内的精英公民恐吓、腐化、收买的机会。至于人数更多的议会被削弱了的权威(他们需要参看

---

① See Francesco Guicciardini, "Considerations on the Discourses of Niccolò Machiavelli", in James Atkinson and David Sices, eds., *The Sweetness of Power: Machiavelli's Discourses and Guicciardini's Considerations* (DeKalb: Northern Illinois University Press, 2002), 397.

② 在《马基雅维利式的民主》一书中,我更详细地分析了《论佛罗伦萨的政务》。McCormick, *Machiavellian Democracy*, 103 – 107.

人数众多的议会的最终决策),马基雅维利之前在《君主论》和《李维史论》中关于共和国对自由的记忆的著名论断、人民对夺回自由的难以抑制的渴求,以及《论佛罗伦萨的政务》本身的提示都表明了,他预计大议会[104]将在美第奇教皇去世后重新行使其传统权力(或许这些权力还会增加)。

在《李维史论》的开篇,马基雅维利称赞罗马的建立要优于斯巴达:利库古斯建立斯巴达时,一次性确立所有制度,而罗慕路斯制定的制度让罗马从君主国演变为贵族共和国,进而发展到更民主的共和国。罗慕路斯通过武装平民和建立元老院,平民可以从元老那里获得与护民官相似的职位,而这个职位反过来又以越来越民主的方式在罗马的人民大会中执行决策。不必细读就能发现《论佛罗伦萨的政务》中马基雅维利的类似意图:随着时间的推移,佛罗伦萨的护民官将与城市尚未完全获得授权的人民大会(大议会)合作,把表面上由更高阶层主导的威尼斯式共和国,转变为最终由普通公民统治的准罗马共和国。

## 结论:始终如一的阶层政治观念

在《君主论》和《李维史论》的献词中,马基雅维利都宣称,每一部作品都包含了他所知道的、与我们的意图最相关的"一切",这是他所知道的与政治有关的一切。马基雅维利既没有在后来的著作中明确否认这些主张,也没有断言诸如《佛罗伦萨史》等后续作品理应在他的全部作品中占据类似于综合认识论的地位。因此,我一直假设,前两部作品依然是权威指南,帮助理解马基雅维利包括《佛罗伦萨史》等后期著作在内的所有政治作品的观点。基于这些理由,我认为,让人感到沮丧的是,谈及"转向保守主义"之论题的学者很少认真理解现代政治行动者(包括个人和集体行动者)的行为,尽管这是必要的。马基雅维利在《佛罗伦萨史》中表达了这类观点,与他在《君主论》和《李维史论》中对古代(和现代)行动者的描述和评估直接相联。

马基雅维利从未在后来的著作中宣称,他改变了对君主国和共和国之正常运作的看法。[105]他从未表示要在根本上重新构思君主、创建者、改革者、行政长官应该如何行事,特别是他们应该如何对待君主国与共和国的贵族和人民。我认为,他之前在《君主论》和《李维史论》中详细阐述的看法一定与在《佛罗伦萨史》中那些似乎相矛盾的看法至少同等有效。我们没有理由像持有"转向保守主义"之观点的学者一贯所做的那样,假设马基雅维利已经忘记或放弃了他在早期著作中提出的政治原则,否则便是对《佛罗伦萨史》的严重误读,会让我们错过这部复杂而宏伟的作品中潜藏在言语之下的许多重要内容。

# 第四章　卢梭拒绝接受马基雅维利的民主罗马共和国

［109］卢梭的著作几个世纪以来激励着民主理论家和活动家。然而,在他的政治巨著《社会契约论》(*Social Contract*)的关键之处——即便这一关键之处被人们所忽略,①卢梭提出了抑制普通公民政治参与的制度,这些制度赋予而不是限制共和国和人民政府内部精英的特权。本章表明,《社会契约论》中谈论罗马共和国的地方有相当一部分都在推进妨碍大众努力的制度,这些努力表现为,作为自由和平等的公民在共和国参与政治,防止富人统治社会,防止行政长官过度行使政治上的自由裁量权。像之前的马基雅维利那样,卢梭多角度讨论共和罗马的政治制度和实践,阐述自由、平等和秩序井然的政府理论。然而,尽管卢梭广为人知地捍卫了《君主论》作者的共和声誉(《社会契约论》3.6,95),但他直接否定了马基雅维利在《李维史论》中对罗马共和主义的民主重建。②

---

① Jean - Jacques Rousseau, "Of the Social Contract, Or Principles of Political Right" (1762/1997), in Victor Gourevitch, trans. and ed., *Rousseau: The Social Contract and Other Later Political Writings* (Cambridge: Cambridge University Press, 1997), 39 - 152; hereafter *SC*. 我自作主张把译者大写的词缩成小写。

② See Niccolò Machiavelli, Discorsi ［1513 - 17/1531］, in C. Vivanti, ed., *Opere I: I Primi Scritti Politici* (Turin: Einaudi - Gallimard, 1997), hereafter *D*. See also Machiavelli, *Il Principe* (De Principatibus) ［1513/1532］, G. Inglese, ed. (Turin: Einaudi - Gallimard, 1995), hereafter *P*; and *Istorie Fiorentine* ［1520 - 25/1532］, F. Gaeta, ed. (Milan: Feltrinelli, 1962), henceforth *FH*.

接下来,我会论证,卢梭对罗马共和国的分析与擅自挪用,故意削弱了马基雅维利为重建和推进一些制度所做出的努力,这些制度既让穷困的公民最大限度地参与人民政府,又帮助他们努力控制或遏制经济上和政治上的精英。[110]我认为,卢梭激进地修正了马基雅维利对古罗马共和国的挪用,从历史来看,这种做法排除了现代共和主义关于民众参与和反精英主义的可能性,这在随后几个世纪里本可以更好服务于民主理论与实践。卢梭公布诸如普遍性和人民主权等社会逻辑意义上的匿名原则,把精英问责单独限定在选举方面,允许甚至鼓励更富有的公民和行政官员,以秘密的和无懈可击的方式支配人民政府的政治。①

在这一章当中,我比较了马基雅维利和卢梭对罗马共和国的挪用。马基雅维利使罗马大会民主化,暗示它们通过多数人的统治进行运作,并坚持认为它们给予平民公民与贵族一同参加大会时同等的发言权;他还支持把富有的公民排斥在某些大会之外,以便最大限度扩大民众对共和国之法律和政策的影响,并限制经济精英和政治精英施加的影响。相反,卢梭强调了百人团大会(comitia centuriata)这一共和国主要大会的金权政治投票结构,通过这一结构,富有的公民实际上剥夺了穷人的选举权。

此外,马基雅维利单独区分出"平民护民官",把它作为在保护罗马自由方面优先于其他机构的国内机构。马基雅维利的护民官是为平民公民保留的常设行政长官,使平民公民有能力与罗马元老院阶层的权力和特权相抗争。卢梭则把共和国的衰亡与帝国的崛起归咎于罗马护民官,并且他本人在重建行政长官职位过程中,把

---

① 我发展了由斯塔洛宾斯基(Jean Starobinski)开创的阐释路线,他仔细描述了卢梭政治思想中寡头主义的维度。See Starobinski, *Jean-Jacques Rousseau: Transparency and Obstruction*, trans. A. Goldhammer (Chicago: University of Chicago Press, 1990).

它降级为暂时性机构,使得它对普通公民毫无用处。最后,马基雅维利强调了,庇护主义因日益严重的社会经济不平等而愈演愈烈,它在多大程度上导致了古罗马共和国的最终崩溃,并使中世纪的佛罗伦萨共和国几乎腐败得无可救药。与之形成鲜明对比的是,卢梭赞扬古罗马的庇护关系,他推断,借助这种关系,富有而睿智的贵族公民以促进"公共利益"的方式影响[111](实际上操纵)那些贫穷的、依赖他人的平民公民的投票。基于卢梭对这些罗马制度和习俗的支持,我冒险总结出以下结论:尽管两个半世纪以来,赞美卢梭之平等主义的评论不绝于耳,但卢梭对穷人的不信任,远远超过他对不平等的蔑视。

马基雅维利极力主张采用一些在任命或制裁行政长官时只适用于平民的、选举以外的技术,目的是防止共和国堕落成为纯粹的寡头政治,而卢梭却推动一种形式意义上平等但实质上不平等的贵族制,使民众对精英的质疑仅限于选举程序方面,这些选举程序有利于最富有的公民。马基雅维利民主共和主义的核心是竭力试图破坏与缓和前述事态;而卢梭贵族共和主义的核心恰恰是微妙地、煞费苦心地尝试承认与维护这种事态。我认为,一个具有实质性的当代民主理论要求的改革,需要从马基雅维利限定在阶层的、受罗马启发的人民政府模式那里汲取灵感,而不是受卢梭已经产生太大影响的、形式意义上的政治同质化模式启发。当代民主社会财富不平等、政治不负责任现象猖獗,这样的处境需要一些制度性的手段,以使经济上和政治上的精英受到激烈质疑,无法隐瞒与维护其根深蒂固的特权和专权。①

---

① See Thomas Piketty, *Capital in the Twenty - First Century*, trans. A. Goldhammer (Cambridge, MA: Harvard University Press, 2014); Steven Fraser, *The Age of Acquiescence: the Life and Death of American Resistance to Organized Wealth and Power* (New York: Little, Brown and Company, 2015); Douglas A.

《社会契约论》的评论家往往低估或忽略了,卢梭在多大程度上打算通过那部辉煌著作第四卷中罗马的具体例子来阐发其关于共和国主权和政府的一般理论。① 这至少在两个方面令人遗憾:第一,有学者把公意或人民主权的明确论述看作现代民主的知识来源,或为了健全民主政治模式而挪用卢梭的制度方案,而他们都是在不明真相的情况下这样做的;其次,许多关于卢梭政治原则——在二手材料中常常会看到这些所谓的政治原则——的哲学困惑和争论(例如合法性、多数人统治、自主权)[112]只需要参看卢梭本人在《社会契约论》第四卷中把抽象理论具体化的努力,就能得到澄清,甚或得到解决。

一些学者阅读第四卷多个致力于讨论古罗马的章节时,通常会把卢梭的制度分析看作描述性而不是规定性的,比如,他只是反思罗马的政治组织方式而未必把共和国推荐作为应当效仿的

---

Arnold, "Can Inattentive Citizens Control Their Elected Representatives?", in L. Dodd and B. Oppenheimer, eds., *Congress Reconsidered* (Washington, DC: CQ Press, 1993), 401–416; Adam Przeworski, Susan C. Stokes, and Bernard Manin, eds., *Democracy, Accountability, and Representation* (Cambridge: Cambridge University Press, 1999); and Jane Mansbridge, "Rethinking Representation", *American Political Science Review* 97, no. 4 (November 2003), 515–528. 任何认真对待依据"无支配"的共和主义原则的人民政府理论,都需要强有力的制度手段来确保精英问责制。关于这一原则,甚至是制度机器,参见 Philip Pettit, *Republicanism: A Theory of Freedom and Government* (Oxford: Oxford University Press, 1999); and Pettit, *On the People's Terms: A Republican Theory and Model of Democracy* (Cambridge: Cambridge University Press, 2013)。See John P. McCormick, "The New Ochlophobia?: Populism, Majority Rule and Prospects for Democratic Republicanism", in Yiftah Elazar and Geneviève Rousselière, eds., *Republican Democracy* (Cambridge: Cambridge University Press, forthcoming 2018).

① 关于这方面文献普遍存在的不足,参见 David Lay Williams, *Rousseau's Social Contract: An Introduction* (Cambridge: Cambridge University Press, 2014), 171。

模式。不过,第四卷是《社会契约论》最长的一卷,几乎专门讨论罗马的政治制度和实践;第四卷第四章的篇幅同样比整部《社会契约论》任何其他章节都要长,卢梭在这一章讨论并认可罗马百人团大会的金权政治组织。我发自内心地怀疑,从长远的角度来看,如果卢梭不打算把他重建的罗马共和国作为切实可行的政治典范,那么,他又怎么会花费如此多的时间、篇幅和精力来研究罗马制度的微小细节,并如此详尽地阐述其功能呢?事实上,正如我将要证明的那样,卢梭本人有时候会给出暗示,有时也会予以强调。①

## 卢梭与民主

这一章要探讨的核心问题并非卢梭是不是一位优秀的民主主义者,而是根据卢梭对罗马共和国的解释,他的政治思想是不是民

---

① 有一些与第四卷相关的重要文献提供了例外——即使这些研究并没有改变这样一些学者对卢梭做出的实质上平等主义或民主的阐释——它们包括:Ethan Putterman, *Rousseau, Law and the Sovereignty of the People* (Cambridge: Cambridge University Press, 2010); Williams, *Rousseau's Social Contract: An Introduction*; Chiara Destri, "Rousseau's (Not So) Oligarchic Republicanism", *Critical Review of International Social and Political Philosophy* 19, no. 2 (2016), 206–216; and Geneviève Rousselière, "On the Possibility of a Modern Republic: Rousseau and the Puzzle of the Roman Republic", in D. L. Williams and M. W. Maguire, eds., *Cambridge Companion to Rousseau's Social Contract* (Cambridge: Cambridge University Press, forthcoming)。绝大多数探讨第四卷的学者只考察卢梭在前三章对主权的一般性思考,又或者分析他在第八章对公民宗教概念的阐述;甚至,在数量庞大的研究文献中,或许根本找不到第四卷的第四章到第七章,这种说法并没有太大夸张。

主理论与实践的宝贵资源。① 在《社会契约论》一书中,卢梭从未宣称自己是民主主义者。实际上,他严厉批评那些被称作"民主国家"的政体,并对民主是否切实可行深表怀疑。卢梭有一句名言:由于人民不能一直聚在一起决定好政府通常要求的一切事务,因此"真正的民主从未存在过,也永远不会存在"(《社会契约论》3.4,91)。② 根据卢梭的看法,行政意义上的必要性总是破坏多数人的统治,因为政府需要规模较小且不可避免要为自己积累越来越多权

---

① 努力把卢梭的政治思想运用到当代民主理论中的文献包括:Benjamin Barber, *Strong Democracy: Participatory Politics for a New Age* (Berkeley: University of California Press, 1984); James Miller, *Rousseau: Dreamer of Democracy* (New Haven: Yale University Press, 1984); Joshua Cohen, *Rousseau: A Free Community of Equals* (Oxford: Oxford University Press, 2010); Céline Spector, *Au Prisme de Rousseau: Usages Politiques Contemporains* (Oxford: Voltaire Foundation, 2011); Melissa Schwartzberg, *Counting the Many: The Origins and Limits of Supermajority Rule* (Cambridge: Cambridge University Press, 2013); and Eoin Daly, *Rousseau's Constitutionalism: Austerity and Republican Freedom* (London: Bloomsbury, 2017)。也可参见下述把民主用于解释卢梭思想的文献:Ethan Putterman, "Rousseau on Agenda – Setting and Majority Will", *American Political Science Review* 97, no. 3 (August 2003), 459–469; John T. Scott, "Rousseau's Anti – Agenda – Setting Agenda and Contemporary Democratic Theory", *American Political Science Review* 99, no. 1 (February 2005), 137–144; and Putterman, "Rousseau on the People as Legislative Gatekeepers, Not Framers", *American Political Science Review* 99, no. 1 (February 2005), 145–151。遗憾的是,不管从篇幅还是深度来看,这些深思熟虑的努力都没有反思在《社会契约论》关于罗马共和国的章节中,卢梭针对大型共和国提出的反多数主义的制度性解决办法。

② [译注]《社会契约论》的中译文主要采用何兆武译本,商务印书馆,2003,部分译文略有改动。

力的机构(《社会契约论》3.4,91)。① [113]卢梭认为如果要在现实中接近民主,需要极少出现的条件:一个小政体,其中的公民容易了解彼此,并能随时准备为了实现城市目的而聚集起来(《社会契约论》3.4,91)。但即使满足这些条件,卢梭也不愿支持民主,因为这样的"人民政府"比所有其他统治方式都更容易出现"内部动荡"(《社会契约论》3.4,92)。

诚然,卢梭不是民主主义者。他是"共和主义者",当然这一归属也存在问题。毕竟,卢梭对共和国之构成的最笼统的定义并未界定出特定的政权类型或特定的制度形式。卢梭转移话题说,只要坚持法治,并为了共同利益——如果是"合法的"——而进行统治,那么任何政权都是共和国,即便它实行君主制(《社会契约论》2.6,67)。但如同马基雅维利就那些可能被认定为共和国的政权类别提出了一个非常宽泛、笼统的定义②——在这个定义中,他间接表达了更具体的社会制度偏向,卢梭也就应当具备什么样的制度形式才被正确地判定为共和国提出了标准。对每个作者而言,共和国,或

---

① 卢梭断言:"我相信可以提出这样一条原则,那就是,只要政府的职能被许多执政者所分掌,那么少数人迟早总会掌握最大的权威;仅仅由于处理事务要方便的缘故,他们自然而然就会大权在握。"(《社会契约论》3.4,91)马基雅维利提出了一些相似的观点,不同的是,他采用了一种更微妙的方式:当指出"少数人总是以少数人的方式行事"时,马基雅维利认为,与规模大的政治体(最好是由全体公民组成的政治体)相比,规模小的政治体在对被指控威胁自由的杰出公民做出判断时,更倾向于采取带有偏见的方式(《李维史论》1.7,1.49)。毕竟,在大多数情况下,打算在这些委员会任职的富人和杰出公民,与被告有着相同的政治倾向。但与卢梭不同,马基雅维利还提出了一种可能性,规模较小的法庭的成员可能更容易受到恐吓,所以,这样一些政治体实际上可以被看作弱于大型政治体。

② 在《君主论》当中,马基雅维利暗示,共和国指的是任何由一人以上进行统治的政体,这与只由一人统治的君主国形成对比(《君主论》第一章)。以卢梭可能会喜欢的方式将这种洞见形式化:在君主国,统治 = 1;在共和国,统治 = 1 + n。

至少是一个规模较大的共和国,越是符合古罗马的模式,这个实体就越接近共和国的最佳形式。而在谈及卢梭和马基雅维利各自对罗马共和国的重建之前,我将会先讨论卢梭的普遍性理论的几个方面,这有助于解释这位最著名的平等主义理论家,他所赞扬的罗马政治当中的某些不平等特征为什么并不一定违背他宣扬的平等标准。①

---

① See Rousseau, "Discourse on the Origin and Foundations of Inequality Among Men( 1754 – 55)", in *Rousseau: The Discourses and Other Early Political Writings*, 111 – 223. See also Rousseau, "Letters Written from the Mountain", in Rousseau, *Collected Writings of Jean Jacques Rousseau*, Vol. 9, C. Kelly and E. Grace, eds. (Hanover: Dartmouth College Press, 2001), 134 – 306. 下述研究与卢梭的平等主义相关。See Judith N. Shklar, *Men and Citizens: A Study of Rousseau's Social Theory* (Cambridge: Cambridge University Press, 1965); Alberto Burgio, *Eguaglianza, Interesse, Unanimità: La politica di Rousseau* (Napoli: Bibliopolis, 1989); Karma Nabulsi, *Traditions of War: Occupation, Resistance and the Law* (Oxford: Oxford University Press, 2000), 70 – 78, 177 – 240; Timothy O'Hagan, ed., *Jean – Jacques Rousseau; International Library of Essays in the History of Social and Political Thought* (Abingdon: Routledge, 2007); Frederick Neuhouser, *Rousseau's Theodicy of SelfLove: Evil, Rationality, and the Drive for Recognition* (Oxford: Oxford University Press, 2008); Robert Wokler, *Rousseau, the Age of Enlightenment, and Their Legacies*, Bryan Garsten and Christopher Brooke, eds. (Princeton: Princeton University Press, 2012); Neuhouser, "Rousseau's Critique of Economic Inequality", *Philosophy & Public Affairs* 41 (2013), 193 – 225; Mark Hulliung, ed., *Rousseau and the Dilemmas of Modernity* (Abingdon: Routledge, 2015); Avi Lifschitz, ed., *Engaging with Rousseau: Reaction and Interpretation from the Eighteenth Century to the Present* (Cambridge: Cambridge University Press 2016); Celine Spector, *Rousseau et la Critique de L'économie Politique* (Bordeaux: Presses Universitaires de Bordeaux, 2017); Helena Rosenblatt and Paul Schweigert, eds., *Thinking with Rousseau: From Machiavelli to Schmitt* (Cambridge: Cambridge University Press, 2017); James Lindley Wilson, *Democratic Equality* (book manuscript, University of Chicago, 2017); and David Lay Williams, "Forestalling 'the ever – widening inequality of fortunes': Jean – Jacques Rousseau

## 普遍性、贵族政治、选举

在这里,我不再列举卢梭公意理论所体现的复杂性,①我将会简要描述卢梭提出的一些关于决定制度安排能否促进公意表达的要求。首先,公意不排斥公民:没有人被排除在主权议会之外,没有人的选票会被丢弃,不得基于任何特殊主义理由宣布公民没有资格获得特定特权或成为与众不同的行政官员(《社会契约论》2.2,58)。[114]与一些解释相反,卢梭并没有坚持认为全体一致才是公意的表达方式;只要所有公民都参与投票,那么多数票就足够了(《社会契约论》2.2,58),但不一定是平等的,正如我们接下来将看到的那样。卢梭反感投票前进行公众讨论——他主张无交流的深

---

on Economic Inequality and the General Will", in Williams, *The Greatest of All Plagues*: *Economic Inequality in Western Political Thought* (Princeton: Princeton University Press, forthcoming).

① See Patrick Riley, "Rousseau's General Will", in Riley, ed., *The Cambridge Companion to Rousseau* (Cambridge: Cambridge University Press, 2001), 124 – 153; Tracy B. Strong, *JeanJacques Rousseau*: *The Politics of the Ordinary* (Lanham: Rowman and Littlefield, 2002), 67 – 103; Gabriella Silvestrini, *Diritto naturale e volontà generale*: *Il contrattualismo repubblicano di JeanJacques Rousseau* (Turin: Claudiana, 2010); Putterman, *Rousseau, Law and the Sovereignty of the People*; Williams, *Rousseau's Social Contract*: *An Introduction*; James Farr and David Lay Williams, eds., *The General Will*: *The Evolution of a Concept* (Cambridge: Cambridge University Press, 2015); and Joel I. Colon – Rios, "Rousseau, Theorist of Constituent Power", *Oxford Journal of Legal Studies* 36, no. 4( June 2016), 885 – 908. 关于法尔(James Farr)和威廉姆斯(David Lay Williams)编写的文集,请参阅书中第三部分由威廉姆斯、博耶德(Richard Boyd)、穆素(Sankar Muthu)和斯特朗(Tracy Strong)撰写的论文,以及布鲁克(Christopher Brooke)的论文。

思熟虑——这一点可谓臭名昭著(《社会契约论》2.3,60),也与罗马立法和选举大会的投票质量而非言说质量相当吻合。①

不过,诸如此类的形式要求最终无法确保实现公意。对卢梭而言,不管采用什么样的制定方式,公意固有的特质就是恰当"概括意志"的因素(《社会契约论》2.4,62)。例如,关于一定数量的公民参与形成意志的某一规定,并不是总括意志的因素,卢梭担心多数人统治带来危害,这也是众所周知的(例如《社会契约论》第二卷第十一章,第四卷第一章、第四章)。相反,卢梭坚持认为,将公民团结在一起的"共同利益"才能归纳出意志(《社会契约论》2.4,62)。唯有读到卢梭微妙地认可罗马以集权形式组织起来的大会(百人团大会)时,读者才开始理解这个方案在现实生活中可能的运作方式。用卢梭的话来说,如果主权国家中有一些人对全体的共同利益有更好的理解,那么共和国可能会降低那些对共同利益不太敏感的人的选票分量——只要这样做不会完全把他们排除在看重选票的大会之外。在整部《社会契约论》中,卢梭坚决认为法律的颁布必须涵盖"全民"(《社会契约论》2.4,67)。但事实证明,在立法过程中,共和国可以通过赋予最有可能理解公共善的公民以特权,来更好地保证充分实现公意,这无法与公共善区分开来。正如卢梭在第四卷中所解释的那样,在罗马,这是通过根据共和国最重要的大会中的财富对选票进行加权来实现的。

正如我们将在下一节将看到的那样,出于这种逻辑,卢梭赞扬罗马的百人团大会,因其精确执行了那些他告诫雅典公民大会应承担的任务。[115]卢梭批评雅典公民大会,因为它在给予特定公民荣誉或放逐特定公民时并没有体现必要的普遍性——即使这样一些措施得到了绝大多数人同意(《社会契约论》2.4,62)。卢梭怀疑

---

① See Lily Ross Taylor, *Roman Voting Assemblies* (Ann Arbor: University of Michigan Press, 1990).

一个民主的民族是否有能力既在一般意义上作为主权国家行事,又在特殊意义上作为政府行使职能。虽然聚集在大会上的雅典民众可能会适当地通过各种法律,但根据卢梭将主权与政府分开的观念,民众不应该就诸如分配头衔或决定政治审判等事务做出特定决断。然而,罗马的百人团大会一方面通过立法行使主权和政府职能,另一方面审判案件并处理私人事务,对此他为什么没有予以谴责呢(《社会契约论》3.12,110;4.4,136)?我的看法是,比起按照平等原则组建起来的雅典公民大会,卢梭更喜欢结构具有不均等性的罗马大会;根据他的估计,前者可能会成功地同时发挥主权和行政的作用,而后者在很大程度上肯定做不到这一点。①

倘若如此,那么,对卢梭而言,平等可能包含两个维度:一个维度严格来说是形式的,另一个维度深层来看又具有近乎虚幻的实质性。形式平等通过囊括全体就能实现;实质平等或许要通过旨在保障所有人利益的不公平程序来实现。在卢梭看来,百人团大会最能体现这两个方面:所有罗马公民都被包容到大会当中,但最富有的人拥有更多选票。在这种情况下,公意由那些更容易通达公意的人借助更伟大的爱国精神或更谨慎的态度体悟出来;而不像雅典公民大会那样,通过严格遵守诸如多数人统治和一人一票等平等程序来确保公意。通过不公平的制度安排实现更深远的实质平等,这种观

---

① 卢梭的评论广为人知:"如果有一种神明的人民,他们便可以用民主制来治理。但那样一种十全十美的政府是不适于人类的。"(《社会契约论》3.4,92)在解释这种说法时,曼宁(Bernard Manin)评价道,对卢梭而言,那种在一个实例中遵循普遍性来行动的能力,在下一个具体情境中会"超出人类的能力"。See Bernard Manin, *Principles of Representative Government* (Cambridge: Cambridge University Press, 1997), 75-76. 正如我们即将看到的那样,分别以雅典和罗马的方式聚集在一起的民众之间的差别,使卢梭把这种罕见的、确实是神圣的、决定一般和特殊任务的能力,赋予聚集在百人团大会上的罗马人民。

点论证了这里考察的段落中卢梭关于贵族制(尽管是选举式的贵族制)是最好管理形式的看法的合理之处。根据卢梭的观点,选举产生贵族突显了智者的能力,智者反过来以共同利益为重进行治理:

> 最好的而又最自然的秩序,便是让最明智的人治理群众,只要能确定他们治理群众是为了[群众的]利益,而不是为了自己的利益。(《社会契约论》3.5,93)①

[116]乍一看,卢梭支持选举的观点似乎建基于他真正相信民众有能力选出为公共利益服务的行政官。在大致探讨选举的段落中——也就是他在下一卷具体讨论罗马百人团大会之前——卢梭从未认为,投票的组织方式应该是富有的公民在选举行政官方面拥有更大的话语权。选举结果似乎完全掌握在多数人手中,这大概是根据简单的多数人统治的原则任命行政官。在这种情况下,卢梭宣称,选举"是一种借此正直、明智、经验以及其他种种受人重视与尊敬的理由,就可以进一步确保政治修明的方式"(《社会契约论》3.5,93)。

与世袭式贵族制相比,卢梭明显偏爱选举式的贵族制——或"严格说来的"贵族制,即选民通过选举使个人成为贵族(《社会契约论》3.5,93)。按照世袭制,贵族的头衔从一出生就被赋予,先于政治程序的确认,与此相反,在选举产生贵族的制度中,据推断行政官的职位将会向所有人开放。基于这个原因,人们或会认为选举产生了贵族,而不仅仅是对业已享有贵族身份的人予以正式确认。然而,事情并非那么简单。选举产生贵族的做法提供了所谓的平等机会,对于这一点,卢梭先是含糊其辞,并最终承认选举确实会影响行

---

① 卢梭还为推崇选举式贵族制而不推崇议会民主的做法提供了一个外交政策理由:"可敬的元老们比起不知名的或者受人轻视的群众来,也更能够维持国家的对外威信。"(《社会契约论》3.5,93)

政官员的任命程序,并继而影响他自己倾向于最富有的公民的共和模式——无论投票程序是否像罗马那样被设计成对他们有利。

起初,卢梭似乎只不过是容忍其贵族共和国的经济不平等。这样的政权要求"富而有节与贫而知足"(《社会契约论》3.5,94)。但他马上透露,选举式的贵族制(即合理的贵族制)依赖于明显的不平等:

> 彻底的平等似乎并不适合贵族制,那是就连在斯巴达也不曾见过的。(《社会契约论》3.5,94)

公民当中"彻底的"平等可能会使选民难以确定或不可能确定谁才是最好的公民,因此无法确定应该提拔谁担任公职。卢梭从不认为,[117]在这样一种政体中,每个人都可能或多或少在道德、能力或公益精神方面平等。相反,卢梭的主张允许财富——自古以来,财富都能在竞选中获得最大回报——成为具有政治价值的显著标志。① 要让选举正常运作,公民之间必须要存在区别,而如果没有重大的制度调整,财富便很容易与美德勾连在一起,或者财富被误认作美德。

毕竟,财富能让来自"最好"家庭的公民改善他们的声誉、外表、说话技巧,以至于选民几乎难免会在竞选中选这些人。如前所述,民主的雅典在全体公民当中抽签分配绝大多数行政职位,最大限度减少选举中的寡头偏见,意大利共和国保证中下层行会成员在执行理事会和委员会中的职位。② 此外,卢梭在选举政治的语境下无法或不愿意区分美德和财富,这让人对他支持罗马共和国具有等

---

① Manin, *Principles of Representative Government*, 42 – 93, 132 – 160.

② John P. McCormick, "Contain the Wealthy and Patrol the Magistrates: Restoring Elite Accountability to Popular Government", *American Political Science Review* 100, no. 2 (May 2006), 147 – 163.

级性的恩庇-侍从关系的做法(下文将对此进行讨论)产生不满；金钱能让富有的公民资助、培养、贿赂不富裕的候选人,以便维护自己的利益,而代价是牺牲广大公民的利益。

或许,赞成不设限的选举有暗许不平等之意味,这让卢梭感到不安,他很快试图掩盖他接受财富和美德具有隶属关系的一切表现,实际上,他试图将这种隶属关系归咎于另一位作家。卢梭坚称,是亚里士多德而不是他自己支持"某种财富不平等",这样富人就应该统治;而卢梭自己则只是支持物质不平等,这样一来,那些有闲暇时间的人也许就可以担任行政职务(《社会契约论》3.5,94)。然而,除非公共供给让所有公民都能担任政治职务,就像许多民主国家和民主共和国向较贫穷的公民提供职位那样,否则财富和业余时间注定要联系在一起。因此,不管卢梭的动机是确保有钱人抑或是保证有闲暇时间的人统治,事实是在每一种情况中都应该由富裕的人执政。卢梭承认,行政官员将主要从贵族共和国的富人阶层中挑选出来,[118]但他坚持认为这并不是他们统治的原因(《社会契约论》3.5,94)。相反,他们垄断公职是因为他们是最应当受到嘉奖的公民。遗憾的是,卢梭在这里的论点是不可证伪的,因为它可能只是空论;他没有给读者提供任何方法来区分候选人或行政官员只是有钱还是真正具备德性。①

那么,世袭式贵族制和选举式贵族制之间到底有什么区别呢?他们通常都有助于富人统治——卢梭认为,除了选举式贵族制会"偶尔"提供特例,一个具象征性的不富裕公民可能会获得职位(《社会契约论》3.5,94)。这如何做到? 又是为什么呢? 卢梭认为,这种表面文章是为了"教导人民认识到,人的优点要比财富更有

---

① See Gordon Arlen, "Aristotle and the Problem of Oligarchic Harm: Insights for Democracy", *European Journal of Political Theory* (published online: August 25, 2016), DOI: 10.1177/1474885116663837.

理由值得重视"(《社会契约论》3.5,94)。然而,如果是选民本身选出一个不富裕的公民担任公职,那么由谁来教育人民呢?为什么人民要从自己已经做过的事情那里吸取教训?也许,卢梭的意思是,人民可以从他们自己的选举决定中学习,或者后来的选民可以从之前选民的选择中学习。不过,如果由人民进行选举,那么选举可以"教育人民"的观点就显得相当奇怪了。① 如果从卢梭反思罗马大会的角度来看,下述说法就更合理一些:如果行政官的选举牢牢掌握在少数人手中,那么他们可以不时地决定选举一位普通公民来"教育人民",以至于像卢梭眼中的罗马那样的共和国是精英贵族制,而不仅仅是富豪寡头政治。

## 卢梭与罗马议会

卢梭申明,古罗马的具体例子是正确理解其抽象的政治权利理论的关键,而罗马议会,尤其是百人团大会的投票安排,将在如何建立一个大的共和国的问题上给"有判断力的读者"提供指导(《社会契约论》4.3,127)。② 在这里,我详细引用卢梭的话,这是因为大多数学者对古罗马在《社会契约论》中的地位不够重视,特别是对共和国主要大会中出现的不公平投票组织缺乏足够关注。[119]在下面这段话中,卢梭开始讨论人民大会在其政治理论中的恰当地位,

---

① 要了解在这个问题上对卢梭更丰富的阐释,参见 Dana Villa, *Teachers of the People: Political Education in Rousseau, Hegel, Tocqueville, and Mill* (Chicago: University of Chicago Press, 2017)。

② 德斯特里(Destri)认为,无论卢梭多么希望罗马共和国在《社会契约论》中发挥堪称楷模的宪政作用,当他写下"山中来信"(The Letters Written from the Mountain)时,他彻底改变了自己的想法。See Destri, "Rousseau's (Not So) Oligarchic Republicanism".

他提出了一个关乎阐释的严肃问题,这些阐释忽略了罗马共和国的相关章节:

> 我还应当谈一下人民大会上的投票与计票的方式;然而也许罗马政治制度史在这方面可以更清楚地阐明我所要奠定的全部准则。一个慎思明辨的读者,能稍微详细看一看在一个二十万人的会议上人们怎样处理公共的和个别的事务,或许是不无裨益的吧。(《社会契约论》4.3,126 – 127)

我在本章中会经常提到这段话,因为它提醒读者卢梭是从规范意义而非仅仅描述意义上谈到罗马的,并且他要求读者认真关注他对罗马制度的描述。特别是,卢梭强调罗马的投票程序,正如我们将要看到的,这些程序非常不公平,因为它非常有利于富有的公民。

此外,卢梭引导读者认真注意诸如百人团大会等罗马制度的细节。我接下来将要论证,这是因为他经常用细节说明这些制度自身的问题,而不是去详细阐述它们在共和国内部对权力关系的影响。而他所提及的规模较大的议会中同时关乎"公共事务和特定事务"的安排,也进一步支持我已然提出但需要在这一部分更深入论证的观点:理论上,卢梭不赞成人民大会同时履行主权和政府的职责,他对雅典公民大会的严厉批评就证明了这一点。然而,他宽恕了罗马百人团大会行使"公共的和特定的"职能,一方面制定法律,另一方面选举产生行政长官与审理司法案件(《社会契约论》4.4,136)。虽然卢梭从来没有这么明确地说过,但我认为,他希望慎思明辨的读者得出结论认为,罗马大会特有的投票结构有助于解决这种明显的不一致性,[120]在这种投票结构中,拥有最多财富的公民在较为贫穷的公民面前投出最大多数的选票,而后者甚至可能根本没有机会投票。

最后,卢梭在评价前面引用的段落中百人团大会的巨大规模时,说明了大型共和国存在的可能性。他写到,罗马说明了共和政治的"可能界限"并不像许多人想象的那么狭隘;通过罗马的例子,卢梭论证"根据已经做出过的事情,来考察可能做得到的事情"(《社会契约论》3.12,110)。民主可能要求有一个公民相互了解的小政体。恰恰相反,罗马拥有"四十万被武装起来的公民",它为人们想象一个领土广阔的共和国提供灵感。①《社会契约论》笃定地坚持罗马共和国主权(共同的)、与选举相关的、金权政治的方面,而抛弃了马基雅维利在其《李维史论》中所赞扬的专门指向平民的、民众论辩的元素,以此开启了共和国成功的可能性,在卢梭看来,这种可能性所带来的成功甚至会超过罗马。

卢梭的罗马表面上是罗马人民的共和国,它同样是所有人民、平民和贵族的共和国,罗马人首先关心的是公共事务,关乎每一个公民的事务。卢梭式的罗马不是"元老院和罗马人民"("SPQR", Senatus Populusque Romanus)的共和国,亦即一个既明显采用元老院制度又颇具特色地采用平民政体的共和国,一个马基雅维利称赞其阶层冲突或"暴动"的共和国(《李维史论》1.4,1.5)。卢梭对单一的、政治上同质的主权共和国的赞美明显体现在下面的表述中:

> 罗马人民很少一连几个星期不集会,而且甚至还要集会许多次。罗马人民不仅行使主权的权利,而且还行使一部分政府的权利。(《社会契约论》3.12,110)

当卢梭谈到罗马人聚集在一起作为主权者,通过法律,"处理一些事务"和"审判一些案件"时,他并没有那么尖锐;事实上,"全体

---

① 对卢梭而言,决定希腊和意大利人民政府之可能性的其他重要区别,是雅典和意大利内部的奴隶制度,以及它们各自的环境。例如,罗马人不能经常聚集,因为奴隶不像在希腊那样要负责绝大部分物质生产,而且,与希腊人不同,意大利的季节变化很大,天气可以是温和的,也可以很不温和(《社会契约论》3.15,115)。

人在公共会场上几乎往往既是行政官又是公民"(《社会契约论》3.12,110)。同样,这种描述让人产生疑问:为什么卢梭在其他地方批评人数较少的雅典民众聚在一起开会决定一般性问题和特定问题,[121]但却在这里赞扬人数较多的聚集在一起的罗马人民做同样的事情?卢梭赞同罗马人民最适合当主权者,罗马人民大会表达了公意,他坚持认为罗马行政官并不是代表(《社会契约论》3.14,112)。① 只有大会表达公共利益;行政长官既无法使人民主权者的公意人格化,也不能使之具体化。根据卢梭的看法,当百人团集会的时候,最高行政长官(即执政官)仅仅是主席或召集人,平民护民官只是发言人,而元老院"什么都不是"(《社会契约论》3.12,110)。对卢梭而言,人民行政官不是他们的代表,而是他们的代理人:

> 在古代的共和国里……人民是从不曾有过代表的,他们并不知道有这样一个词。在罗马,护民官是如此之神圣,人们甚至从不曾想象过他们会篡夺人民的职能,而且他们在那样广大的人群之中也从来不曾试图对于自己作为首领的地位来一次全民投票。(《社会契约论》3.15,114)

卢梭以一种看似强有力的雅典语调断言,像罗马的"人民大会"一直是"首领恐惧的对象",它惩罚暴君,威慑那些假装为主权人民说话的行政官员(《社会契约论》3.12,110)。然而,罗马集会

---

① 关于卢梭对代表的敌意所带来的全方位影响,参见 Richard Fralin, *Rousseau and Representation: A Study of the Development of His Concept of Political Institutions* (New York: Columbia University Press, 1978),以及 Nadia Urbinati, *The Principles of Representative Democracy* (Chicago: University of Chicago Press, 2006), 60 – 100。

并不是民主集会。① 它的组织方式与雅典式的集会存在很大差别，后者由大多数人统治，并且广泛实行一人一票。显然，卢梭这位人们熟知的形式意义上的政治平等和普遍性的支持者，以赞扬强制实施早期罗马社会政治阶层化的方式，开始他关于罗马人民大会的讨论。

比马基雅维利相比，卢梭更坦率地勾勒出共和国早期王权统治下的罗马概貌。他承认关于"罗马初期"的大多数记述只不过是"寓言"(《社会契约论》4.4,127)。尽管如此，卢梭接着赞扬了塞尔维乌斯(Servius)，这位国王因改革罗马社会秩序并确保其日后的成功而获得赞誉。卢梭赞扬塞尔维乌斯保护了[122]贵族的社会卓越地位：他改革了罗马按种族划分而代之以按居住部族划分，以应对外邦人涌入，因为外邦人威胁到那些有大家族居住的部族(《社会契约论》4.4,128-129)。塞尔维乌斯在上层和下层阶层之间创造了六个骑兵阶层，并使得由贵族统治的乡村部族优于由平民、无产者和自由民组成的城市部族(《社会契约论》4.4,128-129)。

卢梭没有充分解释这些改革如何实现，他把这些改革与共和国把政治上的高职位跟外来污秽或较低阶层的渗透成功隔绝开来的做法联系起来：例如，他颂扬因这些安排而没有一个自由民成为反抗者的事实(《社会契约论》4.4,129)。② 不过，他确实指责贵族

---

① 要想更具体地了解罗马政治制度，参见 Claude Nicolet, *The World of the Citizen in Republican Rome*, trans. P. S. Falla (Berkeley: University of California Press, 1980)，以及 Andrew Lintott, *The Constitution of the Roman Republic* (Oxford: Oxford University Press, 1999)。

② 宽宏大量地说，这种看法也许并没有反映出公开的阶层精英主义，而是体现出对政治腐败的赤裸裸的恐惧：在这里，卢梭也许不会对奴隶担任公职感到愤怒，而只是不安地意识到，在罗马，大家都知道这样一些人依赖于他们过去的主人，而后者仍然是他们的庇护人。我们将看到，卢梭并不介意富有的贵族成为穷人的庇护者，事实上，他支持这种做法。然而，他无法接受行政长官应当受富有的庇护者所庇护。在他看来，个人的依赖性似乎符合罗马公民的实际情况，但不符合罗马王权的运作。

("大人物和有权势的人")借助监察官一职——监察官负责安排社会等级中的个人位置——滥用这些划分权力为自己谋好处(《社会契约论》4.4,129-130)。这些过分的行为激怒了城市部族的"无耻败类",他们开始出售自己的选票(《社会契约论》4.4,129-130)。然而,这种洞察力并没有促使卢梭质疑,更优秀、更富有、更杰出的公民应该在决定公共利益方面拥有更多的发言权,是否会不可避免招致与监察官滥用权力无关的腐败。

卢梭把这些具有间接政治影响的居民阶层划分开来,对塞尔维乌斯在社会组织方面的第二次努力最为称道:以财富作为权衡标准,把罗马公民划分为百人团大会中不同投票阶层(《社会契约论》4.4,130)。这些划分最大限度地缩小了穷困公民投票的政治影响:

> 塞尔维乌斯把全体罗马人民分为六级,这六级既不按地区也不按人身,而是按财富来划分的:从而前面全是富人,后面全是穷人,而中间各级则是拥有中等财富的人。这六个等级分为193个另外的团体,称为百人团;这种划分方式使得第一级独占半数以上,最后一级则只构成其中的一个团。[123]这样,我们便看到人数最少的一级乃是团数最多的一级,而整个的最后一级却只能算作一个次级的划分单位,尽管这一个级就包括了过半数的罗马居民。(《社会契约论》4.4,130)

这种根据财产占有情况来权衡选票分量的安排所带来的结果是,最富有的公民可以制定法律、选举执政官,或在穷人有机会投票之前就决定判决结果:

> 由于组成全体罗马人民六个级的193个百人团,第一级就占了其中的98个,而只按百人团来计票,所以第一级一个级就超过了所有其他各级票数的总和。当第一级所有的百人团意见都一致的时候,人们干脆就不再计算票数了;最少数的人所

决定的事,便被通过成为大多数人的决议,在百人团大会里的事情更多地由金钱的多少而非投票的多少来决定。(《社会契约论》4.4,133)

请注意,卢梭并没有对这段话最后一句所描述的事态表示哀叹。我认为,这篇文章需要结合两个早期的讨论来阅读:卢梭很大程度上在选举和富人统治之间确立起积极关联;他对人民大会决定公共善或实现公意的能力表示出相当大的怀疑。由于百人团大会选举产生执政官,并且起初通过所有的主要法律,卢梭通过大会这个例子,引导"慎思明辨的读者"思考如何任命最好的行政长官与通过反映公意的法律,也就是说,如何创立大会,允许最富有的公民通过或许不那么透明的方式履行自己的两种职能。我认为上面被引段落的倒数第二句是卢梭共和主义思想的核心,它适用于规模较大的政体,并事实上是现代大众民主的指导精神。值得反复强调的是:"最少数的人所决定的事,便被通过成为大多数人的决议",含糊不清地"通过"意味着这既是一条正式法令,同时也是一种假象(《社会契约论》4.4,133)。

[124]卢梭在讨论罗马更为平民化的大会时,似乎将两个通常被认为是相互独立的政治体,即平民会议(the concilium plebis)和部族大会(the comitia tributa)合并在一起:

> 部族大会是罗马人民的议会。部族大会只能由平民护民官召集。(《社会契约论》4.4,134)

卢梭声称平民护民官不仅主持这个大会,而且事实上还创立了大会(《社会契约论》4.4,132)。然而,部族大会是正式的、合法的会议,因此,那些一开始以非官方的、非正式的行政官身份出现的护民官,不太可能拥有足够的权力在共和国早期组建会议。与之相反,平民会议与护民官一样在早期都是"非法的"。就像卢梭提到的那样,平民会议而非部族大会很可能"选举产生护民官并通过平民制定的法律"(《社会契约论》4.4,134)。平民会议有可能把贵族排除在外,它或许实际上是由护民官创立的。另一方面,部族大会可能包容贵族,但由于它是由部落而不是由百人团细分而成的,因此平民和穷困的公民原本可以在数量上具有优势,从而在投票过程中胜过那些社会地位更高的人。① 当卢梭论证下述与部族大会相关的观点时,他似乎是在谈论平民会议:

> 元老院在这里不仅毫无地位,而且甚至没有出席的权利;元老院既然不得不服从他们自己并不能投票表决的那些法律,因此在这方面,其所享有的自由要少于一个最卑微的公民。这种不公道却全然被人误解了,而仅此一点就足以使一个不曾容纳其全体成员的公共团体的法令全部失效。(《社会契约论》4.4,134)

如此一来,尽管卢梭关于这两个由平民主导的大会的观点让人感到困惑——或许借助已有的历史证据能理解这种观点,但比这更重要的是,他如何看待其中至少一个大会正式把贵族排除在外这一事实。最杰出的公民没有资格参加这个平民会议,但却受其立法约束,对此,他无法抑制自己的愤怒。

看看卢梭如何拒绝称赞接近"人民政府"的大会,而他曾给予百人团大会过多赞誉,这是因为前者"没有元老院和贵族":[125]卢梭宣称,由于没有人被排除在百人团大会之外,因此"罗马人民全部权威就在于"这个大会,即便卢梭知道它在投票程序上偏向于贵族(《社会契约论》4.4,134 – 135)。

在传统的解释框架内,卢梭的愤怒可以归因于他致力于平等主

---

① See Fergus Millar, *The Roman Republic in Political Thought* (Waltham: Brandeis University Press, 2002), 28, 20 – 21.

义和偏爱普遍性的自夸：没有人应受制于他们没有参与制定的法律。然而，根据我在这里已然拓展开来的分析，人们可能也会发现某种阶层精英主义：平民怎么敢把贵族这些最优秀的公民排除在具有如此重要地位的政治团体之外呢！

正如我们所观察到的，卢梭并没有抱怨百人团大会事实上并未赋予最贫穷的公民以选举权和立法权。他当然不会因为他们"在这方面不够自由"而感到烦恼。至少，卢梭可能提出异议，认为贫穷的公民确实参加了这样一些大会，并且享有在大会中投票的合法权利——事实上，当富有公民的选票并未达成一致时，底层公民便会产生实际的影响。换句话说，当富有公民就候选人或政策达成一致时，事情就已经决定了；而他们若无法达成一致，低阶层则可以参与决策。

不过，从平民的角度来看——马基雅维利在许多方面采用了这个角度——卢梭持有相反的观点：贵族和富人在共和国里拥有这么多特权，支配如此多权力——毕竟，自由更青睐狼而不是羊——以至于他们被排除在某些大会之外，普通公民从而有可能在一定程度上影响法律和政策的制定，这样做更加合法，也更为公正。卢梭接下来开始推崇把平民和穷人正式纳入所有会议的制度，同时又让富人控制局势来击败他们，使他们在会议中的权力处于劣势，此时，卢梭宣称元老阶层在任何方面都不如普通公民"自由"，这简直是荒谬可笑的。因此，在这种情况下，卢梭不会为不平等甚或排斥而感到烦恼；相反，合乎情理的是，平民会议违反了卢梭的贵族自我肯定的行动原则，没有为富人设立加权投票制度，这最让他感到恼怒。[126]这个段落提醒我们，卢梭的人民主权具有包容性，却没有体现平等性；卢梭关于模范公民的政治精神，并不意味着每个公民在任

何意义上都是平等的。① 这里最清楚地表明,卢梭有多么鄙视雅典式的、一人一票的多数主义的程序:

> 当所有的贵族以他们同样作为公民所具有的权利而出席大会时,他们已经是单纯的个人,所以很难影响到这种按人计票的表决形式,因为在这里最渺小不足道的无产者也可以和首席元老一样。(《社会契约论》4.4,134)

卢梭的共和政体的公民身份原则比较简单:每个公民必定有资格参加每一次会议或担任每一个职位,必须有资格享有每一项特权或豁免权,但某些人无疑会比其他人享有更多的资格和资质。有些公民不仅仅是"单纯的独特个体"。实质平等和多数人统治原则不是必需的,事实上,应避免仅仅"数人头数"的平等主义做法。当然,卢梭试图将所有罗马大会混在一起一并提及,从而淡化他偏爱的百人团大会投票程序中所体现的不平等程度:

> 既然没有一个公民不被编入某一个库里亚(curia)、某一个百人团或某一个部族之内,那么每个公民都不能被剥夺投票权,也就是说,罗马人民在法律上与事实上都是真正的主权者。(《社会契约论》4.4,132)

然而,在最重要的大会(即选举产生最高行政官并通过主要法律的百人团大会)中,并非所有公民都以完全相同的方式成为"真

---

① 罗森布鲁姆(Nancy Rosenblum)把卢梭的"共和整体主义"放置在诸如反党派、反多元主义,因此也反政治思想的各种各样谱系的语境中。See Nancy L. Rosenblum, *On the Side of the Angels: An Appreciation of Parties and Partisanship* (Princeton: Princeton University Press, 2008), 32–34. 我会补充这个观点,论证卢梭的整体主义实际上是由强调"共同利益"、政治普遍性和社会同质性的贵族共和主义发展出来的最系统化版本,它实际上把某种特殊的、物质上处于有利地位的公民子集提升到政治卓越的层次。

正的主权者"。

在这一点上,卢梭可能会被指责为完全反常。他暗示罗马对富人实行加权投票的做法实际上是不必要的,似乎在辩护,即使贵族特权没有被正式列入百人团大会的投票程序之中,庇护关系在社会上无论如何也都会保证产生同样的政策结果。平民对贵族、[127]穷人对富人在社会经济意义上的债务,使得贵族和富人能够引导平民和穷人的政治行为服从公共利益。富有的庇护者为贫困的被庇护者提供贷款、工作以及让人满意的婚姻安排,这确保了穷人的投票永远不会偏离贵族的利益太远,由此,卢梭认为这不会偏离共和国的总体利益。卢梭,作为一位谴责奴役和依附的伟大思想家,一位把会议代表制比作支持奴隶制的哲学家(《社会契约论》3.15,115),他认为罗马体现等级和操控的庇护体系是"令人钦佩的"和"人道的"(《社会契约论》4.4,133)。

这些断言似乎再次表明,卢梭对穷人的不信任甚于他对贫困的厌恶:比起首先通过削弱权力或强迫的方式来影响穷人判断的不公平的社会经济条件,穷人错误的政治判断对公共利益更具潜在的危害性。对于庇护主义这种无论在古代还是现代语境中都"让不同个人受益的私人模式",马基雅维利当然没有什么好话可说。他谴责以下私人模式,认为这是打击共和国的最有害的做法:

> 放贷、安排婚姻、提供防御行政官指控的辩护,以及给予类似的私人恩惠,这些恩惠为庇护人招徕支持者,并鼓励被庇护人损害公众利益并废除法律。(《李维史论》3.28;另见《佛罗伦萨史》7.1)

我在第二章和第三章中说过,马基雅维利记录了罗马共和国和佛罗伦萨共和国的长期发展态势,此间,精英利用社会经济不平等来引诱或强迫较贫穷的公民建立庇护关系,庇护关系最终在这两个共和国分别导致了罗马皇帝和美第奇君主政权的崛起。①

卢梭承认,当身份地位是通过继承而非借助选举授予而获得时,罗马贵族的行为与共和国的公民精神背道而驰(《社会契约论》4.4,133)。然而,即使贵族是世袭的,他也会称赞它通过"光荣的""典范的"庇护制度成功地维护自身。根据卢梭的猜测,庇护关系"从未导致任何滥用",除非有人认为收买选票也属于滥用现象(《社会契约论》4.4,133)。的确,这一断言似乎与卢梭之前和后来(《社会契约论》4.4,129 – 130,135)[128]提出的对较贫穷公民出售选票的批评相冲突。根据卢梭在这些章节中一直表现出来的偏好,读者可以这样来解决这种矛盾:卢梭大概可以接受早期共和国贵族精心策划的收买选票做法,因为它以推动在百人团大会上表达公意的方式,实现了公共善。不过,卢梭认为,诸如格拉古和马略(下面将详细介绍他们)这样的平民主义政治家利用这种做法,在共和国后期为平民及(毫无疑问)他们自己谋取利益,这是不可接受的,因为这威胁了富裕公民的利益,而非进一步扩大他们的优势,后者更符合公共善。然而,卢梭本人并没有在这一关键之处做出详细说明。

而卢梭提出百人团大会中贵族的"最高权威"——无论是通过加权投票在程序上得以实现,还是通过庇护关系在社会文化中得到保障——不可避免且无法抗拒,这一点几乎完全颠覆了他自己的观点。卢梭的思路是:

---

① 关于罗马和佛罗伦萨共和主义中庇护主义的盛行,以及马基雅维利对此进行的严厉批评的详细描述,参见 Amanda Moure Maher, "The Corrupt Republic: The Contemporary Relevance of Machiavelli's Critique of Wealth Inequality and Social Dependence" (PhD Dissertation, Political Science Department, University of Chicago, 2017)。关于当代民主中体现恩庇支配关系的慈善事业问题,读者除了应该参考马赫(Maher)的研究以外,还应该了解以下学者的见解: Chiara Cordelli, Ryan Pevnick, Rob Reich, Emma Saunders – Hastings。

> 百人团的划分法是如此之有利于贵族,以至于人们起初很难看出,既然执政官、检察官和其他位高权重的行政官都是由它选出的,为什么元老院在其中却始终不能占优势。(《社会契约论》4.4,133 – 134)

起初,卢梭指称的是护民官的影响(我将在后面加以讨论),以及进入投票最高级别的富有平民跟贵族的社会偏见相抗衡的可能性(《社会契约论》4.4,133 – 134)。

接着,卢梭决定采用一项程序惯例:随机选择"特权百人团",据称该惯例避免了百人团单纯出于自己所属阶层的社会经济利益进行投票(《社会契约论》4.4,133 – 134)。通过抽签选出将会投出第一票的特定百人团,这确立起一个在宗教上合法的先例,普遍认为随后的百人团在投票时应该遵循这一先例。换句话说,当随机赋予一个贫穷的平民百人团以特权,并由此委托其投出第一票时,无论之后的百人团持有什么样的阶层偏见,任何对投票的偏离都将被看作是不虔诚的。[129]卢梭宣称:

> 以这种方式,榜样的权威便按民主制的原则,由级别让给了抽签。(《社会契约论》4.4,133 – 134)①

抽签是选举的另一种任命方式,不守规矩的雅典民众通过抽签削弱了大多数行政长官的寡头统治,②抽签的出现在这里带有宗教意味,使得罗马的选举做法看起来民主。然而,正如卢梭此前解释的那样,较富有的阶层拥有不成比例的多支百人团(《社会契约论》

---

① 卢梭认为,民主国家之所以使用抽签方式,不一定是基于反寡头的动机,而是因为行政官是一种负担(其原因大概是因为即便是穷人也必须担任公职)(《社会契约论》4.3,125)。

② See Mogens Herman Hansen, *The Athenian Democracy in the Age of Demosthenes* (Oxford: Oxford University Press, 1991), 230 – 231.

4.4,130):最富有的一个投票阶层公民人数最少,却在总数为193支(准确来说是198支)的百人团中占据多数,而包含绝大多数罗马公民的地位最低的阶层仅仅被分到一支百人团。因此,即使是随机选取发起投票的特定特权百人团,由富人或贵族主导的投票阶层依然可以设定一切投票议程。① 如果"慎思明辨的读者"能够计算一下,他们很容易就能知道,由于百人团的分配不均,最富有的选民阶层有51%的机会投出第一票;最贫穷的阶层有0.5%的机会设定投票议程。② 这是卢梭认为值得坚持的"民主原则"。雅典人使用真正的抽签来避免寡头政治;而卢梭则主张用虚假抽签来掩盖这一点。

即使这一段表明卢梭不再偏爱规模较大的共和国——国中的决定看似由多数人制定,实则由少数人做出——读者仍应考虑以下论述:

> 最难以置信的却是,在这样的流弊泛滥之中,如此广大的人民,幸而赖有他们那些古代的成规,竟然从未停止过选举行政官、通过法律、审判案件以及处理一切公私事务,而且几乎和元老院亲身做起来同样轻松顺利。(《社会契约论》4.4,136)

这一论述可能会被解读为评价百人团大会效率,惊叹其能够迅速做出决定,就像在罗马元老院这样规模较小的议会那样。然而,这段论述出现在讨论大会决议质量的段落中;也就是说,在"野心"

---

① 事实上,决定哪一支特定的百人团享有优先投票特权的抽签只限定在较富裕的阶层进行。See Nicolet, *The World of the Citizen in Republican Rome*, 257, and Taylor, *Roman Voting Assemblies*, 70–74.

② 在讨论卢梭关于罗马人决定"特权百人团"的抽签的论述时,威廉姆斯(David Lay Williams)忽略了富有的投票阶层在统计方面所享有的巨大优势。See Williams, *Rousseau's Social Contract: An Introduction*, 174.

最终"避开了"所有禁止腐败的程序规定之前,共和国"古老的条例"[130]如何鼓励聚集在百人团大会的民众做出正确的判断。在这个段落中,鉴于古老的规定让大会既有民主的表象,又有金权政治的结构,卢梭认为,由百人团组成的大会看起来最值得称道的地方就在于,它有能力产生与元老院单方面颁布法令相同的结果。也许,对卢梭而言,比起公然实行寡头政治和具有排他性的会议,治理共和国的包容广泛但存在内部等级的会议更能服务于公共秩序并展现合法形象。百人团大会表面上与人民政府一样有益,借助这种外表,它说明了罗马共和国实行贵族统治的好处——这种统治既体现在主权意义上,也体现在政府意义上。

从这个意义上看,元老院在卢梭的罗马当中享有双重角色:他们可以端坐于元老院,是长老会议中仅仅在咨询方面具有权威性的一员;但当置身于对富人投票进行加权的结构化了的人民大会中进行投票时,他们就充当任命、立法和审判的无形主推手。正如下一节将提到的那样,根据马基雅维利的说法,如果共和国要建立元老院并容忍其中蕴藏着的巨大贵族权力,那么该共和国还需要本质上是原始民主而非伪民主的人民大会,以便抵消、对抗,或征服这种权力。

不过,先让我对卢梭的主张提出最后的思考。他倡导以罗马体现金权结构的百人团大会为原型成立人民大会,他是否认为罗马平民受到欺骗,误认为自己是作为完全自由和平等的公民参加百人团大会——尤其是当罗马平民参加这样的大会时,很明显他们在大多数时候都没有机会投票?答案可能是否定的;平民贫穷,但不一定无知。考虑到这一点,我想借此机会提出一种方法,按照卢梭的说法,这种方法潜在地削弱了富人对百人团大会的主导地位,也就是富人在聚集起的穷人眼皮底下进行投票。[131]卢梭很可能认为这种情况会限定或规导富人的投票方式。也许有人会猜测,如果最富有的公民打算公然无视或肆无忌惮地侵犯普通民众利益,坚持投下加权票,那么在某个时刻,民众可能会当场爆发暴力起义。

卢梭承认,除非最富有阶层的计票结果尚无定论,否则百人团大会中较贫穷的公民很少有机会投出他们(影响较小)的票。此外,地位最低的阶层群体中最贫穷公民,即绝大多数罗马人,只有在极少数情况下(也就是说,除非出现意外情况,他们所在的百人团被随机选定为特权百人团),才能投出有影响力的第一票。即便如此,就像卢梭所说的那样,考虑到会议涵盖所有公民,最富有的公民可能会被非正式地鼓励去考虑不充分享有实际投票权的公民的利益,他们当着这些人的面投票。① 因此,卢梭对百人团大会的重构带来了这样一种可能性,即富裕公民通过的立法决议反映公意,而非仅仅反映少数特权阶层的特殊意志——如果共和国最富有的公民实际上也是最明智、最谨慎、最热衷于公共事业的公民。

基于此,卢梭式百人团大会中富有的公民可以说是会议上通过的法案的主要起草人,而贫困的公民绝大多数情况下只是法律针对的对象,这公然违反了卢梭早先阐明的形成公意的规定。② 在《社会契约论》开头理论性极强的章节中,卢梭为其理想的主权议会确立起具有普遍性的平等主义标准,而一旦他在第四章中尝试将这些原则具体应用于大规模共和国,他便会大大放松这些标准,其中原因只能推测。也许他质疑立法者在多大程度上能让像罗马(或大多数现代国家)这么大的政体中的民族足够团结——他在第二卷第七章中赞扬了这种团结,[132]因此他寻求其他方式来确保在这类共

---

① 关于允许不统治的普通公民监视实际上进行统治的精英的社会政治安排的民主可能性,参见 Jeffrey Edward Green, *The Eyes of the People: Democracy in an Age of Spectatorship* (Oxford: Oxford University Press, 2011)。

② 从这个意义上说,根据佩蒂特(Philip Pettit)对支配概念的界定,卢梭对罗马百人团大会的支持,可以说是为少数人"支配"多数人提供了便利(尽管佩蒂特本人往往更关心由多数人进行的支配),参见 Philip Pettit, *Republicanism*, 以及 Pettit, *On the People's Terms*。See McCormick, *Machiavellian Democracy*, chapter 6。

和国中的人民能做出有利于公共善的判断。

## 马基雅维利论罗马议会与平民护民官

马基雅维利在《李维史论》中对罗马人民大会的处理与卢梭形成对比,我想强调其中两个方面。根据马基雅维利的叙述,罗马人民大会的功能更像雅典公民大会而非历史事实中的百人团大会,因为他暗示了(1)它采取一人一票制和多数人统治的原则,(2)它允许公众审议,并且不严格局限于投票。关键问题是,对马基雅维利而言,一个共和国、一个混合政权,必须以恰当方式混合各种要素,也就是说,必须有由富裕公民和较贫穷公民独占的职位。要是每一类公民都要行使和享受共和国生活方式所承诺的自由,那么,就不能允许富有的公民公开或秘密地控制所有人。

马基雅维利似乎承认了百人团大会和平民会议之间的区别。他称前者为 comizi consolari(《李维史论》1.14),或简称为 comizi(《李维史论》2.28),将其描述为选举产生行使执政官权力的行政长官的会议。另一方面,当马基雅维利把护民官主持的会议(publico consiglio)与元老院并置而谈时(《李维史论》3.30),他似乎明确指称平民会议;当提到由护民官提出法案供人民审议和表决的会议时,他也可能不点名地提到了它(《李维史论》1.18)。[①] 我为什么会认为马基雅维利要么忽略了百人团大会中偏向于投票给富人的历

---

[①] 尽管我同意马基雅维利在讨论罗马议会时可以更加精确,但米勒(Fergus Millar)对《李维史论》在制度上存在不足的批评谈得太多了——尤其是考虑到他对卢梭关于罗马议会的准民主式解读。See Millar, *The Roman Republic in Political Thought*, 71, 75, 113. 关于马基雅维利对罗马历史、阶层关系和政治制度的运用,参见 J. Patrick Coby, *Machiavelli's Romans: Liberty and Greatness in the Discourses on Livy* (Lanham: Lexington, 1999)。

史事实,要么明确拒绝将此作为他重构大会的一个方面? 其原因是,马基雅维利在描述罗马人民与大人物之间持续不断的冲突过程中,讲述了一种情况,唯有当较低阶层(即普通百姓)有机会通过多数人统治的原则决定集会的结果时,这种情况才有意义。

马基雅维利以一个曼宁称之为选举"贵族效应"的权力为例,展示了罗马平民如何在为获得执政官资格而不停呼吁之后,[133]一旦他们自己最终被赋予任职的资格,马上继续选举贵族担任行政长官(《李维史论》1.48;另见 1.47)。除非平民有权选举自己人担任公职,也就是说除非他们能仅凭数量优势在选举中获胜,而且不存在使贵族和富人的投票更有效的阻挠性条款,否则这个例子根本没有意义。(这段插曲的一个教训是,要强化在共和国内部设立诸如护民官等专门指向平民的行政长官的必要性;即便在最广泛的选举权条件下,因职位所设置的一般资格,最终当选的往往是富有的和杰出的公民——即使没有像卢梭支持的那样给予富有选民特殊加权。[1] 在接下来对护民官的讨论中,我将继续沿用这一论证思路。)

马基雅维利还特别赞扬了罗马人民,也就是除大人物和贵族之外的平民,因为他们在共和国发展的始终一直通过"自由投票"(《李维史论》1.20)坚持选举出各个职位的最佳候选人。在马基雅维利的模式中,如果对选举系统进行加权处理,那么极少甚至永远不会有普通公民获选,大人物可以有效选出他们喜欢的人(《李维史论》1.58)。

关于马基雅维利式的罗马议会,一个尚不明确的问题是他的平

---

[1] 正是基于这些理由,马基雅维利的贵族对话者圭恰迪尼提倡普选——公开资格和广泛的选举权。Francesco Guicciardini, *Dialogue on the Government of Florence*, trans. Alison Brown (Cambridge: Cambridge University Press, 1994); and Guicciardini, "*Considerations of the Discourses of Niccolò Machiavelli*", in *The Sweetness of Power: Machiavelli's Discourses and Guicciardini's Considerations*, James B. Atkinson and David Sices, eds. and trans. (DeKalb: Northern Illinois University Press, 2002), 381–438.

民会议——也就是由平民占主导地位的会议——是否将贵族排除在外。对于由护民官主持的议会,他这样写道:

> 护民官或任何公民都有资格向人民提出法案,在做出决定之前,每个公民都有权发表意见,表示反对或赞成。(《李维史论》1.18)

这句话含义模糊。这里提到的"任何公民"是否只限于参加平民会议的平民,就像历史上原本可以做到的那样?或者说,它按字面意思指任何公民,如此一来这种描述一定包括贵族,因此也意味着贵族也参与平民会议?

又或者说,马基雅维利的表述是否在根本上指的是任一会议呢?也许马基雅维利认为,护民官在平民会议上提出法案,而包括贵族在内的"任何公民",都可以在百人团大会上提出法案。也许对马基雅维利提到的法案的讨论和争议没有发生在专门面向平民的平民会议场合,[134]而是发生在其他地方提到的为公众审议而设的非正式会议场合——contiones 或 concioni(《李维史论》1.4–5,3.34),不过此处并未援引。然而,假如在这种情况下马基雅维利实际上指的是平民会议,那么它不太可能包括贵族,原因如下:马基雅维利笔下的社会对抗者甚至比他们历史上真实存在的先人更具阶层意识(如果可能的话),因此很难相信骄傲且傲慢的大人物、贵族、显贵会屈尊参加由"平民护民官"主持的大会。①

---

① 几乎可以肯定的是,历史上的平民会议排除了贵族。虽然林特(Andrew Lintott)不能说得那么肯定,但他若有所思地指出:"在决定一项据说由平民制定并保障他们权益的法律时,把贵族纳入进来让他们投票,这必定是不适当的,甚至令人反感。"See Lintott, *The Constitution of the Roman Republic*, 54. 他在引文中加了一个脚注,强化了贵族直到共和国后期才参加平民会议的事实(54, n. 67)。泰勒(Lily Ross Taylor)也证实了这一点。Taylor, *Roman Voting Assemblies*, 60–64.

值得庆幸的是,马基雅维利无疑更加明确了审议在罗马议会中的地位。在刚才引用的段落中,马基雅维利给出理由说明,为什么在法案开始投票之前进行公众审议对共和国而言是有益的(这与他那个时代的圭恰迪尼及几个世纪以后的卢梭相反):

> 凡是关心公共利益的人都可以提出法案,每个人都可以就这些法案发表意见,以便随后人民可以选出最好的法律,这是一件好事。(《李维史论》1.18)

马基雅维利用同样的理由为选举行政长官之前的讨论做出辩护,这些讨论如果没有发生在百人团大会,那就必定发生在非正式会议:

> 共和国优秀的号令者,在制定人民任命城市最高官员的方式时……允许每个公民在非正式会议上以突出自身荣耀的方式,公开强调候选人的不足,以便人民更好地了解他、评判他。(《李维史论》3.34)

在历史上,非正式会议中的首席行政官有权决定让他们喜欢的人成为演讲者,这一做法总是对杰出者有利。但论述公众的审议时,马基雅维利跟在别处一样坚持认为:必须赋予任何有资格参加议会的人在会上发言的权利,不管他是元老院的元老,还是预备会议(concione)的平民。①

简而言之,与卢梭的观点相比,马基雅维利对共和国议会的看法更具有区分度,并且表达了普通公民真正的呼声。贵族和富人聚

---

① 厄比纳提(Nadia Urbinati)把握了就这方面而言,马基雅维利政治思想在共和主义传统中的新颖独特之处。See Nadia Urbinati, *Mill on Democracy: From the Athenian Assembly to Representative Government* (Chicago: University of Chicago Press, 2002), 65.

集在元老院；所有公民都参加百人团大会，百人团大会通过（未经加权的）选举的贵族效应偏袒富人，平民参加他们自己的议会，[135]由他们自己的行政官（即护民官）主持的会议产生真正的法律，即全民表决。每一位有资格参加这些会议的公民在其中都享有言论自由，就像他们所有人在非正式会议上那样。而非马基雅维利式的会议的议事程序不成比例地偏向于特权。平民和穷人、贵族和富人可能被排除在特定的会议之外，但在任何一场专门的会议中，所有人都被公平对待。卢梭认为，每位公民都应该有资格参与每一次会议，但可以在会议上受到不同的对待；马基雅维利则建议为不同社会阶层的公民分别召开不同的会议。卢梭关于议会的理论原则上属于平等主义，但实践上却并非如此；马基雅维利的理论显然并非平等主义的，但却以一种与这种所谓"显然"相反的方式产生更体现平等主义的结果，或这些结果至少在权力与特权方面更具有论辩性，能够赋予穷人和弱势群体更多权利。

无论马基雅维利多么钦佩罗马的大会，他都把最高赞誉留给护民官，即共和国的平民行政官，因为他们压制了贵族和大人物的"傲慢"（《李维史论》1.3）。根据马基雅维利的说法，大人物的傲慢及由此产生的统治欲望，威胁公民自由与共和政权的稳定。最终，大人物会扶持一位君主或招募外国势力来加强他们对人民的无穷无尽的压迫；或者，人民会采取措施来保护自己免受持续不断的权力滥用的侵害，或报复这种侵害。

在罗马共和国的历史进程中，曾经先后有 2 名、5 名、12 名平民担任任期一年的护民官。平民在他们其中一次会议中——大概是平民会议，因为它可能将贵族公民排除在外——选举产生护民官。如上文所述，护民官在平民会议上商议全民投票一事。他们的身体是"神圣不可侵犯的"，贵族不能碰他们的身体，平民发誓要杀死任何胆敢尝试这样做的人。除此以外，护民官行使着类似人身保护的权力（the provocatio）；他们可以要求释放被贵族公民或行政官扣押

（通常是在债务束缚的情况下）并向护民官提出申诉的平民。护民官还可以否决元老院支持且即将由[136]他们的代理人（即执政官）执行的法案。最后，护民官有权控告在政治上犯罪的行政官和有权势的公民，并在其中一次大会上对他们进行审判。

基于马基雅维利对罗马议会，尤其是对平民护民官的讨论，令人吃惊的是，他对罗马的重构在多大程度上有别于卢梭对共和国的社会整体观，或者说，卢梭在多大程度上似乎刻意否定前者。马基雅维利笔下的罗马是一个双城记：共和国内部有一个较贫穷的平民政治体，它掩盖了更富裕的精英政治体。前者是后者的镜像，这一镜像是否定性的：大人物在元老院审议大政方针，而平民则在平民会议进行审议(《李维史论》1.18)（两者同时都参加非正式会议）。元老院左右执政官制定它所支持的法律；人民如果持不同意见，就会向护民官施压，要求他予以否决。执政官掌握着生杀予夺的权力，但护民官恰恰可以通过人身保护的权力将平民从这样的威胁中解救出来。事实上，这两个政治体的正式分离似乎允许一个不那么危险的政治体——按马基雅维利的说法，这是只想避免被支配控制的平民政体——监督另一个更危险的政治体，即寻求对他人永久压迫的贵族政体或由大人物构成的组织。

要说服贵族或大人物建立护民官制度或某种具有功能相当的制度，其中的困难再怎么说都不为过。① 在共和国的前现代历史中，普通公民相当频繁地利用与抽签有关的方法选举行政官。② 专

---

① See e. g., Cicero, *On the Commonwealth and On the Laws*, James Zetzel, ed. (Cambridge: Cambridge University Press, 1999), 164 – 167; and C. B. S. de Montesquieu, *Considerations on the Causes of the Greatness of the Romans and their Decline*, trans. D. Lowenthal (London: Hackett, 1999), 84.

② See S. E. Finer, *The History of Government from the Earliest Times*, *Vol. I: Ancient Monarchies and Empires* (Oxford: Oxford University Press, 1997), 316 – 369.

为较贫穷公民预留议席甚至整个大会的情况并不少见。① 但是,在历史上,几乎不存在最富有和最显要的公民没有资格担任民众行政官的情况。不过,马基雅维利认为,一项效仿罗马护民官的制度对一个自由政体而言是不可或缺的。几乎自相矛盾的是,人民政府既需要大人物的参与和忠诚,也需要建立一项他们天生厌恶的制度。如前所述,马基雅维利提出要在佛罗伦萨重新确立共和国宪法的提案证实了这一点:他坚持将护民官制度、监察官(provosts, proposti)纳入计划,尽管这种做法不容易被察觉,且几乎是偷偷摸摸的。②

## 罗马的护民官和卢梭式的护民官

[137]虽然卢梭明显不像马基雅维利那样非常热衷于平民护民官,但他并没有完全蔑视罗马行政官一职。即便如此,他认为,它的权力应该限制在它的否定性功能方面(否决、申诉与指控),而不是积极功能方面(如推进法律)——两者都是马基雅维利夸赞的。卢梭认为,护民官在立法或执法领域应主动"不做任何事情",只能在这两方面有权"禁止一切事情"(《社会契约论》4.5,137)。只有在这样的范围内运作时,护民官才有资格"作为法律的保护者而更为神圣、更加可敬",就像在罗马发生的那些事件一样,"那些高傲的贵族们总是鄙视所有的人民,但他们却不得不在一个平凡的、既无占卜权又无司法权的人民官吏的面前低下头来"(《社会契约论》

---

① See Finer, *The History of Government from the Earliest Times*, Vol. I, 385 – 410; and Finer, *The History of Government from the Earliest Times*, Vol. II: *The Intermediate Ages* (Oxford: Oxford University Press, 1999), 950 – 985.

② See Machiavelli, "Discursus Florentinarum Rerum Post Mortem Iunioris Laurentii Medices", in Machiavelli, *Opere I*, 733 – 745.

4.5,137)。护民官的作用应该只限于核实贵族对平民自由的威胁是否增加;他们不应该提出左右共和国的政策或改革其宪法来试图改变共和国的样子。

虽然"护民官制度如果控制得高明,就可以成为良好体制最坚固的支柱",但卢梭坚决反对马基雅维利式的方法,他坚称,"假如它稍微暴力一点,就会颠覆一切"(《社会契约论》4.5,137)。下面我将讨论卢梭所说的"控制得高明"是什么意思。

在这里,我试着判断他如何理解"过于暴力"对护民官的意义。卢梭从来没有具体举例说明在城市健康的情况下护民官制度是罗马宪法的"支柱";相反,他似乎出奇地全然关注其所谓的过度。这就是卢梭断断续续地抨击格拉古兄弟和马略的背景,马略是所有罗马和其他寡头政治的辩护者特别讨厌的人。卢梭声称,只有当行政长官(比如这些护民官)忘记他们没有为人民发声时,共和国才会受到有害"骚乱"的困扰(《社会契约论》3.12,110)。令卢梭惊恐的是,作为护民官,格拉古兄弟通过了亲平民的立法议程,据称他们命令一部分人"在屋顶上投票",如用暴力威胁贵族和元老院(《社会契约论》3.15,115)。[138]与他对希腊民主大会的批评形成呼应的是,卢梭认为在这种情况下,罗马人民超出了立法和任命行政官的界限,"篡夺"了"政府最重要的职能"(《社会契约论》4.4,132)。在这些情况下,卢梭坚持认为,护民官通过霸占元老院的合法所得来代表人民(《社会契约论》3.15,115)。但他没有提到,元老院的回应是,以更不合法、更暴力的方式篡夺格拉古家族作为护民官合法行使的所有权力。①

在马基雅维利看来,护民官使罗马变得"更加完美"。与此相反,卢梭指责护民官不适当地侵占了行政和立法权力,从而导致罗

---

① See Plutarch, *Makers of Rome*, trans. Ian Scott - Kilvert (New York: Penguin, 1965), 153 - 194.

马的衰落:

> 护民官逐渐篡夺的过度权力,靠着原是为了自由而制定的法律的帮助,最后竟成为那些摧毁了自由的皇帝们的保障。(《社会契约论》4.5,137)

在卢梭看来,原本旨在保护人民的护民官及其法律职能最终却赋予凯撒权力。卢梭甚至从来没有对马基雅维利所声明的相关观点感到满意(《李维史论》1.37,1.39,3.24)。① 马基雅维利认为,元老院夺取平民的土地并将他们送往那么遥远的战场,使他们陷入贫穷,而又没有减免他们的债务,保证他们对其物质福利所依赖的将军的忠诚甚于对共和国的忠诚,元老院通过这些方式摧毁了共和国。在萨卢斯特(Sallust)、阿庇安(Appian)和普鲁塔克(Plutarch)的历史记载中,这种观点是显而易见的。正如第二章指出,这是格拉古家族担任护民官时试图纠正的可怕局面,但未能成功,而尤利乌斯·凯撒成功利用了罗马终身独裁者的身份为自身谋利。然而,对《论人与人之间不平等的起因与基础》(The Discourse on Inequality)的作者而言,这个问题就像奥古斯都·凯撒(Augustus Caesar)以人民保卫者的身份获取护民官权力,从而在一定程度上使其帝权合法化这一事实那样根深蒂固(《社会契约论》4.5,137)。②

尽管卢梭相当关注护民官可能在政治上受到不公正对待,但他

---

① Sallust, *The Jugurthine War and the Conspiracy of Catiline*, trans. S. A. Handford (New York: Penguin, 1963), 78 – 79; Appian, *The Civil Wars*, trans. J. Carter (New York: Penguin, 1996), 5 – 8; and Plutarch, *Makers of Rome*.

② 相当奇怪的是,卢梭的一个注释似乎自相矛盾:他把罗马描述为"一个真正的民主国家",其向王权暴政的转变是因为贵族的腐败(《社会契约论》3.10,107,n)。关于这个矛盾孕育出来的"马基雅维利主义"的可能性,参见 Miller, *Rousseau: Dreamer of Democracy*, 68 – 69。尽管如此,卢梭仍然试图批评护民官,而不是像马基雅维利那样,在分析中为他们开脱。

似乎对元老院用来限制平民行政官行动范围的多种手段很有信心。事实上,卢梭同意马基雅维利对护民官之诸多局限性的论述,后者基本上是在做事实性描述(《李维史论》1.13,1.39,3.11)。例如,卢梭和马基雅维利[139]都提到了贵族如何利用宗教阻止护民官推进有利于平民的立法,以及如何利用护民官是合议制行政官职位的事实为自身谋利——该职位要求采取协调一致的行动来发挥作用。

  在第一种情况下,卢梭评价道,通过操纵对占卜的解释,"元老院约束一个高傲而焦躁不安的民族,并且可以及时抑制要谋反的护民官的狂热"(《社会契约论》4.4,132)。在第二种情况下,无论何时,当选的护民官越多,元老院就越有可能贿赂、恐吓或欺骗其中一名护民官去否决另一名护民官的亲平民行为(《社会契约论》4.5,137)。平民倾向于城市中有更多的护民官,以便护民官更容易接触到需要得到保护、免受贵族侵犯的公民;但护民官人数的激增削弱了他们推行亲平民立法议程的能力,因为人多导致他们更容易否决他们自己同僚的倡议和行动。

  马基雅维利从未认可古代寡头式的对护民官权力或动机的蔑视,而卢梭却一贯如此。卢梭暗示,护民官只是最富有的平民,因此是有抱负的贵族,他们显然只为了自己而出任护民官:他把护民官称为"富裕"的公民,他们实际上只是名义上的平民(《社会契约论》4.4,133)。当然,护民官是通过选举产生而非抽签分配的行政官。民众中最富有或最显要的公民在大多数情况下都有望成为护民官。尽管如此,由于平民从他们自己的队伍中挑选护民官,这种阶层上的专一性将选举贵族效应的程度降至最低(《李维史论》1.4,1.6,1.37)。①

  现在来谈一谈卢梭对护民官制度的重构。经他改革后的行政官制度并不是一项永久性制度,普通公民靠它来监视、遏制、排斥共

---

①  See Lintott, *The Constitution of the Roman Republic*, 120.

和国内拥有更丰富资源和更有权势的富有公民。相反,卢梭设想的是,护民官式的行政官制度能够偶尔恢复平衡、均势或"在国家的各个组成部分之间确定一个严格的比例"(《社会契约论》4.5,136)。马基雅维利希望进一步赋予类似于护民官那样的制度以权力,并鼓励扩大其影响,而卢梭则建议使之中立化,[140]将其变成临时性官职,而不是常设职位(《社会契约论》4.5,137)。由于大多数共和国都以寡头方式组织,不包含与护民官对等的职位,因此,马基雅维利认为这样的政体需要设计出确立类似职位的方法。与之相反,卢梭表示,各共和国应该考虑如何让护民官制度不那么容易篡夺权力,并补充了一句奇怪的话,用"到目前为止任何政府都没有想到的手段"(《社会契约论》4.5,136)。有人会认为,这些制度是罕见的——尤其是它偏向于平民的形式,其本身就充分遏制了篡夺行为。

卢梭与马基雅维利不同,他在大多数情况下不关心这样一个基本事实,即与平民相比,富人持续享有权力优势,因此他们既不需要也不配拥有一项只适用于他们自身的制度来不断挑战贵族、大人物、显贵等。相反,按照卢梭的构想,当政府部门受到压迫威胁时,护民官应该为它们及所有人服务:

> [护民官]有时候用来保护主权者以对抗政府,就像罗马的人民的护民官那样;有时候,可以用来支持政府以对抗人民,就像目前威尼斯的十人委员会(the Council of Ten)那样;有时候,还可以用来保持一方与另一方之间的平衡,就像斯巴达的监察委员(Ephors)那样。(《社会契约论》4.5,136)

卢梭设想的护民官更像临时的流动监察员,而不是时刻保持警惕的坚定的人民守护者。

请注意,卢梭是多么关心,当人民可能成为潜在的压迫者时,政府精英会时不时借助护民官制度与人民对抗。基于上述讨论,我们或许有理由认为,在这种将政府官员与民众攻击隔绝的尝试背后,是保护社会经济精英的愿望。很有意思的是,卢梭讨论了一些特定的行动者,即应该有办法成为反平民主义的护民官,护民官是一项政府制度,而不是一个崛起的社会经济阶层,按马基雅维利的说法,后者主要是罗马护民官的对象目标。也许是害怕太容易暴露他倾向于更好保护贵族不受平民影响的偏好,卢梭拒绝用贵族和平民之间的冲突来描述他对护民官做出的反向改革提议。[141] 不管怎样,通过将护民官变成在不同时期为多个相互竞争的行动者(有时是人民,有时是政府)服务的制度,而不是专门为反抗等级阶层压迫的人民服务的行政官制度,卢梭让它保持中立。圭恰迪尼、哈林顿(Harrington)、孟德斯鸠(Montesquieu)及联邦党人麦迪逊(Madison)等对群众抱有恐惧的现代宪法思想的促成者,没有使18世纪以后的共和主义宪法包含这样一项平民行政官制度。而卢梭要跟他们一道对此负责。

## 结　论

学者为解读卢梭错综复杂的共和主义政治理念绞尽脑汁——特别是他那抽象的立法理论,这一理论旨在确保多数人的投票不仅仅反映所有人的意愿(简单地数人头数),而是反映公意(共同利益)。在这一章里,因循卢梭本人的方向,我找到了一条不那么复杂的路线,审视他对古罗马这一具体的共和国的评价——它被具争议性地称作历史上最伟大的共和国。我已论证,卢梭关于罗马共和国的章节解决了政治哲学和民主理论的悖论和困惑,这是《社会契约论》前三卷还没有解决的问题——而采用的方式不一定会取悦那些把卢梭塑造成为民主和平等主义理论与实践史上的英雄人物的学者。卢梭谴责罗马服务平民的精英问责制(即护民官制度)并使其保持中立;赞扬共和国最不平等的制度特色,即以金权政治形式组织的议会,并把它提升至典范的高位,在议会中,富有的公民在投票中击败穷困的公民。这与马基雅维利对罗马护民官及议会的评价形成对比,能让民主理论家更好地分析所谓智识上的现代民主之父推荐的选举贵族制。①

传统的阐释者常常以一种奇怪的方式把卢梭与马基雅维利并置,但却没有明确说两位理论家在根本上存在共识。② [142]卢梭被认为是现代民主主义理论的创始人,而马基雅维利充其量只是过时的共和主义的拥护者,这种共和主义可以缓解当代自由主义的缺陷。(或者不那么大度地说,他当然依然被描绘成寡头政治家和暴君的顾问,帮他们掌握操控人民的艺术。)这确实很奇怪。如果说平等和精英问责制是现代民主理论和实践的关键组成部分,那么,应该是马基雅维利更加深入地探索了推进这些目标的方法,而卢梭是否认为这些根本就是理想的追求而已则不那么明确。在呼吁建立更完全的授权、更广泛的民主制度过程中,马基雅维利揭露并批评了"少数人";卢梭赞美披着人民政府外衣的寡头政体,认为它既是罗马鼎盛时期最好的事态,也是所有大规模共和国普遍效仿的榜样。

---

① See, e. g., Richard Tuck's *The Sleeping Sovereign: The Invention of Modern Democracy* (Cambridge: Cambridge University Press, 2016). 当中,卢梭被塑造成一个在现代民主政治的发展过程中具有决定性的人物,或许也就是最具有决定性的人物。

② 文献往往强调了两位思想家的共同之处,但却只凸显最表面的差异。See, e. g., Maurizio Viroli, *Jean-Jacques Rousseau and the "Well Ordered Society"* (Cambridge: Cambridge University Press, 1988); and Viroli, "Republic and Politics in Machiavelli and Rousseau", *History of Political Thought* 10, no. 3 (Autumn 1989), 405-420. 在这个方面研究得相对比较好的成果包括 Marco Geuna, "Rousseau interprete di Machiavelli", *Storia del pensiero politico* 2, no. 1 (2013), 61-87; and Annelien de Dijn, "Rousseau and Republicanism", *Political Theory* (October 2015), 1-22。

## 第四章　卢梭拒绝接受马基雅维利的民主罗马共和国

尽管卢梭运用高度抽象的哲学思维训练来解释主权和《社会契约论》其他部分所阐明的公意，他的罗马共和国揭示其政治理论并非完全不同于亚里士多德、西塞罗、布鲁尼（Bruni）、圭恰迪尼、哈林顿和麦迪逊等人的贵族制"共和主义"。根据这一传统，共和国是为了共同利益、人民福利、公共利益而统治的合议制政体，但是这些完美理想的实质是由最好的、最有名的、最富有的公民决定和实现的。为此，必须对制度做出安排。人民参与的程度应当仅止于他们受骗误以为自己在进行统治，又或者在政府运作过程中征求了他们的意见。只有在最糟糕的情况下，当最好的公民在这些问题上提出反对意见时，人民才真正有权决定一切事情；在正常情况下，最富有的公民、元老阶层必须掌握控制权。

作为这种共和主义主流思想的反对者，马基雅维利坚持认为，要保护人民免受寡头统治并推动他们参与法律和政策制定，从而维护共和国的自由，平民制度就是必要的。如果有机会评价卢梭的《社会契约论》，[143]那么，马基雅维利可能会坚持认为，确立单一的、社会学意义上匿名的宪法框架——不管框架中有没有卢梭明确融入模式中的富人特权——只会让大人物以不受挑战的方式操纵和压迫人民。即使不是那么慎思明辨的读者，阅读卢梭关于罗马共和国的描述，也能相当清楚地知道他会对这种指责做出什么样的反应。

# 第五章 施特劳斯的马基雅维利，以及少数人与多数人之间的争端

[144]这一章考察施特劳斯对马基雅维利政治思想中民主因素的讨论；具体而言，马基雅维利自认为在两方面不同于古人，即偏爱多数人胜于少数人的政治决策和参与，并且建议把民众而不是贵族作为政治权威的根本基础。① 我将证明施特劳斯在阐释马基雅维利民主的、反精英化的共和主义时出现的错误，并且挖掘施特劳斯在重建马基雅维利政治－哲学谋划时存在的张力和矛盾。②

在《关于马基雅维利的思考》这部让人印象深刻且不断挑起纷争的著作中，施特劳斯认为，尽管马基雅维利看似赞扬人民在民主共和国中扮演的政治角色，但他实际上"不遗余力地分析普通人的缺陷"，③因此他既含蓄但又故意从根本上削弱其他浮于表面的赞美。为了反驳这一点，我指出，施特劳斯夸大了马基雅维利对人民的批评，低估了他对共和国贵族的批评。施特劳斯罗列了《李维史论》中精英与民众互动的例子，称这些例子证明了马基雅维利更赞成精英干预以及操纵民众的参与和决策。施特劳斯坚持认为，马基

---

① See Machiavelli, *Discorsi* [1513 – 17/1531], C. Vivanti, ed. (Turin: Einaudi – Gallimard, 1997), henceforth *D*; *Il Principe* (De Principatibus) [1513/1532], G. Inglese, ed. (Turin: Einaudi – Gallimard, 1995), henceforth *P*; and *Istorie Fiorentine* [1520 – 25/1532], F. Gaeta, ed. (Milan: Feltrinelli, 1962), henceforth *FH*.

② See Leo Strauss, *Thoughts on Machiavelli* (Glencoe, IL: Free Press, 1958).

③ Strauss, *Thoughts on Machiavelli*, 132.

雅维利事实上支持这类精英倡议,这恰恰是因为它绕过了马基雅维利在著作中以让人意想不到的方式加以推荐的、表面的民主制度和实践,[145]同时马基雅维利的修辞策略微妙地反映出他并没有真正承诺要采用人民政府。为了予以反驳,我会重点指出一些错误的假设、有待质疑的阐释,以及施特劳斯针对马基雅维利政治思想所做出的或表现出来的倾向性结论。

当然,我不仅仅是为了证明施特劳斯在马基雅维利政治思想中某一关键点是错误的。我希望更好地阐明驱使施特劳斯从哲学-政治学的角度致力于批判现代性的因素。在施特劳斯最早的著作中,作为海德格尔(Martin Heidegger)年轻的信徒,他挖掘了斯宾诺莎(Baruch Spinoza)和霍布斯(Thomas Hobbes)的表面理性主义哲学体系的前理性基础:施特劳斯致力于揭示"(斯宾诺莎)心中根本且不可根除的志趣",颠覆霍布斯的"基本道德看法"。① 在这些著作中,施特劳斯揭示了心理、情感、伦理方面的动机,该动机驱使这些杰出的开创者进行智性谋划,而施特劳斯称之为毫无希望的、被错误命名的"理性时代"。②

接着,在以类似的方式阅读施特劳斯对马基雅维利名家式的研

---

① Strauss, *Spinoza's Critique of Religion* [1930] (New York: Schocken, 1965), 108; and Strauss, *The Political Philosophy of Thomas Hobbes* [1936] (Chicago: University of Chicago Press, 1952), 130, 170.

② 然而,在移民后的生涯中,施特劳斯从表面上批判了"历史主义",并且与之相关,他建立起一个阐释性的政治学派,他否定了——至少公开否定——去了解比他们自身研究得更好的研究者的努力。施特劳斯在1959年宣称:"充分阐释就是要像哲学家理解自己那样去理解他的思想。"See Strauss, "Political Philosophy and History", in Strauss, *What is Political Philosophy? and Other Studies* (Chicago: University of Chicago Press, 1988), 56–77, at 66. 请注意,在这里,施特劳斯认为这是对充分阐释的要求,但不一定是对一种有效的、正确的、真正的阐释的要求。针对诸如马基雅维利等现代早期作家,施特劳斯在《关于马基雅维利的思考》中指出,我们必须"再一次学会像那些思想家理解自身那样去理解他们",此时,他更加坚信这一点。Strauss, *Thoughts on Machiavelli*, 231.

究基础上,我认为,把施特劳斯自身的智力筹划描述并确认为对非客观的、前理性的、道德的热衷,这是恰当的,而他的许多信徒有意无意继承了这一点。我们知道,施特劳斯后期才认为马基雅维利——而非霍布斯或斯宾诺莎——是使现代性合法化的第一人、启蒙运动的真正发起者。① 我相信,仔细比较马基雅维利事实上对精英和人民、贵族和人民政府的描写,以及施特劳斯声称的马基雅维利对他们的描写,就能清楚地表明施特劳斯自身的道德观点,同时也表明了这确实是他整个哲学-政治筹划。

## 马基雅维利文本的民主"表象"

有些人认为施特劳斯毫无理由地迷恋文本的隐晦层面,不重视或低估政治哲学家显白表达的观点,但是在《关于马基雅维利的思考》中,[146]施特劳斯肯定了包括政治文本的表面含义在内的"事物的表象"之不可或缺的重要意义:

> 并非轻视鄙夷简单的观点,也非对它漠然不顾,而是从这个观点出发做出深思熟虑的升华会引导我们通达马基雅维利的思想核心。妨碍我们理解的,莫过于以理所当然的态度或者反之以瞧不起的态度对待显而易见的事物和事物的表面。内蕴于事物表面的问题及只在事物表面蕴含的问题是事物的核心。②

---

① See Strauss, "Preface to the American Edition", in *The Political Philosophy of Thomas Hobbes*, xv–xvi; and Strauss, *Thoughts on Machiavelli*, 173.

② Strauss, *Thoughts on Machiavelli*, 13. 虽然大多数评论家强调了施特劳斯的方法论所体现的柏拉图式特质,但该引用也展示了一种明确无疑的现代现象学倾向。关于施特劳斯是政治现象学家的想法(尽管这种想法并非完全靠得住),参见 Stanley Rosen, "Leo Strauss and the Problem of the Modern", in *The Cambridge Companion to Leo Strauss*, S. B. Smith, ed. (Cambridge: Cambridge University Press, 2009), 119–136。

## 第五章　施特劳斯的马基雅维利,以及少数人与多数人之间的争端

在施特劳斯关于马基雅维利政治思想的全部研究中,他承认民主马基雅维利是一种表象,也就是说,作为"民主"共和国的倡导者,在《君主论》《李维史论》,以及一定程度上在《佛罗伦萨史》当中,他在一个容易理解的文本层面言说。①

正如我于其他地方在某种程度上已然指出的那样,一代又一代的施特劳斯信徒并没有完全无视马基雅维利文本的民主表象,不过他们鲜有掩饰对它即刻产生的蔑视。② 借助施特劳斯自身阐释学的标准,这些信徒因此有可能无法洞察马基雅维利政治哲学的核心。然而,一个更严重的问题是,施特劳斯如何忠实地坚持他自己声称的阐释学标准;难道施特劳斯在从哲学角度上升到据称更大的智慧之前,他本人就已经充分考虑了马基雅维利文本的民主表象吗?

在最一般的层面上,施特劳斯明显适应了马基雅维利政治著作的民主表象。比方说,他写道:"很容易看出,马基雅维利是第一个以多数人或者以民主的名义质疑贵族偏见或构成古典哲学的贵族前提的哲学家。"③此外,他指出:"马基雅维利在《李维史论》中指出统治阶级的特征时,是从平民的角度出发的。"④施特劳斯甚至认为,马基雅维利本人是第一位平民哲学家,是众多哲学家和历史学家当中前所未有的"人民之子"。⑤

实际上,施特劳斯无法否认,马基雅维利公然把(传统做法)颠倒过来,即:

---

① Strauss, *Thoughts on Machiavelli*, 321, n. 118.
② See John P. McCormick, "Subdue the Senate: Machiavelli's 'Way of Freedom' or Path to Tyranny?", *Political Theory* 40, no. 6 (November 2012), 714–735, at 732, n. 8; and 734–735, n. 16.
③ Strauss, *Thoughts on Machiavelli*, 127.
④ Strauss, *Thoughts on Machiavelli*, 128.
⑤ Strauss, *Thoughts on Machiavelli*, 131.

传统(在哲学方面)对群众的鄙夷。[147]这或许会让我相信他是开创了民主传统的哲学家……揭开古典学说中据说体现贵族特征的面纱,揭露其寡头性质,必将在一定程度上做出更有利于普通民众的判断。①

可以肯定的是,施特劳斯经常用虚拟语气作出这些评价,他以各种方式限定它们,而且几乎一直在用替代性表述加以跟进,而这些表述大大削弱了他一开始做出的评论的力量。② 尽管如此,我们无法否认施特劳斯在相当大的程度上允许马基雅维利文本的民主表象暂时为自己说话。然而,在特定的阐释时刻,施特劳斯在充分考虑马基雅维利民主呼声的强度和重要性之前,经常扼杀这种声音,并把它颠倒过来。在这些情况下,施特劳斯带有强迫性地从表层跳跃到其他层面的含义,他预先假定并坚称要揭开、揭露、揭示马基雅维利哲学安排中真正反民主的动机。

### 马基雅维利对人民道德的可疑批评

作为读者,施特劳斯对文本过于敏感,以至于忽略了这样一个事实,即马基雅维利明确认为是普通民众而非国际组织中的贵族具有高尚的道德品质(具体来说,这是某种意义上的得体)(见《君主论》第九章)。施特劳斯宣称马基雅维利认为"人民的意图"要"比大人物的意图更诚实更公正"。③ 施特劳斯进一步承认,马基雅维利对人民福祉的倡导必然会把传统的公共善观念转变为带有戏剧

---

① Strauss, *Thoughts on Machiavelli*, 294.
② Strauss, *Thoughts on Machiavelli*, 127 – 128, 134, 137, 173.
③ Strauss, *Thoughts on Machiavelli*, 127.

性的功利主义观点：

> 由于公共善要求无辜的个体为之做出牺牲，公共善在很大程度上是大多数人的福祉，甚至有可能是普通人的福祉，而不是贵族的福祉。①

施特劳斯继续说道，在多数人和少数人之间缺乏和谐的情况下，马基雅维利考虑的是"多数人的利益优先于少数人的利益"。②

[148]施特劳斯从古典传统的贵族立场出发，暗示马基雅维利对公共善的功利主义改造本质上是非正义的。然而，施特劳斯在该语境中并没有考虑这样的事实，即马基雅维利提供了充分的理由来表明他的民主功利主义与新的正义概念相吻合：由于马基雅维利认为，不管是作为个体的还是作为群体的贵族都具有内在固有的、不可抑制的压迫欲望，因此，在他的道德框架内，他们绝不是完全无辜的。故而，在马基雅维利看来，为了保护人民利益，公共权力应当超出比例地严厉对待共和国的贵族。

施特劳斯先是似乎真心接受马基雅维利认为人民具有高尚品质的观点，但在几页之后，他突然收回了他暂时的默许：这仅仅是因为，"人民是道德的捍卫者"的论断在马基雅维利的框架内"并不意味着人民总是或大多数时候按照道德规范来行动，又或者是他们在根本上是道德的"；施特劳斯断言，毕竟"对道德的信仰还不是道德"。③ 他补充道，根据马基雅维利的看法，"尽管多数人的目的是最值得尊敬的"，但"多数人本身却不值得尊敬"。④ 虽然马基雅维利似乎把"善良"看作诸如罗马平民的"某种特殊美德"，但施特劳

---

① Strauss, *Thoughts on Machiavelli*, 260.
② Strauss, *Thoughts on Machiavelli*, 271.
③ Strauss, *Thoughts on Machiavelli*, 130.
④ Strauss, *Thoughts on Machiavelli*, 271.

斯认为,他实际上指的完全是另一样东西。

尤其是,施特劳斯认为,马基雅维利通过叙述罗马平民在人民推翻暴政之后想活活烧死十人团(the Decemvirate)的成员,削弱了他自身关于其看似"完美"的罗马平民的道德"无辜"的描述(《李维史论》1.44)。① 虽既没有讨论也没有提出具体的例子,但施特劳斯坚持认为,马基雅维利的《佛罗伦萨史》"充斥着对佛罗伦萨平民之残暴行为的记录"。② 在这里,施特劳斯或许想到的是整部《佛罗伦萨史》中一件得到生动描写的最暴力的事件:佛罗伦萨人对雅典公爵的支持者表现出暴力和残忍,他们吃了公爵的一位侍从和他年幼

---

① Strauss, *Thoughts on Machiavelli*, 263.

② Strauss, *Thoughts on Machiavelli*, 263.虽然施特劳斯在此没有证实这一说法,但他在下一句话后面附加了一个注释——这句话不一定关注平民行为的残暴,而更多关注精英"善良和慷慨"的轻信(*Thoughts*, 263)。即便如此,施特劳斯在尾注(*Thoughts*, 343, n185)引用了《佛罗伦萨史》六处地方,证明他关于马基雅维利已考虑到佛罗伦萨平民的"残暴"行为的观点,这是他在正文前一句话当中表达的意思。不过,仔细审视这些例子,施特劳斯的论证说服力相当不足。《佛罗伦萨史》第二卷第三十四章"一开始"就提到了马基雅维利的观点,即面对雅典公爵处决指挥失败了的卢卡(Lucca)军事行动的杰出平民时的"邪恶",这些平民"沉浸"其中;《佛罗伦萨史》第二卷第四十一章"末尾"讲述了在一场战胜古老贵族的激烈内战之后——这次内战实际上是由贵族发动的——民众抢劫、掠夺和烧毁了巴尔迪家族的房子;《佛罗伦萨史》第三卷第十七章描写了平民对兰多的武装抗议,因为后者过分偏袒民众贵族(就在米切利对梳毛工人的代表进行人身攻击后,抗议演变成了内战)。《佛罗伦萨史》第三卷第十八章"开头"重点讲述了民众贵族在梳毛工起义的收尾阶段如何剥夺了平民的权利。《佛罗伦萨史》第三卷第二十章提到了斯卡利(Giorgio Scali)和斯托齐,他们在城市中滥用权力,享受从平民那里得到的好处。《佛罗伦萨史》第四卷第二十四章详细讲述了在斯福尔扎(Francesco Sforza)试图占领米兰期间,饥饿平民的发动暴力起义。这些片段(我在第三章讨论过其中的两个片段)并不是所有都与佛罗伦萨平民的行为有关,它们也不全是佛罗伦萨的例子。在一切情况下,无论是平民还是民众,不那么接近暴行的是米兰的例子,在

的儿子的肉,喝了他们的血(《佛罗伦萨史》2.37)。尽管民众愤怒的表现或许让人感到不安,但马基雅维利清楚地表明,这位侍从曾是公爵的一位国外牧师之一,[149]是这位暴君的大臣,他残酷无情,用猖獗的"罚款、杀戮和新式酷刑"残酷地对待城市公民和乡下居民(《佛罗伦萨史》2.36)。基于这些最模棱两可的证据,施特劳斯得出结论认为,对马基雅维利而言,"民众的善更多在于其没有能力粉饰邪恶行径,而非没有能力不敬神或做残暴的事情"。① 换句话说,贵族能够把不正义动机巧妙地隐藏在尊严和正义的外衣之下,民众却通过他们的行为毫无保留地表明他们自身的不正义和不道德。

上述事件发生在罗马人和佛罗伦萨人民推翻暴政与重建共和国的时候。马基雅维利从来没有认为他明确指出的人民要求自由的残暴行为是不合宜或非正义的,特别是那种他们向昔日的压迫者施予的暴力。在《君主论》中,马基雅维利说出了一句许多人知晓的话:"在共和国,有更强的生命力、更深的仇恨和更强烈的复仇欲望"来对付那些剥夺人民自由的人(第五章)。在《李维史论》中,马基雅维利宣称,"人民对剥夺其自由的人的报复是令人吃惊的,但这一事实并没有什么好奇怪的"(2.2);而且,更广义地说,人民为了恢复自身自由所采用的方式比建立或维持自由时采取的手段更邪恶(《李维史论》1.28)。马基雅维利为雅典民众常常在对待杰出公民时明显表现出来的过分忘恩负义辩白,认为这是他们对自己经历的频繁且特别严重的暴政事件的反应,极端可疑但完全可以理解

---

其中,平民对城市的行政官(以及对错误地承诺给他们救济的威尼斯大使)发动致命的暴力攻击。对马基雅维利而言,正如他明确详细叙述的那样,米兰平民"饿死街头"的事实可以使这种暴力的极端得到缓和;显然,对施特劳斯而言,这并非缓解因素。

① Strauss, *Thoughts on Machiavelli*, 263.

(《李维史论》1.28)。根据马基雅维利的立场,这一类行为并没有不恰当或不道德之处。施特劳斯确实没有提供证据证明,这些例子违背了马基雅维利对善良或正义的理解,就像它们与施特劳斯自身的概念相冲突一样。

施特劳斯也夸大了马基雅维利认为人民有罪的程度,之所以有罪,是因为他们表现出道德上傲慢的特质。施特劳斯援引了马基雅维利的假设,即君主必须"与大人物的野心及傲慢的人民作斗争"。① [150]马基雅维利用傲慢一词来形容那些拒绝遵守法律或遵从公民模式的人,那些或通过法律或借助法外手段来压迫他人的人。不过,马基雅维利只在两个场合无条件地用傲慢来形容人民:一次是在《君主论》(第十九章),一次是在《佛罗伦萨史》(4.9)。②事实上,当分析界定所有共和国或政体之特征的社会阶层时,马基雅维利明显更多把这种严重的道德非难用于描述大人物、贵族和贵族成员——不少于十六次。③ 或许,最能反映马基雅维利观点之特色的句子出自《李维史论》第一卷第十六章——这个句子似乎可以从根本上说明施特劳斯错误定性(或误译)了上述引证部分:马基雅维利指的不是贵族的野心和人民的傲慢,而是"显贵的傲慢"(la insolenzia degli ottimati)和"人民的愤怒"(la rabbia de'popolari)。这种区别至关重要:在几乎所有的道德标准当中,傲慢极少是正当的,而愤怒则在大多数情况下肯定可以是正当的。

总而言之,施特劳斯不恰当地削弱了马基雅维利认为人民具有

---

① Strauss, *Thoughts on Machiavelli*, 235.

② 马基雅维利在《李维史论》第一卷第五十五章提到了平民暂时性的傲慢,在《佛罗伦萨史》第三卷第十七章提到了他们显而易见的傲慢。

③ 这与命理学无关,而是基本的算术问题。See P 7; P 19; D I.2; D I.3; D I.16; D I.18; FH I.16; FH II.11; FH II.12; FH II.22; FH II.39; FH III.9; FH III.20; and FH IV.9. 其中,《君主论》第十九章和《佛罗伦萨史》第二卷第三十九章均有两次。

的、令人钦佩的西塞罗式－贵族化的得体气质(善),或无意或不诚实地把傲慢这种声名狼藉的特性加于人民头上,而马基雅维利则几乎始终把傲慢看作贵族的特性。假如在这些事例中,施特劳斯真的犯了懒惰的错误,那么这表明他并非如他的信徒所云是无懈可击的、一丝不苟的读者。另一方面,如果在处理这些事例时,施特劳斯态度不严肃,歪曲证据,那么他的诠释学筹划——周密严谨地审视文本的表层含义,并把它作为洞悉最终含义的向导——就变得极为可疑。毕竟,一旦阐释者要操控文本的表层含义,以便于预先决定它所谓的更全面的含义究竟是什么,那么他的整个筹划就会被牵累。

如前所述,尽管施特劳斯观察到马基雅维利从平民的视角来看待统治阶级,但他也坚持认为,"同样他在某种程度上从贵族的角度来看待平民",这更具争议性。① "同样"和"在某种程度上"是关键词;在缺乏文本支撑的情况下,施特劳斯坚决主张"平等权",并且明显夸大了他提到的"程度"的规模。[151]在第一个例子中,马基雅维利反复提到罗马贵族蔑视平民,而他自己从未如此。正如马基雅维利所描述的那样,贵族永远不会赞同他认为人民更加诚实和公正的评价(施特劳斯在前一页中引用过)。在第二个例子中,如果像施特劳斯所说的那样"马基雅维利的意思并非人民是天生的好人",②那么施特劳斯就有义务详细考虑,为什么他用高度自然主义的术语"脾性"(humors)来界定人民和贵族各自的道德经验动机;具体来说,就是人民有更体面的"不受压迫"的性情,而贵族有"压迫人民"的傲慢性情(《君主论》第九章、《李维史论》1.4－5)。

为了更加有把握地证明,这些关于人民所谓的不道德的观点是施特劳斯而不是马基雅维利的,我将会对马基雅维利文本中的这些

---

① Strauss, *Thoughts on Machiavelli*, 128.
② Strauss, *Thoughts on Machiavelli*, 263.

主张进行简要评价——在《佛罗伦萨史》中,马基雅维利似乎对人民和平民的批评与谴责最为严厉。根据我对这本书第三章的分析,我认为马基雅维利对人民和贵族的评价方法,恰恰与施特劳斯的描述相反。正如施特劳斯坚持认为的那样,马基雅维利事实上在《佛罗伦萨史》中并未仅仅在表面上赞美人民与谴责贵族(他大概在谈论相反的观点),他采用了一种完全相反的修辞策略。在《佛罗伦萨史》中,马基雅维利确实批评佛罗伦萨人和古罗马人不同,他们拒绝与贵族共享职位。他进一步慨叹佛罗伦萨平民"总是陶醉在邪恶之中"(《佛罗伦萨史》3.1,2.34)——这种负面评价似乎与马基雅维利在《李维史论》中提出的正面评价相矛盾,而且似乎印证了施特劳斯关于马基雅维利对一切人所持有的实际观点的评价。然而,马基雅维利在这些事例中的言论,与他在书中对人民与平民的各自行动的描述不符。

在《佛罗伦萨史》第二卷结束部分、接近第三卷的开头的那几页,马基雅维利谴责佛罗伦萨人不合理地希望不让贵族拥有公职,他再次讲述了人民如何重组执政团这一共和国的主要行政机构,[152]目的恰恰是把贵族纳入其中。只有贵族很快诉诸暴力把所有民众都排除在这个职位之外,人民才接下来禁止他们担任首席执政官职务——这发生于他们在城市街道上公开战斗中击败贵族之后。换言之,马基雅维利证明了,佛罗伦萨的贵族迫使人民把他们排除在贵族自身拒绝与人民分享的职位之外;基于施特劳斯归咎于贵族的、内在的自私或压迫的天性,人民在没有挑衅的情况下是不会这么做的。

除此以外,在《佛罗伦萨史》第三卷中,马基雅维利眼中的佛罗伦萨平民显然有罪恶的动机,根据马基雅维利的描述,他们会这样做:在梳毛工起义期间,在佛罗伦萨平民为自己夺取了整个城市的控制权之后,他们提出宪法改革,使他们自己在中间层或更高层的工会有可能被对手击败之后,能够新加入到不那么重要的公会当中。换句话说,平民希望有机会担任公职,享受被包容于其中,而不是由他们进行统治。马基雅维利在《佛罗伦萨史》中对行为的描述而非对行为的表面评价,证明了人民和平民——以跟马基雅维利其他政治著作完全一致的方式——只是渴望共和国中在社会经济方面处于优势地位的人不会在政治上压迫他们。事实证明,当纯粹的言语便于支持他自己更倾向于少数人而非多数人的、基本且不可根除的道德态度时,施特劳斯更注重马基雅维利著作中的言语而非行动,更注重具体细节而非一般性。

我接下来将详细讨论,施特劳斯暗示缺乏理解一般性的能力与马基雅维利假定人民具备判断细节的能力形成折中,由此他试图动摇马基雅维利公开宣称信任人民决断之信仰的基础(《李维史论》1.47)。① 在他对《佛罗伦萨史》中细节性行为和一般性言辞之间的关系产生误解过程中,施特劳斯本人证实了他容易遭受相似的指控。施特劳斯从一般性转向具体细节的做法不如马基雅维利笔下的群氓那样熟练,即不像平民主义者——马基雅维利明确肯定了他们在这方面的熟练程度(《李维史论》1.47,1.58),[153]施特劳斯显然不如他们那么擅长从一般过渡到特殊。

尽管如此,马基雅维利在《佛罗伦萨史》中揭露的佛罗伦萨共和国国民军的缺陷,使得施特劳斯能准确描述马基雅维利对一个秩序井然的共和国中被武装的老百姓的适当角色的评价。施特劳斯毫不犹豫地引用了马基雅维利关于君主和共和国广泛武装普通人的谏言,视之为马基雅维利"最重要的真理"。② 对马基雅维利而言,罗马的伟大相当程度上是由于在军事事务方面"她的平民的男子气概",③在此基础上,施特劳斯指出,罗马人民要求在共和国分

---

① Strauss, *Thoughts on Machiavelli*, 128–129.
② Strauss, *Thoughts on Machiavelli*, 182.
③ Strauss, *Thoughts on Machiavelli*, 217.

得相当份额的权力:

> 对民众而言,最符合其利益的情况是,他们面对并受具备德性且善战的贵族领导,以恰如其分的比例与之分享权力。唯有大人物和民众以应得的比例分有政治权力,或者换句话说,唯有大人物的力量和民众的力量处于均衡态势,公共自由才会出现,公共善才会得到适当考虑……(一个)被武装的、骁勇善战的平民阶层自然会要求分享到相当大一部分的政治权力和战果,他们不会犹豫是否要借助无礼的、破坏秩序的甚或非法的行为来满足那些要求……(一个)帝国共和国与不推行帝国模式的共和国相比,在政治权力方面必须赋予平民更大的份额。①

但对施特劳斯和马基雅维利而言,这是不是应得且比例恰当的呢?在一个秩序井然的共和国里,贵族和人民分得权力的比例应该是多少呢?民众的力量在哪些方面能转化为民众的规则呢?

## 民众被设想成没有能力参与统治

依施特劳斯之见,马基雅维利对民众统治的想法或许可以总结如下:多数人"没有能力统治自己或他人";②"绝大部分人无法统治……或者说群众愚昧无知,缺乏判断力,容易上当受骗;如果没有领导者说服或强迫他们审慎地行动,他们就束手无策"。③ [154] 施特劳斯认为,不管马基雅维利在多大程度上表现出真正"偏袒群

---

① Strauss, *Thoughts on Machiavelli*, 260.
② Strauss, *Thoughts on Machiavelli*, 171.
③ Strauss, *Thoughts on Machiavelli*, 260.

众",都不能由此推断出马基雅维利主张由"群众统治"。①

施特劳斯的"统治"一词意指行使职权,也就是履行行政职责,如把一般规则应用于特定情况,又或者在时间紧迫和没有先例的情况下运用特权,那么施特劳斯的主张就等同于任何一个民主主义者都不会否认的真理:个人或小团体的个人,而不是群众、老百姓或公民能最好地运用这种权力。毕竟,雅典任命执政官;公民大会并没有在其民主法律范围内发挥所有的政治功能。然而,如果统治对马基雅维利而言还需要选举、立法、司法方面的行动,包括政治案件中判处死罪,那么施特劳斯的说法就完全是错误的。施特劳斯认为,只有行政执法与下达命令才构成统治,而马基雅维利认为,统治也意味着在议会中集体行使立法与司法判决,以及最终决定执政官的任命。这就是为什么马基雅维利说,在共和国,"人民是君主"(《李维史论》1.58),而不仅仅是共和国代表个人的"君主",后者担任职务或聚焦在元老院,这些人是施特劳斯主要关注的对象。

马基雅维利坚持认为,民众在任命执政官、制定法律与做出政治裁决时,能做出恰当的判断(分别在《李维史论》1.16,1.58,1.7-8)。他明确表示,公众的判断往往不够完美,但在大多数情况下,并不像君主或贵族的判断那样不完美。施特劳斯花了很多精力广泛关注马基雅维利关于公众误判方面的例子,但极少关注他许多关于贵族的糟糕决定的例子。为了在这个问题上做出正确的判断,我们应首先考察集体的民众判断在马基雅维利统治概念中的位置,然后考察在施特劳斯对马基雅维利政治思想的处理过程中,该位置如何与个体行为所代表的统治相互作用。

马基雅维利赞成人民能够做出更好的判断,以此证明他们参与统治是正当合理的,施特劳斯如何评价这一观点呢?[155]施特劳斯关注的是那些他认为马基雅维利的论述中明显存在的语义和逻

---

① Strauss, *Thoughts on Machiavelli*, 127.

辑矛盾,这些矛盾之处据称对马基雅维利明确支持民众的判断提出了质疑。施特劳斯在一个关键之处借助特殊的语义论点,试图削弱马基雅维利主张的说服力,即在进行政治决断时群众的判断"有可能是正确的"。① 马基雅维利在《李维史论》第一卷第五十八章的有名论断指出,他背离了人们通常持有或普遍持有的观点,这些观点批评人民在政治事务方面的判断是糟糕的。施特劳斯认为,马基雅维利在这里反驳这种关于民众在决断方面略逊一筹的"通常持有"或"普遍持有"的观点,这种反驳必然导致要控诉由平民百姓、普罗大众(即他们自己)做出的判断。换句话说,马基雅维利以这种方式确立起他对民众判断的捍卫,目的是要在修辞上或逻辑上破坏那种防御力量。施特劳斯提出以下观点:

> (马基雅维利)攻击人们"通常持有的观点",即群众的智慧比不上君主,他坚信群众的呼声(即"普遍持有的观点")有可能是正确的。但人们关于智慧所"通常持有的观点"和群众"普遍持有的观点"不是一回事吗?难道"普遍持有的观点"不认为"普遍持有的观点"有可能是错误的吗?因此,群众带有神谕性质的呼声难道不是否定了群众的智慧吗?为了确立"普遍持有的观点"的权威性,马基雅维利就一定不能质疑普遍持有的观点吗?他不说普遍持有的观点必定是错误的,那么普遍持有的观点就会是正确的吗?难道他不说普遍持有的观点必定是正确的,那么普遍持有的观点就会是错误的吗?②

我认为,如果考虑下面的情况,那么,施特劳斯有点在卖弄学问,甚至可以说施特劳斯刚愎自用地强行提出的问题会慢慢消失:马基雅维利特指作者当中(和贵族当中)通常持有或普遍持有的观

---

① Strauss, *Thoughts on Machiavelli*, 128.
② Strauss, *Thoughts on Machiavelli*, 128.

点;而不是民众通常持有或普遍持有的观点。换言之,马基雅维利在这里正要批评的是少数人通常持有或普遍持有的观点,而不是多数人通常持有或普遍持有的观点。我相信,这种解释就是文本的表层含义。

[156]施特劳斯提出这个具有可能性的、实际上更合理的解读方式,并似乎愿意直接介入其中:

> 为了反驳这一点,人们或许尝试争辩道:"所有作者""通常持有的观点"并非"全部人都持有的观点",换言之,并非群众或人民持有的观点。

如果对施特劳斯而言这种反驳是正确的,那么,当马基雅维利抨击许多作者通常持有的观点时——这些作者认为多数人只是普通人,他们的政治判断是糟糕的——他并没有因此也抨击了多数人的"通常持有的"观点。然而,施特劳斯在此并没有遵循这一常识性的思路;实际上,他试图通过构造一个假想敌来消解这种更有可能发生的阐释方式。回到马基雅维利在《李维史论》其他地方(第一卷第四十七、四十八章)提到的论点,即人民有可能被一般性问题蒙骗,但在决定具体事务时,他们却有好的判断。对此,施特劳斯夸大了马基雅维利的主张:施特劳斯坚持认为,马基雅维利表明,民众"在一般性问题面前有可能是错误的",的确,他们在那种判断上完全是"无能"的。①

施特劳斯强调了民众所谓的完全缺乏理解一般性问题的能力,以此表明马基雅维利完全削减他自己所表达的对民众通常持有或普遍持有的观点之合理性的赞美。施特劳斯从根本上认为,如果民众没有能力决定一般性的问题,那么他们也必定没有能力决定具体

---

① Strauss, *Thoughts on Machiavelli*, 128, 129.

特殊的问题,因为这两者相辅相成、相互影响。① 然而,在施特劳斯所引证的段落中,马基雅维利从未认为人民绝对没有能力理解一般性问题;他只是说,不论在何种程度上民众都容易在一般性问题上被蒙骗,但他们在判断具体事务时不那么容易上当受骗。马基雅维

---

① 施特劳斯在这里的论述并不那么言简意赅,但应当注意的是,在这个问题上,他如何将胡塞尔-海德格尔阐释学方法应用到一个政治哲学问题上:

> 马基雅维利已然宣称,民众在具体问题上的观点有可能是正确的,但在一般性问题上的观点却有可能是错误的;因此,即便否认民众之智慧的人不只是作者,还包括民众自身,作为涉及普遍性问题的判断,这个裁决也有可能是错误的,而民众在具体问题上或许仍旧是明智的;就在第五十八章那里,马基雅维利依然断言,群众或民众在预见自身之好坏(即此时此地的具体好坏)方面依然具有远见卓识。不过,在他更早期的讨论中,他已经表明了罗马元老院在具体问题上欺骗民众或平民是多么容易。即便群众在具体问题上能做出合理的判断,如果产生具体问题的语境超出了群众能把握的视界,那么,这样一种判断并没有太大意义:变换语境就会改变具体问题的意味。而那些民众力不胜任的一般性问题构成了语境的重要组成部分:如果无法得到关于一般性问题的真知灼见的保护,就不可能产生关乎具体问题的合理判断。(Strauss, *Thoughts on Machiavelli*, 128 – 129)

这里所使用的方法可能更多是胡塞尔式的,而不是海德格尔式的。See Pierpaolo Ciccarelli, "Leo Strauss nell' ' aporia teologica – politica': Religione e politica in prospettiva fenomenologica", in G. Baptist, ed. , *Sui presupposti di un nuovo umanesimo: Tra ragione, scienza e religione* (Milan: Mimesis, 2015), 241 – 258; Ciccarelli, "Politische Philosophie versus Geschichtsphilosophie: Leo Strauss' Interpretation von Husserls 'Philosophie als strenge Wissenschaft'", in von V. Gerhardt, C. Kauffmann, H. – C. Kraus, F. – L. Kroll, P. Nitschke, H. Ottmann, M. P. Thompson, eds. , *Jahrbuch Politisches Denken* 26 (Berlin: Duncker and Humblot, 2016), 1 – 20; and Ciccarelli, "Hobbes schmittiano o Schmitt hobbesiano? Sul 'cambio di orientamento' nelle 'Note a Carl Schmitt' di Leo Strauss", *Bollettino telematico di filosofia politica* (2017), 1 – 20. 政治动机事实上究竟是不是海德格尔式而非胡塞尔式的,这仍然是一个悬而未决的问题。

利从来没有宣称民众没有能力决定一般性问题,而只有能力决定具体细节性问题;他只是说,他们更善于在细节上做判断。比如,马基雅维利在这个特殊章节的标题中写道:"不管有多少人在一般性问题上受到蒙骗,他们在细节上却没有被欺骗。"(《李维史论》1.47)更重要的是,马基雅维利认为,对细节的判断可以并且确实启发人们思考一般性问题。

[157]马基雅维利在《李维史论》第一卷第四十七至四十八章中讨论了四个关于民众判断、一般性问题和具体细节性问题的例子。其中,三个例子涉及执政官的任命,当中两个例子包括由精英阶层实施的、使得民众选举贵族而非平民担任公职的制度性改革,另一个例子涉及贵族为达到同样目的而采取的腐败行为。

在两个涉及制度改革的例子中(1.47):(1)罗马贵族增加了共和国最高执政官的人数,并变换其头衔,以便让平民不再怨恨贵族垄断执政权,只是选出他们认为最有资格的人来担任首席执政官职务——当时这些人都是贵族;(2)一位卡普阿(Capuan)领袖允许人民发泄他们对贵族压迫的愤怒,为他们提供机会杀死元老院中能够被可堪此任的平民取而代之的贵族成员。汉尼拔(Hannibal)就在附近,威胁要征服这座城市,卡普阿人决定与他们已经拥有的经验丰富的元老团结起来。在这两个例子中,个人任命的决定驱使民众让自己摆脱一种错误的一般性——他们应该取代目前掌握最高执政官权力的贵族——并代之以更真实的一般性,最有资格的候选人应该担任最高职位,特别是在战争期间(这两种情况都适用)。然而,马基雅维利非常明确地指出,正如我们接下来将看到的那样,在共和国的历史上,有一段时间平民确实应该升任至执政官位置。

第三个例子(即罗马贵族为了确保贵族的当选而在某种程度上诉诸腐败)中实效真理(effectual truth)似乎主要关系到贵族的判断,而不是民众的判断(《李维史论》1.48)。马基雅维利称,罗马贵族经常贿赂那些不值得当选的平民,让后者参加竞选,使他们因羞愧而拒绝接受自身的候选人资格,又或者元老院鼓励最有名望的贵族竞选公职,促使平民选举他们。我们不禁要问:如果贵族们先前一直以来都在提名最优秀的公民竞选公职(而非那些大概只是满足自己压迫民众之脾性的人),[158]那么平民还会争相竞选公职吗?① 看起来,民众和大人物之间的纷争在此已经蔓延到选举事务中,致使贵族以一种体现公益精神的方式行事,而他们本来并不想这样做。

在关于一般和具体的第四个例子中(《李维史论》1.47),马基雅维利根本没有引用精英加入或操纵的例子:他写道,美第奇家族在1494年被驱逐出佛罗伦萨时,从未担任过高职位的佛罗伦萨市民通过公开散布流言蜚语,从而把城市的管理不善归咎于当时正进行统治的精英的腐败。当地位较高且已确实官至高位的民众自己面临管理共和国的各种具体责任和困难时,他们意识到,自己先前的观点微不足道(《李维史论》1.47)。② 因此,马基雅维利的确阐明了具有教育意义的影响,即关于如何统治的具体细节容易对此前没有占据统领地位的一般观念产生影响,这种影响会促使形成一种新的、开明的一般性,或与之相等同的对实效真理的理解。③

---

① See Patrick J. Coby, *Machiavelli's Romans: Liberty and Greatness in the Discourses on Livy* (Lanham: Lexington Books, 1999), 81.

② See Timothy J. Lukes, "Descending to the Particulars: The Palazzo, The Pi azza, and Machiavelli's Republican Modes and Orders", *Journal of Politics* 71, no. 2 (April 2009), 520 – 532.

③ 在这个问题上,由于马基雅维利的四个例子中有三个都涉及非常特殊的判断领域——行政长官的选举,可以说,施特劳斯是通过把这个具体的特殊性外推到一般领域,从而贬低了特殊性。就如施特劳斯指责民众完全没有能力判断细节那样,由于他们看不到普遍性如何框定了特定事物"出现"的方式,因此,施特劳斯本人可能会被指责为误解马基雅维利的普遍性,因为他没有考虑在这些情况下,怎样让人透过非常特殊的细节而了解一般意义上的普遍性。

在反思具体性、一般性和民众判断过程中,施特劳斯引导其读者远离了他最初的主张:马基雅维利通过批判那些关心民众的作者普遍持有或通常持有的观点,实际上在批判诸如民众的观点等人们普遍持有或通常持有的观点。我相信,施特劳斯在此提出的主张很可疑,这种可疑性突显了这样一个事实,在《关于马基雅维利的思考》整部著作中,施特劳斯自己经常沿用马基雅维利关于"多数人的观点"或"人们通常持有的观点"的用法,这种用法尤其用于作者身上,而非用于群众或普通民众身上。① 我统计过,至少有 26 处施特劳斯把马基雅维利著作中提到的普遍持有的观点或通常持有的观点看作行动者的而非民众的观点,它们绝大多数常常是作者的观点。由此,难道不可以保稳地说,讨论作者当中"通常持有的观点",即直接提到作者的观点而非民众的观点,这种模式也正是马基雅维利采用的做法?

## 民众的误判与贵族的误判

[159]马基雅维利在一些案例中表明了人民错误地判断环境或被表象所欺骗,施特劳斯通过讨论这些案例,力图反对他考虑民众判断问题时表达的值得称赞的表面含义。施特劳斯论证道,通过引用共和国人民做出错误选择的具体事例,马基雅维利削弱了他对民众判断的正面评价。例如,施特劳斯提到,当罗马平民推选贵族担任那些民众声称自己想要得到的职位时,"在为罗马人民反对自身

---

① See, e.g., Strauss, *Thoughts on Machiavelli*, 13, 20, 30, 31, 36, 43, 47, 60, 79, 95, 104, 107, 108, 115, 117, 157, 137, 138, 158, 163, 221, 231, 236, 305, 307, 245.

观点所展示出来的德性辩护过程中,马基雅维利质疑罗马人民的智慧"。① 然而,考虑一下马基雅维利许多关于贵族和元老在关键时刻自己判断失误或受到蒙骗的例子——我接下来将加以证明,就会发现,民众误判的例子并不能完全证明马基雅维利不相信,在大多数情况下,民众的判断"可能是正确的"。

一些学者受施特劳斯关于马基雅维利的著作所启发,强调马基雅维利批评罗马人民煽动了与坎尼(Cannae)的汉尼拔的军事对抗,批评雅典民众投票入侵西西里(Sicily)。很少有施特劳斯的追随者提到,马基雅维利可能会对包括罗马元老院在内的共和国元老院做出类似决定提出严厉控诉。② 事实上,施特劳斯自己从未调和这样的事实,即马基雅维利谴责"其令人钦佩的罗马贵族"的贪婪导致罗马共和国最终崩溃,正如施特劳斯承认的那样:一方面,他声称马基雅维利认为同样是这些贵族,他们在审慎方面是完美的,另一方面,他断言,在马基雅维利看来,贵族追求的不是物质利益,而是"这个世界的荣耀",这种荣耀胜于一切。③

应当承认,罗马和雅典的民众判断力不佳,导致他们在争取政

---

① Strauss, *Thoughts on Machiavelli*, 137.

② 施特劳斯学派对马基雅维利《李维史论》及其政治著作的论述,大都倾向于以一种让人满意但却不保稳的方式解读马基雅维利对少数人的论述。例如,参见 Harvey C. Mansfield, *Machiavelli's Virtue* (Chicago: University of Chicago Press, 1996), Vickie B. Sullivan, *Machiavelli, Hobbes, and the Formation of a Liberal Republicanism in England* (Cambridge: Cambridge University Press, 2004),以及 Paul Anthony Rahe, *Against Throne and Altar: Machiavelli and Political Theory Under the English Republic* (Cambridge: Cambridge University Press, 2008)。所有人都形象地描绘了马基雅维利著作中的平民主义的倾向;但最终都得出这样的结论:对马基雅维利而言,即便是(或者说尤其是)在共和国当中,确实或应该由少数人或君主统治。

③ Strauss, *Thoughts on Machiavelli*, 190, 130, 132, 134. 针对他自身对马基雅维利的贵族的理解,施特劳斯没有能力做出清晰论述。

治权力时遭遇毁灭性的军事失败(《李维史论》1.53,3.16)。但马基雅维利毫不含糊地表明了,在坎尼获得胜利以后,迦太基贵族(the Carthaginian nobles)的战略误判与外交管理不善如何让他们整个文明走向衰落(《李维史论》2.27)。[160]除此以外,虽然施特劳斯广泛讨论了马基雅维利批评斯巴达和威尼斯在帝国扩张问题上比不上罗马,但他从未把这些批评看作马基雅维利更青睐于民众而非贵族的因素。毕竟,在马基雅维利看来,是斯巴达和亚德里亚共和国(Adriatic republics)的贵族元老,在他们各自的政权仍不适合扩张时,不明智地追求领土扩张,导致国家的"彻底覆辙"或"彻底失败"(《李维史论》1.6,3.31)。总的来说,根据马基雅维利的看法,对斯巴达、威尼斯和迦太基的元老而言,为了追求帝国式的扩张,他们的共和国会赢取战争,只是在三种情况中,他们都完全失去了他们已经拥有的帝国,而在第三种情况下,则遭受彻底的灭亡。施特劳斯和他的学生都不承认马基雅维利文本中的这一观点。

施特劳斯坚持认为,马基雅维利关于民众误判的具体例子说明了,"群众往往更容易受看似如此而非实际如此的事物打动"。① 但在马基雅维利的著作中,这一点始终同样可以说明甚或能更有力地说明元老院的误判。根据马基雅维利的叙述,对叙拉古人、赫拉克利亚人(Heraclean)和罗马的元老院而言,面对各种各样的处境,赋予某些个人最高权力,是它们尽最大努力维护压迫人民的贵族共和国的方式。正如马基雅维利所证明的那样,它们当中的每一个元老院最终都恰恰被这些个人——分别被阿加托克雷(Agathocles)、克里阿库斯(Clearchus)和屋大维——阉割或彻底摧毁(《君主论》第八章、《李维史论》1.29)。

在这些例子中,就像上面提到的其他情况一样,马基雅维利评价道,元老院的错误意见比不完美的民众判断更危险。然而,施特劳斯自信地宣称:

---

① Strauss, *Thoughts on Machiavelli*, 129.

群众在任何时候都不渴望公共自由;为了避免这种情况,为了公共自由而对群众本身使用欺诈和武力是无可厚非的。①

根据对马基雅维利著作真正全面的阅读,对这一点的恰当回应是:那又怎样?马基雅维利的语料库中充满了这样的例子,即贵族和元老院议员也必须经常受必然性或有德性的个人驱使,去做"公共自由"所要求做的事情。[161]例如,马基雅维利注意到,辛辛纳图乌斯(Cincinnatus)如何阻止罗马元老院延长外交官的任期,元老院的这一做法后来导致罗马丧失自由(《李维史论》3.24)。马基雅维利一贯表明,贵族和人民都依赖于个人领袖的指导来维护公共自由(如参见《李维史论》1.30);然而,我们在下一节将更清楚地看到,施特劳斯专门列举这一事实,以反对民众统治的可能性,并且从来没有降低他自己对元老院统治的信任。

简单来讲,施特劳斯为强调民众判断力的不足而引用的论据,不足以支持他坚称的观点,即马基雅维利实际上会否定民众在统治共和国时应明显享有份额——实际上,应在选举、立法和司法事务中居于主导地位。要让这种说法令人信服,施特劳斯应该像他分析马基雅维利对民众所谓的负面描述一样,近距离地、仔细地并确实带有讽刺意味地分析马基雅维利对贵族的批评。事实上,施特劳斯完全没有考虑,马基雅维利在罗马内政外交方面对贵族的批评,他在这方面的执著和强度跟他对马基雅维利批评民众的强调程度相当。

施特劳斯再一次认为,马基雅维利关于民众顺从、轻信和糟糕的判断的例子,有损其支持他们判断的一般性主张的说服力。在做出这样的断言时,施特劳斯必须假设,在马基雅维利的框架内,相较于民众而言,有些政治行动者——尤其是贵族——对自己的智识水平有更全面的了解。施特劳斯还能用什么其他评价标准来判断民

---

① Strauss, *Thoughts on Machiavelli*, 259.

众的智慧或无知呢？但我认为,完全无法论证《李维史论》中任何一个行动者(或许就像苏格拉底那样)是绝对自知的,而施特劳斯始终认为马基雅维利笔下的贵族拥有这种自知。① 毕竟,马基雅维利公然拒绝哲学王的理想形象,哲学王的完美判断甚至可能接近世俗城市中受过教育的、富有的、杰出的贵族(《君主论》第十五章)。马基雅维利通过他的举例和论证,坚持认为不存在少数几个最优秀的人,[162]他们的智慧、审慎、对公共善的热爱可以被指望以公正的正义或一贯的敏锐来解决政治争端和危机。基于他对共和国贵族的批判性评价,马基雅维利比他之前所有政治思想家都更有理由宣称民众具有良好的政治判断力——或者至少比少数人或君主做出的那种政治判断力更好(《李维史论》1.58)。

尽管如此,施特劳斯和他的追随者过分专注于马基雅维利在民众政治能力方面孤零零地表达出来的犹豫,却大大弱化他对精英的阴谋和行为的不断控诉——事实上,正如我接下来将指出的那样,他们在重新提出精英的道德和认知能力时常常走得太远,超出了诸如《李维史论》等文本所认可的范围。② 目前接下来应该认真思考的是,施特劳斯究竟在多大程度上成功削弱了马基雅维利对民众判断及其参与共和国治理的积极支持。

---

① See John P. McCormick, *Machiavellian Democracy* (Cambridge: Cambridge University Press, 2011), 202, n. 31.

② 例如,虽然马基雅维利明确宣称,在所有的政府中,大人物受压迫他人的贪得无厌欲望所驱动(《李维史论》1.4 – 5)——通过罗马贵族行为的例子,他反反复复地说明这个事实(《李维史论》第一卷第十五章,例如,《李维史论》1.6,1.39,1.44)——施特劳斯再一次把这种动机转化为在道德上更容易被接纳的对获得荣耀的欲望:根据施特劳斯的说法,马基雅维利"经过深思熟虑……使得罗马的统治阶层'优于'其实际所是;他改造了一群人,其中最优秀的成员完美无瑕,不带有粗俗的偏见,他们专门受马基雅维利式的审慎引导,这种马基雅维利式的审慎服务于每个人无法得到满足的欲念,强烈希望在这个世界获得永恒的荣耀"。See Strauss, *Thoughts on Machiavelli*, 134.

### 对马基雅维利的人民政府而言,领导权让人厌恶或具有附属性

施特劳斯表明马基雅维利的群众在酝酿形成与执行其合理判断时受领导者个人干预,以此试图削弱马基雅维利对共和国当中人民实质性参与的正面评价。然而,有学者曾经提出马基雅维利倡导民主共和国或偏向于多数人对少数人统治,他们都没有忽视或否定这样一些例子,在这些例子中,个人、贵族或其他人劝阻或禁止人民采取有害或朝着有益方向进展的行动:例如,马基雅维利论证道,"好人"必须经常说服人民在大会上作出恰当的决定(《李维史论》1.4);元老院的不妥协有时是必要的,目的是说服人民不要采取那些带来巨大灾难的行动(《李维史论》1.53);甚至有时必须部署赤裸裸的暴力,以确保作为国民军的民众在不利的情况下采取正确的行动(《李维史论》1.11)。更紧迫的问题是,[163]为了更有力地表明马基雅维利在根本上始终相信民众自身没有能力做出好的判断,施特劳斯在多大程度上必须强调马基雅维利的著作中个人甚至精英的干预,并强调对马基雅维利而言,民主共和国只是寡头政权虚伪的外表。

马基雅维利的这句话广为人知:"群众比君主更聪明。"(《李维史论》1.58)不过,他也坚持认为,一个民族"没有头领就是无用的"(《李维史论》1.44)。施特劳斯反驳马基雅维利的第一个论断,并由此而接下来过度强调了第二点:例如,施特劳斯声称,马基雅维利相信人民"无法自己找到真理。他们本身是无知的"。[①] 施特劳斯希望证明,罗马人民总是在任何时候,"必须由审慎的公民敦促或说服,以便采取明智的行动","罗马元老院"就是"这样的审慎公民机

---

① Strauss, *Thoughts on Machiavelli*, 129.

构"。① 然而,这种说法是有问题的,尤其是考虑到马基雅维利对民众和元老院之意见分歧的论述,例如,是否要为了把汉尼拔驱逐出意大利而入侵非洲;布匿战争后,罗马帝国是否要在地中海地区进行不明智的扩张;以及,特别是,农业法是否有必要(《李维史论》1.53,3.24,1.37)。

　　施特劳斯进一步建议,即便元老院作为一个整体,没有必要引导民众的判断,但是作为"共和国的领导者",君主个人在他的位置上肯定必须这样做。② 当然,马基雅维利承认精英为普通民众提供建议而给共和国带来的好处:遵循西塞罗在这个方面的思路,马基雅维利宣称,当大会上的民众近乎要犯严重的政治错误时,"好人"——可能是富裕的、有好名声的公民——或许可以有效地说服他们(《李维史论》1.4,1.58)。③ 但有别于西塞罗和许多对"共和传统"有贡献的人,马基雅维利坚持认为,"不管是谁,任何公民"(《李维史论》1.18)都保留了在议会中向民众提建议的能力。除此以外,马基雅维利认为应该由杰出的领导者为民众提供建议,他也不排除一般人能在公共大会上商议与决定立法事宜。在马基雅维利笔下的罗马,一旦个别公民发言支持或反对一项法律,"人民作为一个整体就会决定什么是正确的"(《李维史论》1.18)。

　　[164]另外,根据马基雅维利的观点,在平民远离城市的两段历史中,罗马平民的经历说明了,一个民族能够按照它自身的应对策略行动。故而,那些没有头领的人看起来也不完全是无用的。本着这种精神,马基雅维利表明,通过游说,罗马平民自己既确立起护民官制度(《李维史论》1.3),又较早地颁布了土地法,这原本能以对公众有利的方式保持"国家富裕而公民贫困"(《李维史论》1.37)。

---

① Strauss, *Thoughts on Machiavelli*, 129.
② Strauss, *Thoughts on Machiavelli*, 47.
③ See McCormick, *Machiavellian Democracy*, 45, 79.

然而,施特劳斯轻视这些例子的相关性,坚持认为杰出的平民扮演平民"首脑"的角色,因此是这种情况下的精英。马基雅维利当然举出了大量关于平民的例子,如在罗马的维吉尼乌斯和佛罗伦萨臭名昭著的无名的羊毛工人,他们进一步影响其普通公民同胞的意见和行为。然而,在施特劳斯看来,当这些人以具有重大政治意义的方式行事时,他们有必要摆脱他们平庸的出身。施特劳斯坚持认为,这些人主要是领导者而不是平民——这两者相互排斥。

在施特劳斯看来,任何人,只要从民众阶层脱颖而出并在大会上发言,又或者在任何职位上有主动权,都必须被看作精英,不管他的社会出身如何。根据他对领导概念的理解,所有对政治的个人干预都必然构成精英干预,而这种干预从定义上违反了民主规则。由此,施特劳斯把某些让人在根本上联想起寡头政体的所谓铁律,运用到马基雅维利的人民政府概念当中:

> 每一个所谓的民主事实上都是寡头政治,除非它接近无政府状态。①

根据这种观点,作为普通公民的平民个人无法实际参与政治;除此以外,"所有个人言论和行动从根本上来说都是'精英主义'"的假设,变成了一个不可证伪的命题。②

---

① Strauss, *Thoughts on Machiavelli*, 127.
② 曼斯菲尔德(Harvey Mansfield)坚持认为,马基雅维利提供了一种毫不"乏味"的"精英"民主理论,其他人后来将其概念化为寡头铁律。See Mansfield, *Machiavelli's Virtue*, 94. 不管这个特征是否真的适用于马基雅维利,根据上述引用的评论,公平地说,施特劳斯认为马基雅维利持精英主义立场的观点,却是乏善可陈。现代研究民主的精英理论家,在任何情况下,都可能不会像曼斯菲尔德所设想的精英主义者,也不会像施特劳斯自己所体现的那种精英主义者。See Natasha Piano, "Revisiting Democratic Elitism: Classical Elite Theory, Robert Dahl, and the Problem of Plutocracy", *Journal of Politics* (forthcoming 2018).

《佛罗伦萨史》第三章中描述了臭名昭著的无名羊毛工人。在梳毛工起义之初,他唆使他的平民同胞将纵火和暴乱升级(3.13)。施特劳斯在对这一章的讨论中注意到了这位"平民领袖"演讲中的马基雅维利式特征,①他把该特征的某些方面与马基雅维利自身的政治处方和(不)道德议题紧密联系在一起。[165]然而,施特劳斯拒绝把这个无名小卒——一个贫穷的羊毛工人,他此前从未被允许正式参与公民政治——与人民本身联系在一起。施特劳斯嘲弄说:

一个平民领袖并不只是平民,而平民的领袖本身也不一定是平民。②

对于施特劳斯来说,一个平民领袖究其根本总是更像领袖而非平民。我认为,在这个问题上,施特劳斯的判断过于草率。借助铁律的逻辑,施特劳斯急于将这样一个人,归类为先前存在的、或许天生是精英阶层的一员。这样,施特劳斯把自己从解决问题的必要性中解放出来,因为他(以及后来的追随者)一直认为人民本性上是被动和容易轻信他人的——这种方式常常与马基雅维利的著作格格不入(例如,《君主论》第十九章;《李维史论》1.4;《佛罗伦萨史》3.12)。事实上,施特劳斯在这里令自己陷入了一种特殊的逻辑困境。回想一下施特劳斯声称马基雅维利的《佛罗伦萨史》"充满了对佛罗伦萨平民暴行的描述"。③ 这表明马基雅维利眼中的民众,有能力自我激励、集体行动,但施特劳斯只在认为他们的行为应受到道德谴责时,才承认这一点。马基雅维利的民众以或许可被看作公民精神甚至道德的方式行事,施特劳斯却坚持认为,领导者必须是民众行为的真正代理人。

---

① Strauss, *Thoughts on Machiavelli*, 127, 131.
② Strauss, *Thoughts on Machiavelli*, 132.
③ Strauss, *Thoughts on Machiavelli*, 263.

除此以外,这个无法确认身份的羊毛工人确切来说是什么样的"领导者"呢?诚然,他是一个演说家,但不一定是任何正式意义上的领导者:马基雅维利只是写道,在其同僚中,他是"最有经验的勇士之一"——甚至算不上是最勇敢的或最有经验的(《佛罗伦萨史》3.13)。无论是在他演讲前还是演讲后,这个羊毛工人肯定都没有获得足够的声望来确保他的同时代人能认出他,或者让后人记住他。此外,就像我之前提到的那样,还不太清楚其他羊毛工人在多大程度上愿意听从他的建议。因此,我认为,不应妄下结论,认为在施特劳斯过于宽泛的精英主义意义上,任何一个像这个羊毛工人一样在大庭广众面前演讲的人,都是领导者,换言之,不把这个人划归为民众的一分子;而应先进一步研究这段插曲。施特劳斯在这里的阐释模式,使人民成为被动的、应激性的群众,[166]但这并不能反映马基雅维利在他三部主要政治著作中对民众的描述和评价。①

马基雅维利著作中还有另一个人物,施特劳斯把这个人看作"平民领袖",以此分析由领导者领导而人民追随的观点:施特劳斯援引《李维史论》中平民百夫长维吉尼乌斯的例子,证明人民没有能力管理国家。② 维吉尼乌斯杀死了他的女儿,以防止她被暴君阿庇乌斯·克劳狄乌斯(Appius Claudius)降低公民身份,被强行霸占、受到玷污;在他们第二次离开罗马时,他下令要在平民百姓中选出军事护民官;他还否认在推翻十人团之后阿庇乌斯有向人民上诉的权利(《李维史论》1.40,1.44,1.45)。

在第一种情况下,维吉尼乌斯不知道,杀死他的女儿会引发骚乱,这场骚乱引发平民第二次撤离城市,从而导致十人团的解散。

---

① 瓦特有效地批评了像施特劳斯那样不理会马基雅维利著作中民众集体行动的例子的做法。See Vatter, *Between Form and Event:Machiavelli's Theory of Political Freedom* (London:Kluwer, 2000), 209, 221.

② Strauss, *Thoughts on Machiavelli*, 206.

人民自发地既采取了暴动,又离开了城市。在第二种情况下,在确保平民认可那些能够维持秩序与接待元老院使者的官员时,维吉尼乌斯理所当然地发挥了领导作用。但在第三种情况下,维吉尼乌斯实际上超越了他作为领导者的绝对界限,单方面剥夺了阿庇乌斯就进监狱的问题向人民提出上诉的权利——马基雅维利认为,这一举动结束了维吉尼乌斯的政治生涯,因为在人民看来,他似乎满足于把个人恩怨置于法律程序之上,而法律程序赋予民众判断力。①

因此,从某种意义上说,维吉尼乌斯的例子证明了有时人民不需要首领(就像平民第二次自发撤离罗马时那样),有时他们确实需要首领(就像维吉尼乌斯在平民面前承认,他们需要选举护民官,在撤离期间担任他们的指挥官和代表)。维吉尼乌斯还证明了另一个重要的观点,这个观点削弱施特劳斯对马基雅维利"铁律"的解读:领导者出于自身利益考虑而不恰当地为自己谋取政治职能——这些领导者自己以前曾宣布该职能理所当然属于人民——在这个时候,人民将放弃他。

与平民和平民护民官之最初确立相关的两次撤离,似乎证实了马基雅维利的一个核心理念,证实了他的断言,即没有首领的人民是无用的;[167]也就是说,在军事上有组织的平民,有时可以充当自己的首领,或者从自己当中产生首领。马基雅维利论证说明,以

---

① 施特劳斯评价维吉尼乌斯时指出:"只要罗马不被腐化,诸如维吉尼乌斯那样的人就不会发挥像萨沃纳罗拉在佛罗伦萨所发挥的作用;元老院会提醒民众不上当受骗。"Strauss, *Thoughts on Machiavelli*, 206. 但这一评价并不符合马基雅维利在《李维史论》中对萨沃纳罗拉和维吉尼乌斯之死亡的评价。这两人都没有被元老院清理掉,而是被他们自己的行为所引发的公众叛变所毁灭:在马基雅维利看来,萨沃纳罗拉和维吉尼乌斯都废除了他们极力主张的法律,通过这些法律,人民,而不是像萨沃纳罗拉或维吉尼乌斯那样的领导者,将决定被控犯有死罪的公民的命运。因此,他们失去了民心(《李维史论》1.45)。

军团和公民大会的形式组织起来的人民,有能力做出有益的判断和行动。在没有贵族指挥官的情况下,罗马军队在自己内部产生了护民官,而"受法律束缚的"罗马公民大会既制定了公共政策,又对政治犯罪做出足够严厉的裁决。当然,这引出了一个问题,即由谁创立军事制度和公民制度,以使人民通常借此维护自己的利益,并且参与共和国统治。马基雅维利很清楚,是诸如摩西或罗慕路斯等创建者而非人民创立制度。尤其是,在军事上有组织的平民依赖于一个足够谨慎地武装平民的创建者(《李维史论》1.43;《君主论》第二十章),就像罗马的罗慕路斯那样(《李维史论》1.1-2,1.9)。一旦以这样的方式组织起来,罗马人民就可以自愿有序地离开城市,商讨确立平民护民官的事宜,并且在第二次撤离城市期间缺乏集体主动权时,承认他们当中诸如维吉尼乌斯等个人的重要领导经验。①

施特劳斯不断模糊具有卓越美德的创建者和能力普通的贵族之间的区别,模糊建立共和国的人与随后力图施加政治影响的人之间的区别,试图夸大马基雅维利著作中精英对民众的影响。② 施特劳斯把创建者-君主的智慧与元老院-君主的智慧等同起来,使得这两种本有巨大差异的精英之间的不同消失了。

施特劳斯写道,对马基雅维利而言,政治引导"通常由法律和秩序来提供,如果法律和秩序要具有价值,那么它们就需要由诸如创建者或君主这样一些头脑卓群不凡的人来制定"。③ 共和国最初的创建者-君主,和共和国后续的多位创建者-君主,都拥有卓越的头脑,他们的卓越可能接近于"超人"。正如在《关于马基雅维利的

---

① 虽然马基雅维利认为拥有优秀的指挥官胜于拥有优秀的军队(在共和国一定无法兼顾的情况下),但他确实观察到一支优秀的军队可以弥补一位不值得尊敬的指挥官的糟糕领导,因为这样一支军队由"如此之多的优秀将领"组成(《李维史论》3.13)。

② Strauss, *Thoughts on Machiavelli*, 130.

③ Strauss, *Thoughts on Machiavelli*, 129–130.

思考》中,施特劳斯给出最能体现尼采-海德格尔特点的评论:

> 我们怀疑,当马基雅维利使用"君主"一词时,他有时指的是超人能力。①

[168]施特劳斯使这两类君主之间的根本区别变得含混不清:一类是创建者,人民当然依赖他们(个人,他们在大多数情况下背叛了贵族阶层);另一类是贵族成员,按照马基雅维利的说法,他们往往追求一己私利,又或者按照他们自身反对人民的、具有压迫性的阶级划分次序来行事,在这个过程中,对共和国、人民和他们自己来说,其所作所为都是弊大于利。在马基雅维利看来,创建者在政治上当然要比普通人优越;但显贵则不一定如此。② 在施特劳斯的研究中,变得越来越重要的"超人"知识,③似乎更适用于创建者-君主而不是贵族-君主。然而,当施特劳斯宣称,普通贵族在马基雅维利笔下的罗马中变成了准创建者时,他把贵族-君主变成创建者-君主:施特劳斯指出,民众依赖于"一流的人物,这些人物负责持续不断地创建罗马……订立新法律与确立新秩序"。④ 但他忘记提到,人民自发确立起平民护民官制度,这项制度超过一切使得共和国"更加完美"的其他制度:民众的护民官(《李维史论》1.5-6)。

---

① Strauss, *Thoughts on Machiavelli*, 130.
② 施特劳斯认为广为人知的马基雅维利式格言——君主建立共和国,而人民维护它(《李维史论》1.19,1.58)——是一种显白的、粗俗的说法,但这并非马基雅维利在这个问题上想要隐晦地传递出来的更深奥的、更深思熟虑的观点:"对创建者个人的粗俗膜拜,即对每个生机勃勃的社会中持续不断的创建视而不见,最能体现出对荣耀抱有的粗俗幻觉。最高的荣耀归于年代久远的人,人们粗俗地认为,这些古人是人类最大的恩赐者。"Strauss, *Thoughts on Machiavelli*, 287-288; see also 168.
③ Strauss, *Thoughts on Machiavelli*, 32, 78, 166, 212, 216-217, 219.
④ Strauss, *Thoughts on Machiavelli*, 130.

为一个可能是冗长的专题讨论做一个唐突的结论:在施特劳斯自身设定的条件内,确实无法解决马基雅维利政治著作中关乎领导者和人民的问题。

## 马基雅维利的"年轻人":
### 开明的精英还是背信弃义的布鲁图斯之子?

施特劳斯十分重视年轻人在马基雅维利的哲学-政治筹划中所扮演的核心角色:根据施特劳斯的说法,在《君主论》和《李维史论》中,马基雅维利"渴望与他称之为'年轻人'的那一类读者建立亲密关系"。① 施特劳斯认为,这种亲密关系进一步加深了马基雅维利对年轻人的"狡猾的腐蚀和教唆",他用"一个阴谋"开启了现代性。② 马基雅维利的哲学-政治事业能否确立与持久,"取决于'年轻人'的合作";更具体地说,[169]取决于"那些年轻人、潜在的君主或阴谋家,他们或许会把[马基雅维利的]新模式和秩序付诸实践"。③

施特劳斯对年轻人的痴迷,以及他认为马基雅维利也有类似的奉承迷恋,至多只传达了问题的一个方面。在马基雅维利的政治思想中,年轻并非全然是好事。施特劳斯完全没有提到马基雅维利政治教诲中一个极其重要的方面,即马基雅维利对"布鲁图斯之子"的关注,这是他在多个场合坚持对年轻贵族所采用的称呼,对共和国的稳定和自由构成了最大威胁。当马基雅维利坚持认为,要拥护与捍卫"自由的生活方式"时必须清除布鲁图斯之子时,他表现出

---

① Strauss, *Thoughts on Machiavelli*, 50.
② Strauss, *Thoughts on Machiavelli*, 168.
③ Strauss, *Thoughts on Machiavelli*, 105, 170.

了少见的坚决。

在《李维史论》中,布鲁图斯之子在字面意义上是罗马第一任执政官布鲁图斯(Lucius Brutus)的儿子。布鲁图斯领导民众极力驱逐塔尔昆(Tarquin)国王,建立罗马共和国。当布鲁图斯之子密谋在罗马恢复君主制时,布鲁图斯监督处决他的儿子(《李维史论》1.16,3.1-3)。布鲁图斯的儿子及其贵族青年中的同谋者,密谋推翻罗马共和政权,因为他们极度痛恨普通民众新获得的自由。

"布鲁图斯之子"也委婉地指年轻的佛罗伦萨显贵,密谋推翻马基雅维利忠诚地为其服务的1494—1512年共和国,而恢复美第奇家族的君主政制(《李维史论》3.3)。马基雅维利亲眼目睹并在《李维史论》中详细描述了,这些年轻的贵族如何密谋召集西班牙军队这一外国势力,以便重新安排美第奇家族上台。马基雅维利暗示,他们这样做,是因为他们既无法忍受大议会中的人民统治,也难以忍受马基雅维利的上司、首席执政官,他们认为他是贵族阶层的叛徒。[1] 正如马基雅维利在《李维史论》中暗示,他敦促索德里尼铲除这些好斗的佛罗伦萨贵族,就像古罗马的布鲁图斯处决他那傲慢无礼的儿子一样。马基雅维利坚持认为,除非"杀死布鲁图斯之子",否则没有一个共和国能够长久维持,而共和国创建者和改革者的事业也无法持续下去(《李维史论》3.3)。

许多研学人民政府之历史的学生都知道这些年轻的贵族。他们作为年轻的寡头出现在雅典,[170]穿着斯巴达风格的服装,挥舞着棍棒在街上打败社会地位不如他们的人,他们是反对民主的两次

---

[1] See H. C. Butters, *Governors and Government in Early Sixteenth Century Florence*, 1502–1519 (Oxford: Oxford University Press, 1985), 163–164; and Melissa Meriam Bullard, *Filippo Strozzi and the Medici: Favor and Finance in Sixteenth Century Florence and Rome* (Cambridge: Cambridge University Press, 2008), 64–65.

主要政变的主心骨。在这些年轻的雅典寡头当中,许多人同时也深深崇拜着苏格拉底,这或许并非偶然。① 布鲁图斯监督处决他的儿子及其贵族同谋,这当然没有阻止罗马共和国再次出现这种社会形态。诚如马基雅维利指出,年轻贵族是罗马首次暴政的主要支持者和主要受益者,他们支持阿庇乌斯和十人团,并从中获益(《李维史论》1.46)。② 当然,马基雅维利亲眼目睹了在佛罗伦萨的大街上,挥舞着剑的年轻贵族(the campagnacci)的傲慢行为,他们和雅典、罗马的前人一样,喜欢在大街上击败平民百姓,幻想自己是柏拉图哲学的鉴赏家,他们最终发动政变,重新建立美第奇家族君主国。③

马基雅维利建议,人民政府要壮大起来,共和自由要持续下去,就必须定期清除年轻的精英,但施特劳斯对此几乎完全保持沉默;出于同样的理由,年轻人必须从公民、军事和哲学的意义上被赋予权力。在《关于马基雅维利的思考》中,有不少于二十处提到了年轻人或青年时期,但却只有一处略微提到布鲁图斯之子——而且,在这个地方,施特劳斯既没有强调年轻人,也没有强调这些谋反的年轻贵族的地位,而马基雅维利对贵族地位又是如此重视。④ 施特

---

① See I. F. Stone, *The Trial of Socrates* (New York: Little, Brown and Company, 1988), 121 – 123, 143 – 146.

② 在李维和马基雅维利那里,带有范例性质的"布鲁图斯之子"可能分别是 Caeso Qunictius 和 Corso Donati。Livy, *History of Rome*, II: Books 3 – 4 (Loeb Classical Library), trans. B. O. Foster (Cambridge, MA: Harvard University Press, 1922), III. 11 – 15; Machiavelli, FH II. 13 – 22.

③ See Lorenzo Violi, *Le Giornate*, G. C. Garfagnini, ed. (Florence: Olschki, 1986), 73 – 74; Pasquale Villari, *The Life and Times of Niccolò Machiavelli*, Volume 2, trans. L. Villari (Honolulu: University Press of the Pacific, 2004), 224 – 225; Michael Rocke, *Forbidden Friendships: Homosexuality and Male Culture in Renaissance Florence* (Oxford: Oxford University Press, 1996), 220 – 222.

④ Strauss, *Thoughts on Machiavelli*, 258.

劳斯确实引用了"意大利之子"的说法称呼年轻的哲学－政治精英,他认为马基雅维利寄望于复兴古代的意大利美德与确立他自己的新模式和新秩序。① 看来,施特劳斯似乎希望恢复马基雅维利如此经常且如此尖锐地抨击的年轻精英的道德价值。除此以外,施特劳斯显然希望把他自己的读者与受马基雅维利著作影响的读者的视线,从马基雅维利民主共和国对年轻精英的极端苛刻那里转移开去。

很明显,施特劳斯的注意力集中在那些职业生涯早期就已然享有声誉与获得职位的年轻贵族身上,[171]而《李维史论》第一卷具有关键性的最后一章提到了他们(《李维史论》1.60);②不过,施特劳斯完全忽视了就在同一章里"年轻人"这个术语的含义所经历的变化。马基雅维利暗示,罗马把平民广泛地包容到政治中的做法,是共和国在努力争取政治上的"年轻人"方面获得的最大成就。在一个表面上专门写给年轻人的章节的中间位置——罗马任命类似于西比阿和庞培这样的人担任执政官,马基雅维利写道:

> 最初宜让平民抱有能当执政官的希望,他们抱有一丝希望但事实上又得不到这个职位;但当最终光是抱有希望已不足够的时候,就应当完全把它落到实处。(《李维史论》1.60)

相反,施特劳斯更愿意强调法比乌斯(Fabius)的例子,认为它典型地反映了马基雅维利如何赞同对待那些政治"新人"或城市事务方面的"年轻人","由于他事实上剥夺了'新民众'的权利而理所当然地被称作马克西姆(Maximus)"。③ 施特劳斯宣称,在《李维史论》中,马基雅维利赞同法比乌斯为了避免新获得选举权的外国人

---

① Strauss, *Thoughts on Machiavelli*, 81.
② Strauss, *Thoughts on Machiavelli*, 236.
③ Strauss, *Thoughts on Machiavelli*, 118.

腐蚀罗马"文明"所做出的本土主义努力,这种赞同是"对一种反民主方略的颂扬"。① 这个章节的大部分关乎从东地中海输入罗马的腐化形式——醉酒狂欢及妻子对丈夫的集体毒害,因此,马基雅维利在这里似乎更关心阻止国外势力的影响,而不是镇压平民。不管怎样,这都没有削弱以下几点:施特劳斯粉饰了马基雅维利对年轻贵族的描绘——把他们描绘成诱人的诱惑对象,而不是定期要处决的未开化对象;他还删减了马基雅维利对通过赋予平民权力而使得政治上的年轻人不断加入政治机构之做法的赞美。

可以推测,施特劳斯对马基雅维利赋予普通民众的前所未有的正面评价和政治权力所表达出来的敌意,就好比马基雅维利笔下布鲁图斯之子对其执政官父亲所怀的嫉妒(《李维史论》1.16,1.40, 1.52):在马基雅维利看来,布鲁图斯之子及其年轻的同伙、贵族共谋者认为布鲁图斯赋予人民自由,削弱了他们自身的权力和特权。[172]同样,施特劳斯似乎深深地(甚至带有暴力性质地)嫉妒马基雅维利对民众具有实质性权力的赞美与支持,以至于他接下来实施了某种学术阴谋,篡夺了人民在马基雅维利著作中的重要位置,他把它变成一种只是表面化的、具有示意性的、大众都能胜任的位置,并且试图帮助贵族把它从人民手中夺回来。当然,施特劳斯最终发现,在具有柏拉图主义倾向、喜欢寡头政治的年轻学者当中,不乏他的共谋者,这些学者在很大程度上组成了研究马基雅维利的施特劳斯学派。幸运的是,这些阴谋家和后塔尔昆时代的罗马的邪恶年轻贵族一样随时会暴露;不幸的是,或者说马基雅维利可能会慨叹道,他们没有受到同样程度的邪恶惩罚。

简而言之,施特劳斯戏剧性地既低估了年轻人给共和国的自由所造成的危险,也低估了它所带来的好前景:为了公共善,必须经常除掉年轻、傲慢的贵族;还是为了公共善,必须常常在军事和公民事

---

① Strauss, *Thoughts on Machiavelli*, 321, n. 108.

务方面把权力交给年轻的、政治上无害的民众。然而,施特劳斯努力使马基雅维利著作中的年轻贵族表现得比他们的真实面目更好,并且使同一文本中的平民百姓看上去要比他们的真实面目更糟糕。

## 结 论

要给予国王致命打击,就最好不要失手。如果这是我批评施特劳斯阐释马基雅维利的目的,那真的很糟糕。不过,我在本章的目标远没有那么雄心勃勃:我只是试图开辟空间,挑战一个关于马基雅维利人民政府的占据主导地位的观点,这个观点在谈及佛罗伦萨政治思想的极为有影响力的文献中比较流行。我希望给那些不辞劳苦地致力于理解施特劳斯对马基雅维利的阐释的读者充分理由,去挑战不容置疑的光环,这种绝对正确的光环是施特劳斯自身表现出来的,同时也是他在施特劳斯式作品中所享受的;具体地说,这是一种信念,认定施特劳斯的逻辑完全无法辩驳且他的论据引证总是无可指责。[173]我努力证明施特劳斯有意无意地曲解了马基雅维利民主共和模式中人民和精英各自的角色。为此,我采用施特劳斯自己的方式,仔细阅读马基雅维利文本的表面含义,然后推测或推断出在文本其他层面上获得的真实的、更深层次的含义。

我没有利用大量传记和历史证据,这原本会先在地对施特劳斯从更倾向于贵族、元老院的角度来解读马基雅维利著作的做法提出严肃的问题:毕竟,在马基雅维利的整个公务生涯中,他对佛罗伦萨的显贵表现出强烈的敌意,这些人反对他所忠诚服务的民主共和国。马基雅维利确实坚决拥护佛罗伦萨的大型公民议会(即大议会),并且主张在这个很大程度上受制于共和国贵族的城市建立大规模的民兵组织。① 除此以外,即使生活在美第奇统治之下,马基雅维利也一直证明自己支持授权人民,尽管这种观点会威胁他的个人福祉;在一些重要场合,他建议占统治地位的家族将他们的权力基础,从帮助他们恢复权力的贵族,转移到群众那里,与佛罗伦萨年轻贵族相勾结的家族剥夺了群众的政治权力。② 即便不那么熟悉马基雅维利政治生涯的人,也可以发现以下看法是荒谬的,即他在《李维史论》中对人民政府的支持,完全遮盖了他关于更好实施贵族统治的教诲,或者专门在修辞 - 哲学方面为颠覆古典 - 圣经传统所做的准备。③

然而,我们必须考虑:是什么导致施特劳斯在解读马基雅维利时对待少数人和多数人的做法有失公允呢?为什么这样一位在政

---

① See McCormick, *Thoughts on Machiavelli*, 3 - 8, 26 - 28, 36 - 41.

② 参见"Ai Palleschi"(1512), and "Discursus Florentinarum rerum post mortem iunioris Laurentii Medicis"(1519—20), in Machiavelli, *Opere I: I Primi Scritti Politici*, C. Vivanti, ed.(Turin: Einaudi - Gallimard, 1997),它们分别在该书第87 - 89页、第733 - 745页。它的英译可见于 M. Jurdjevic, N. Piano and J. P. McCormick, eds., *Florentine Political Writings from Petrarch to Machiavelli*(Philadelphia: University of Pennsylvania Press, forthcoming 2019)。

③ 对引用传记和历史背景作为理解政治哲学文本之手段的做法,施特劳斯学派的学者持怀疑态度。这让他们声名狼藉。如果他们在其阐释学方面的努力能始终如一,那么这种方法论立场更容易被人接纳;毕竟,当传记和历史背景有利于论证观点时,施特劳斯学派确实利用了它们。参见佛罗伦萨地缘政治语境中的事件,Roger D. Masters, *Machiavelli, Leonardo, and the Science of Power*(South Bend: Notre Dame University Press, 1996)。施特劳斯学派的学者在研究马基雅维利的文学作品时也根据他们的需要援引了佛罗伦萨的历史背景。然而,总的来说,这些学者从未提及马基雅维利展陈的1494—1512年间的共和国时期佛罗伦萨国内政治体现的反贵族倾向和行为。下述学者能在这方面提供更可靠的指引:巴萨斯(Jérémie Barthas)、布莱克(Robert Black)、康奈尔(William Connell)、格拉齐亚、吉尔伯特(Felix Gilbert)、胡灵格(Mark Hulliung)、尤德艾维克(Mark Jurdjevic)、佩杜拉(Gabriele Pedullà)、雷蒙迪(Fabio Raimondi),特别是纳杰米(John Najemy)。

治-哲学文本方面堪称杰出的、一丝不苟的、感觉敏锐的读者,一位要求我们不要离开事物表层太远或过于仓促地远离事物表层的人,会如此大费周章地证明,马基雅维利的实际想法不同于他公开表达的表面含义?是啊,为什么一个如此有洞察力的读者,会通过使得他的研究对象以其隐晦手法更容易被发现的方式——如果完全是预先设定了的话——操控文本的表面含义呢?[174]针对诸如斯宾诺莎和霍布斯等早期现代哲学家如何看待普通人的智力水平的问题,施特劳斯在其整个卓越的智识生涯中所持态度一直模棱两可。尽管如此,其评价的两个方面可以总结如下:当对群众的评价被提高至甚或高于所谓少数开明者的水平时,斯宾诺莎和霍布斯事实上持有的观点有别于他们所表达的观点。如果在这个方面他们的观点确实就是他们所表达的意思,那么,尽管应该对这两位作者表示尊重,但他们犯了严重而致命的错误。

简言之,施特劳斯的基本道德观的一个核心组成部分、一种深藏在他内心深处的道德直觉,是相信没有真正的哲学家实际上能够严肃地赞成人民的判断胜过精英的判断。① 施特劳斯发自内心地赞同少数人凌驾于多数人之上,这一基本的道德动机——用施特劳斯自己在不同语境中援引的一个短语来形容,"一种强大的偏见"——似乎具决定性地影响了他对马基雅维利政治思想的阐释。

尽管施特劳斯对马基雅维利极尽批评,但毫无疑问,他也对他的观念心存敬畏。施特劳斯只是无法理解,相较于少数人而言,这种观念是如此青睐多数人。因此,施特劳斯对马基雅维利的错误阐释没有必要归因于施特劳斯的表里不一,而应归咎于对马基雅维利核心思想的彻底怀疑。作为从根本上注重道德的结果,施特劳斯在

---

① See Strauss, *Philosophy and Law: Contributions to the Understanding of Maimonides and His Predecessors* (1935), trans. E. Adler (Albany: SUNY Press, 2002), 57,63-64, 85, 102-105, 119, 127.

某种程度上以时代错置与修正主义的方式,把马基雅维利看作批评民主的思想家,面向的对象是已经生活在民主处于上升期的人,而非像马基雅维利那样正忍受着民主共和国衰败期的人。

然而,这种做法对马基雅维利造成了极大的伤害,致使他的著作遭遇大量暴力,他被改造成托克维尔(Tocqueville)或密尔(Mill)——又或是施特劳斯!——提醒当代精英警惕人民政府所谓的无节制。相反,马基雅维利试图诱使贵族听众接受与重新振兴民主共和国,把它作为切实可行的政治模式。[175]如果这些精英不愿接受这个建议,那么马基雅维利就会教导民主共和国的民众、创建者和改造者,正确对待这样一些顽固的精英,尤其是年轻傲慢的精英。施特劳斯和马基雅维利的根本区别在于,最简单地说,马基雅维利叮嘱他年轻的精英听众要背离共和国贵族,而不是在哲学或政治方面崇拜大人物。

# 第六章　再论剑桥学派的"圭恰迪尼时刻"

［176］我现在要讨论剑桥学派思想史这一条当代最有影响力的研究进路,这条进路研究古典和现代早期共和主义,以及马基雅维利在那个传统中应有的地位,其最广为人知的代表人物是波考克和斯金纳。① 我认为,这些世界知名的思想史研究者既模糊了共和主义思想,也掩盖了马基雅维利政治思想的重要方面。具体来说,他们在很大程度上忽略了一个事实,即古典和现代共和主义对精英特权地位的保障要多于他们对公民政治参与的促进。② 他们也弱化了一个事实,即相较于大多数把共和主义作为典型的作者和政权而言,马基雅维利提供的政治解决办法更具实质性地赋权普通民众,

---

①　See Pocock, *The Machiavellian Moment: Florentine Political Thought and the Atlantic Political Tradition* (Princeton: Princeton University Press 1975); and Skinner, *Liberty Before Liberalism* (Cambridge: Cambridge University Press 1998).

②　See Wilfried Nippel, *Mischverfassungstheorie und Verfassungsrealität in Antike and früher Neuzeit* (Stuttgart: Klett – Cotta, 1980) and Nippel, "Ancient and Modern Republicanism", in *The Invention of the Modern Republic*, Biancamaria Fontana, ed. (Cambridge: Cambridge University Press 1994), 6 – 26. 也可以参见以下文集的论文,即 Anthony Molho, Kurt Raaflaub and Julia Emlen, eds., *City States in Classical Antiquity and Medieval Italy* (Ann Arbor: University of Michigan Press, 1991)。

更积极地推动民众反对精英。① 他们还模糊了一个事实,即现代早期共和主义和现代共和主义都应该感激马基雅维利的年轻贵族对话者圭恰迪尼,而不是马基雅维利本人。②

尽管他们表面上有历史主义者或语境主义者的倾向,③但诸如波考克,尤其是斯金纳等与剑桥相关的共和主义政治思想研究者,经常试图利用他们在历史研究方面的洞见,丰富、加强、拓宽当代政

---

① 对斯金纳和波考克阐释马基雅维利思想的尖锐批评,参见 For trenchant alternative critiques of Skinner's and Pocock's interpretations of Machiavelli, see Nicholas Buttle, "Republican Constitutionalism: A Roman Ideal", *Journal of Political Philosophy* 9, no. 3 (2001), 331 – 349; Daniel Kapust, "Skinner, Pettit, and Livy: The Conflict of the Orders and the Ambiguity of Republican Liberty", *History of Political Thought* 25, no. 3 (2004), 377 – 401; Mark Jurdjevic, "Machiavelli's Hybrid Republicanism", *The English Historical Review* 122, no. 499 (December 2007), 1228 – 1257; Marco Geuna, "Quentin Skinner e Machiavelli", in A. Arienzo and G. Borrelli, eds., *Anglo – American Faces of Machiavelli: Machiavelli e machiavellismi nella cultura angloamericana*, vols. XVI – XX (Monza: Polimetrica 2009), 579 – 624; and Amanda Moure Maher, "What Skinner Misses About Machiavelli's Freedom: Inequality, Corruption and the Institutional Origins of Civic Virtue", *Journal of Politics* 78, no. 4 (October 2016), 1003 – 1015。

② 围绕此及其他方面,目前这一章会对我撰写的论文当中的特定部分进行精炼和详细论述。See McCormick, "Machiavelli Against 'Republicanism': On the Cambridge School's 'Guicciardinian Moments'", *Political Theory* 31, no. 5 (October 2003), 615 – 643.

③ 关于波考克和斯金纳掀起的方法论意义上的争论,参见 *The Languages of Political Theory in Early Modern Europe*, Anthony Pagden, ed. (Cambridge: Cambridge University Press, 1987); *Meaning and Context: Quentin Skinner and His Critics*, James Tully, ed. (Princeton: Princeton University Press, 1989); *The Political Imagination in History: Essays Concerning J. G. A. Pocock*, D. N. DeLuna, ed. (Baltimore: Owlworks, 2006); and *Rethinking The Foundations of Modern Political Thought*, A. Brett, J. Tully and H. Hamilton – Bleakley, eds. (Cambridge: Cambridge University Press, 2007)。

治理论和实践。他们在许多方面令人钦佩地展示了,[177]不管当代自由民主和共和主义有什么样的共同之处,与后者相比,前者仍缺少一些东西:比如,表达非仇外的爱国主义,关注公共善,强调与权利相对的义务,以及更宽泛的自由观念。① 但是,接下来,针对这些学者的努力,我会提出一些严肃的问题;我认为这些学者及受其影响的学者应重新考虑"共和主义"这一术语的含义和用法,更重要的是,进一步反思他们试图用从那个传统中获得的洞见来补充当代民主。毕竟,共和主义倾向于加强而不是改善当代代议制民主精英主义的一面,除非它在实质意义上被加以限定又或被重新塑造,以至于面目全非。它明确赋予以牺牲普通民众为代价的富有公民和官员的自由裁量以正当合理性,又或者说,这种做法是出于疏忽。我认为,马基雅维利本人的作品对此提出了挑战,但剑桥学派的共和主义者却声称这位知识分子跟他们同属一路人。②

我们要感谢马基雅维利的剑桥学派阐释者,因为他们没有把这个伟大的佛罗伦萨人简单狭隘地刻画为不道德主义者,或暴君的顾问,并且他们试图消除这种想法的影响。但是,我认为,他们并不在乎传统共和主义继承下来的寡头偏见,他们对马基雅维利坚定不移地反精英主义感到困惑,这使得他们力图改善关于人民政府的当代

---

① See Maurizio Viroli, *For Love of Country: An Essay on Patriotism and Nationalism* (Oxford: Oxford University Press. 1997); Quentin Skinner, *The Foundations of Modern Political Thought*, Vol. 1: *The Renaissance* (Cambridge: Cambridge University Press, 1978); J. G. A. Pocock, *Virtue, Commerce and History: Essays on Political Thought and History, Chiefly in the Eighteenth Century* (Cambridge: Cambridge University Press, 1985).

② See Machiavelli, *Discorsi* [1513 – 17/1531], C. Vivanti, ed. (Turin: Einaudi – Gallimard, 1997), henceforth *D*; *Il Principe* (*De Principatibus*) [1513/1532], G. Inglese, ed. (Turin: Einaudi – Gallimard, 1995), henceforth *P*; and *Istorie Fiorentine* [1525], F. Gaeta, ed. (Milan: Feltrinelli, 1962), henceforth *FH*.

理论和实践的想法,以及提升我们对马基雅维利政治思想的理解的想法实质上不让人满意,并且会造成不良影响。

## 波考克和圭恰迪尼式的共和主义模式

波考克虽然没有斯金纳那么循规蹈矩,但他为解释马基雅维利与共和主义的关系确立了一个框架,这一框架在几个重要方面都为许多其他学者所效仿。这种解释方法要么认定马基雅维利是共和传统的主要典型,要么在很大程度上将其思想融入到以一种相当同质化的方式构思出来的"共和主义"主流中。我将展示这些解释性行为如何曲解了马基雅维利的政治思想,[178]掩盖了共和主义传统中的精英偏见,并最终慢慢动摇了剑桥学派试图解决当代政治问题(特别是自由主义或代议制民主的缺陷)的信心。

波考克试图展示现代共和主义如何从对时间之有限性的新思考中发展出来,而这些新思考与文艺复兴时期的某些世俗化趋势相契合。具体而言,他认为共和主义者推动了混合政制的发展,这种政制逐渐把"北大西洋共和主义传统"(North Atlantic republican tradition)界定为解决这个暂时性问题的虽不完美但可行的方案。然而,与制度模式相比,波考克着重强调其叙述的时间维度,在他看来,这种制度模式的出现据说是为了回应一个新的有限时间概念。借此,他最终以一种特殊且不恰当的方式强调了马基雅维利在共和主义政治思想史和制度思想史中的作用,认为其作用大于诸如圭恰迪尼的作用。简而言之,在波考克的历史性叙述中,马基雅维利的政治存在主义压倒了圭恰迪尼的贵族共和主义,因此,马基雅维利看起来更像传统的共和主义者,而现代共和主义似乎并不像他们各自实际所是的那样具有明显的精英主义色彩。

波考克令人印象深刻的作品《马基雅维利时刻》(*The Machia-*

*vellian Moment*)提到,中世纪晚期和文艺复兴时期(尤其是佛罗伦萨背景下)的政治组织形式和知识分子,试图调和传统的共和主义文本与基督教世界观,以及他们所面临的新历史环境——具体而言,就是欧洲国家君主制的出现对意大利共和国所构成的威胁。关于第一点,波考克写道:

> 公民人文主义者提出一个社会问题,[此间]亚里士多德所描述人的政治本性在基督教的时间框架内得以实现,但这个框架却否认任何在世俗生活中实现本性的可能。①

我把波考克从这一背景中提炼出的政治理论称为"共和存在主义",用波考克的来话说,这是一种政治哲学取向,致力于解决"共和国在时间上存在的问题"。②[179]阐述这一观点的理论家推测,在时间之偶然性带来的变幻莫测面前,以此为特征的政治组织形式(即结合了君主制、贵族制和民主制元素的政体)最有可能持续存在且繁荣发展。

站在波考克的政治存在主义立场,马基雅维利成了探讨命运和达致完美之德能的理论家、现代共和国及分析现代共和国的奠基者。③ 然而,波考克要是像对待政治暂时性和持久性问题那样,认真强调这些"混合"政制及拥护它们的理论家的社会层面、制度层面,他也许会将这本书更准确地命名为《圭恰迪尼时刻》(*The Guicciardian Moment*)。毕竟,作为马基雅维利同时代更年轻的显贵及曾几何时的对话者,弗朗西斯科·圭恰迪尼所拥护的被以贵族式扭曲

---

① Pocock, *The Machiavellian Moment*, vii.
② Pocock, *The Machiavellian Moment*, vii.
③ 我不是第一个注意到波考克极具存在主义一面的人。See Kari Palonen, *Das "Webersche Moment" Zur Kontingenz des Politischen* (Heidelberg: Springer, 1998).

的混合政制模式最终在历史上取得了胜利。正如我之前在本书中强调的那样，诸如圭恰迪尼或卢梭的选举式和元老院式的共和主义模式，而非马基雅维利基于议会和护民官的模式，是现代代议制民主的宪法先驱。

在波考克的作品中，共和国"时间有限性"的主题（即这样一些政体是"有限的与存在于时空当中"的事实），完全占据了他对这种有限性的一个主要来源（即阶层冲突）的认识，并阻止他坦率地承认共和主义的理论家为解决这一问题而始终如一推荐的制度形式，即一个尽可能限制群众有效参与的共和国，以至于这些政体非常接近贵族主导的封闭型政制（governo stretto）模式。① 当然，低估马基雅维利关于政治偶然性的激进创新思想是不合适的，② 但当我们跳出共和存在主义的视域，就会发现现代共和国在制度层面和社会经济层面更具圭恰迪尼主义色彩，而非接近于马基雅维利式的共和国。波考克在书中从未公开的主要潜台词是，从长远来看，由萨沃纳罗拉、吉安诺第（Donato Giannotti），尤其是马基雅维利提出的更体现平等主义与由民众授权的政治模式，都输给了圭恰迪尼的贵族共和主义模式。

从这个角度来看，《马基雅维利时刻》特别令人沮丧，因为它充分证明了这样一些结论，[180]尽管波考克并不注重由他自己得出这些结论。毕竟，波考克很难忽视在文艺复兴时期的共和国制度中，精英应该（或不应该）享有显赫地位的程度问题。比方说，他很好地讲述了亚里士多德的贵族理论，这一理论在佛罗伦萨知识分子

---

① Pocock, *The Machiavellian Moment*, 3.

② See John P. McCormick, "Addressing the Political Exception: Machiavelli's 'Accidents' and the Mixed Regime", *American Political Science Review* 87, no. 4 (1993), 888–900; and McCormick, "Pocock, Machiavelli and Political Contingency in Foreign Affairs: Republican Existentialism Outside (and Within) the City", *History of European Ideas* 43, no. 2 (online June 2016).

圈中广为流行,它原则上是平等主义的,因为这样一个贵族阶层可以令人信服地涵盖政体中的所有公民。① 当然,在实践中,佛罗伦萨的精英试图确保财富和血统在很大程度上定义了谁有资格成为有价值的精英。②

波考克本人关于佛罗伦萨精英、显贵如何被挑选出来并确认身份的描述证实了这一点。波考克正确地指出,富有的和出身名门的佛罗伦萨人如何将自己与残暴地压迫他人、自吹自擂的寡头区分开来。他们将寡头与巨头(magnati)联系在一起,这些巨头早前试图垄断佛罗伦萨的统治,并试图强行阻止较贫穷或出身较低下的公民为其治理做出任何贡献。相反,波考克展示了巨头——他们最终从平民中产生,这些平民主要是处于上流社会的人、较富有的行会成员,以及与巨头家族成员结婚的人——是如何公开争取到社会下层的参与,以确认他们的地位:

> 佛罗伦萨有影响力的家族的核心圈子自认为是精英,并认定自己是亚里士多德图式中的少数人,除非(有)一位或多位非精英参与者由他们领导,否则就(无法)行使他们与生俱来的领导职能,或是发展与之相关的美德。③

考虑到这一点,波考克讲述了 1494 年美第奇家族逃离后,显贵最初如何容忍建立由更多民众组成的、更具包容性的共和国,即开放型政制(governo largo);他们愿意让聚集在大议会中的公民,通过挑选公职与批准显赫家族成员提出政策来确定,在显贵中,谁才是

---

① Pocock, *The Machiavellian Moment*, 69, 73.
② See Gene Brucker, *Florentine Politics and Society*, 1343 – 1378 (Princeton: Princeton University Press, 1962); and John M. Najemy, *A History of Florence*: 1200 – 1575 (Oxford: Blackwell, 2006).
③ Pocock, *The Machiavellian Moment*, 118 – 119.

真正"最优秀的"公民。表面看来,波考克似乎接受了马基雅维利显然没有接受的东西,即圭恰迪尼对正当的精英统治和不公正的寡头政治的区分。波考克认为:

> (虽然圭恰迪尼)青睐于政治精英的偏见总是显而易见的[181]……但值得注意的是……还有一种对形式上封闭的寡头政治的同样强烈的反对,这种反对或含蓄或明确……如果说自由的基础是人民政府,那么在佛罗伦萨,人民政府的基础则是由大议会(Consiglio Grande)决定行政官职位的分配及尊严。①

在1494—1512年的共和国,民众和显贵都赞同公民参与是必要且公正的;因此,波考克讲述了新政权如何没有"将公民身份局限于居民中被明确严格限定的(stretto)群体,(从而承认)公民参与是有益的,这是人的目标,能让人朝着善的方向发展,而且有希望能将参与范围扩大到尽可能多的人"。② 然而,以圭恰迪尼为代表的显贵在民众应该如何参与问题上的观点,在质的方面不同于民众关于自身对政权预期产生的积极贡献的估算。波考克就已经预示了现代选举民主的主要要素,讲述了《洛格罗诺谈话录》(*Discorso di Logrogno*)(1512年版)③的作者、年轻的圭恰迪尼如何构思"人民政府":

---

① Pocock, *The Machiavellian Moment*, 127.
② Pocock, *The Machiavellian Moment*, 118.
③ 也称之为"*Del Modo Di Ordinare Il Governo Popolare*"。See Francesco Guicciardini, *Dialogo e Discorsi del Reggimento di Firenze* (Bari: Laterza, 1931), R. Palmarocchi, ed., 218-259. 英译可见 M. Jurdjevic, N. Piano, and J. P. McCormick, eds., *Florentine Political Writings from Petrarch to Machiavelli* (Philadelphia: University of Pennsylvania Press, forthcoming 2019)。

圭恰迪尼关于选举和立法的理论似乎明显地建立在亚里士多德式的多数决策概念之上。虽然他们自己不能胜任行政长官的职位,但他们可以从别人身上发现这种能力;虽然他们本人没有制定法律甚或为之争辩的能力,但他们有足够的能力评判其他人提交的草案。①

圭恰迪尼建议人们只应选择由哪些显贵担任行政官,并只应批准或拒绝行政官制定的法律,而且他认为,显贵应该独自把持职位,提议并审议民众赞成和否决的法律。

波考克直率地承认,佛罗伦萨的普通百姓希望参与的领域超出了显贵认为合适的范围,显贵则试图把共和国引向更大程度上由精英主导的方向。鲁切拉伊(Rucellai)、萨尔维亚蒂(Salviati)和圭恰迪尼等显贵家族的成员,希望建立元老院,这个元老院将篡夺当时几乎所有的政治职能,而这些职能本由聚集在大议会中的民众来行使。②[182]当剥夺权力的大议会被证明不可行时,许多(特别是年轻的)显贵就参与帮助美第奇家族复辟。

至于比圭恰迪尼年长、地位低,但更有经验的对话者马基雅维利,波考克跟其他剑桥作家一样,总是淡化这位秘书深刻的反精英主义,并歪曲他广受欢迎的主张的全部特征。例如,波考克讲述了,圭恰迪尼那种试图将贵族的至高无上与开放型政制的某些方面相结合的尝试,如何在马基雅维利的知识分子圈里流行开来。③ 但想想马基雅维利所处的阶层地位和反精英倾向(波考克充分认识到这一点),就会发现波考克并没有考虑到马基雅维利在多大程度上已经尝试重新安排政治平衡,特别是他在《李维史论》第一卷第五章

---

① Pocock, *The Machiavellian Moment*, 129.
② Pocock, *The Machiavellian Moment*, 122, cf. 257.
③ Pocock, *The Machiavellian Moment*, 185–186.

中强调要把"守护自由的权力"交给人民。我在其他地方讨论过，马基雅维利采用一种修辞策略以说服年轻的贵族——比如他呈献《李维史论》的对象——接纳国内政治中更民主的制度，承诺可通过在战场上指挥一支人民军队来获得更大的荣耀。简而言之，马基雅维利诱使他们接受在国内更少受到支配所带来的乐趣，由此他们或许在境外能让所支配的利益最大化。①

可以肯定的是，波考克认识到《李维史论》阐述了一种"民主理论"，这在很大程度上依赖于公民士兵在马基雅维利思想中的作用。② 但波考克只强调了政治军事交易的一个方面，而我认为在这个方面，马基雅维利正试图以修辞方式在显贵和民众之间寻求平衡；而波考克的公民士兵更像士兵而非公民，他几乎只强调了马基雅维利在让民众参与发动战争而非制定政策时的解决办法。特别是，波考克严重低估了马基雅维利对人民在罗马本国执行政治决断时具有的卓越认知能力的辩护，这种政治决断的部署远比圭恰迪尼赞成民众选举行政官员与支持法律法规更具实质性和广泛性。③ 此外，[183]在波考克看来，现代共和国从马基雅维利那里继承的最主要的是一种征募大众参战的倾向。这样一种想法似乎被以下内容所证实。他告诉我们，圭恰迪尼的《关于佛罗伦萨政府的对话》(*Dialogue on the Government of Florence*, 1524) 直接回应了马基雅维利，其方式是确认优秀并非与"被武装的多数"相关，而与审慎、经验及少数人有关——仿佛军事德行而非公民美德才是马基雅维利笔下的民众不得不向共和国提供的一切。④

---

① McCormick, *Machiavellian Democracy*, chapter 2.
② Pocock, *The Machiavellian Moment*, 212.
③ Pocock, *The Machiavellian Moment*, 212.
④ Pocock, *The Machiavellian Moment*, 232. See Francesco Guicciardini, *Dialogue on the Government of Florence* [1524], Alison Brown, ed. (Cambridge: Cambridge University Press, 1994).

所有这些,均未暗示波考克同情或在一定程度上试图掩盖圭恰迪尼的共和主义中的精英主义。特别值得注意的是,他尖锐地批评了圭恰迪尼诸如《对话》等成熟作品,这些作品表达了对普通公民的信心,而信心在这里甚至比前面提到的《谈话录》等早期作品更为缺乏:

> 一旦领导者出众的品质不再是德行,而变成了经验,(圭恰迪尼的)信念(关于一定程度的大众参与的信念)就不那么具有说服力了,由于经验是一种后天习得的特质,只有那些已经亲身获得某些经验的人才能做出评价;并且由于共和国不是一个习俗共同体,而是一个决策共同体,因此多数人几乎没有机会获得统治者能获得的经验——一种表现为审慎而不是习俗的经验形式。①

波考克从民众可以靠自己识别甚或展示的美德,转向除非被允许广泛参与政治,否则无法体验的经验,他表明了圭恰迪尼怎样进一步证明尽量减少民众参与共和国政治的合理性。此外,波考克指出,圭恰迪尼在他后来的著作中最终得出结论认为,通过选举而不是抽签来挑选行政官员将有利于显贵,而恰恰是那些理由强化了他对这种方法的支持。②

然而,即使在分析圭恰迪尼后来贵族色彩更明显的作品时,波考克仍然接受了他对共和主义的精英主义与粗鲁的寡头政治的区分:圭恰迪尼的"精英主义政府模式在分析中处处都显示出一种竞争性的贤能政治",尽管它肯定有利于富有的和杰出的公民。③
[184]波考克指出,圭恰迪尼对自由的定义提供机会,让"精英充分

---

① Pocock, *The Machiavellian Moment*, 234.
② Pocock, *The Machiavellian Moment*, 234.
③ Pocock, *The Machiavellian Moment*, 248.

发展自身的德行"。① 另一方面,在圭恰迪尼看来,民众的德行并不像马基雅维利认为的那样,在于积极捍卫政权的自由,以抵抗精英或外敌,而在于被动地确认精英的德行,承认后者在公共事务中具有更丰富的经验。

当然,即便是马基雅维利也认为,在民众面前单凭武力耀武扬威无法让贵族感到满足;用黑格尔的话来说,主人希望得到仆人的认可,而不仅仅是服从。波考克观察到:

> 贤能政治需要有一定程度的民主。少数人的自由(libertà)使得他们有必要具备共和国承认的德行。多数人的自由是为了确保这种承认是真正公开的,而德能和荣誉(onore)的统治是名副其实的。②

在圭恰迪尼的模式中,少数人表达了他们对统治的需要,而大多数人则以一种相当被动和机械的方式确保这种统治主要是为了让政权有好的结果。

波考克对圭恰迪尼后期作品的分析,尤为清楚地表明了圭恰迪尼的共和主义对现代选举民主的影响程度。由于圭恰迪尼假定聚集在大议会中的民众"没有能力提出法案",③因此他把民众排除在"框定与讨论立法提案的一切商议之外。民众只保留了批准权,以及接受或否决由较小的协商机构向他们提交的提案的权力"。④ 将"多数人"列入其中只是为了影响精英的行为,而非为直接提供从他们自身兴趣、直觉和经验中得出的洞见,这预示了麦迪逊式政府

---

① Pocock, *The Machiavellian Moment*, 235.
② Pocock, *The Machiavellian Moment*, 253.
③ Pocock, *The Machiavellian Moment*, 255.
④ Pocock, *The Machiavellian Moment*, 255.

和熊彼特式政府的出现。① 马基雅维利坚持认为,民众希望自身不被支配,这一愿望必须在议会中且通过护民官以符合阶层标准的方式直接表达出来,与之不同,圭恰迪尼限制民众参与,普通民众不能向政府具体提供任何"属于平民的"东西。

> [圭恰迪尼]强调了[民众]使决策具有普遍性、确保它不损害特定利益的功能。[185]多数人的作用与其说是维护非精英的意志,不如说是最大限度地发挥政府的非人格化作用。②

波考克在没有意识到这一点的情况下,从圭恰迪尼的后期著作中最终得出一个言简意赅的结论,即圭恰迪尼承担着使"贵族政府与人民政府相一致"的责任,与从马基雅维利著作中得出的任何合乎情理的结论相比,这一结论更能定义现代民主的本质。③ 在《马基雅维利时刻》更为靠后的一处地方,在探讨18世纪英国共和主义辩论的中间位置,波考克把圭恰迪尼刻画为精英主义的、选举制的、极简主义民主的教父,认为:

> 圭恰迪尼,这位佛罗伦萨共和主义理论家中最有贵族意识的人,清楚地表明,少数需要多数把他们从腐败中拯救出来,而当多数接受少数天生就是他们的领袖时,他们依然在展示其批判性的判断力和积极的公民精神。④

这种关乎圭恰迪尼政治及其遗留问题的观察如何与波考克叙

---

① 尽管在此对熊彼特(Schumpeter)的评价或许过于草率。See Natasha Piano, " 'Schumpeterianism' Revised: The Critique of Elites in Capitalism, Socialism and Democracy", *Critical Review* (forthcoming 2018).
② Pocock, *The Machiavellian Moment*, 255.
③ Pocock, *The Machiavellian Moment*, 253.
④ Pocock, *The Machiavellian Moment*, 485.

述的主旋律(即"共和主义的存在主义"或"时间政治")相互作用呢?波考克承认,佛罗伦萨的贵族理论家,特别是圭恰迪尼,最初并没有在1494—1512年共和国的背景下解决时间性或命运的问题,那时的共和国由萨沃纳罗拉以非正式的方式管理,继而由索德里尼正式掌管。① 这一观察结果使波考克的一般论点显得多少有些不合情理:长期流行的圭恰迪尼式制度模式,其制定的依据并不是作为波考克之中心问题的历史暂时性这一新颖概念。显然,圭恰迪尼式的共和模式并非最能说明波考克著作中处于核心地位的政治偶然性理论,即"时间政治"。② 在波考克看来,唯有当智识上与马基雅维利发生关联以后,圭恰迪尼本人才会采取某种形式的共和存在主义。③ 政治方面的结果使得马基雅维利的成分变得更少,而非更多。

当然,马基雅维利认为,与贵族主导的政权相比,越是能容纳民众与得到民众授权的政权,越能经受住政治命运的偶然性。然而,波考克暗示,这种智识交换鼓励成熟的圭恰迪尼[186]变得愈发支持精英化,并为共和国做出更狭隘的寡头宪政设计。因此,既然马基雅维利的人民政府模式(1)在历史上并未流行,(2)除了激励其创建者变得更精英化以外,并没有像模式实际产生的影响那样影响了模式,那么,人们可能会再次追问,这个"时刻"在哪个方面是"马基雅维利式"的呢?圭恰迪尼和马基雅维利之间的智识交换构成了这本书具标志性的"时刻",其意义只不过体现在平民主义、民主共和主义者向精英、贵族共和主义者展示如何思考时间性——而精英并没有改变自己的理论,只是让它不那么像政治存在主义的平民主义理论家所青睐的理论那样。

---

① Pocock, *The Machiavellian Moment*, 156.
② Pocock, *The Machiavellian Moment*, 183.
③ Pocock, *The Machiavellian Moment*, e. g., 237, 251.

波考克在他关于圭恰迪尼两章中的第一章结尾评论了马基雅维利在佛罗伦萨阶层中的从属地位。在波考克看来,马基雅维利的非贵族出身和地位据称启发了他发动一场"知识革命",但点与直觉相悖的是,这场革命充其量只在表面上与社会阶层发生关联。在波考克的论述中,马基雅维利主要针对混合政权的时间性,采取了具有革命性的方法,其次才是针对这些政权中普通民众的制度化。① 事实上,在这本书的结论中,波考克认为马基雅维利对现代政治理论的独特贡献在于他提出了一种适合现代政治思想的历史哲学;但波考克在很大程度上忽略了马基雅维利对制度设计和阶层冲突的一切洞见。② 这悄无声息地确认了一个事实,即在这些问题上,波考克所说的"北大西洋共和主义传统"接纳的是圭恰迪尼的解决方法,而不是马基雅维利的解决方法。

尽管波考克没有意识到这一点,③就像我在第二章中指出的那样,但根据马基雅维利的看法,精英的腐败是导致共和国时间上不稳定的主要因素。因此,现代共和主义通过避开马基雅维利式的宪政主义,避开了解决共和国在面临时空方面的局限性时最大有可为的方式。马基雅维利的理论和现代选举实践清楚地表明,圭恰迪尼以高人一等的、排他的方式,将公民降为纯粹的选民,[187]从而使民众持续性的批评和参与变得非常困难。这使得共和国更容易而非更少地遭遇波考克指出的时间上的难以预测,因为精英倾向于破坏这种政权,特别是通过加剧社会经济的不平等,以加剧这种时间的不稳定性。为了使精英保持不腐败——假如,用马基雅维利的话来说,要防止他们不可避免地让政权腐败不堪——民众必须以更积极的方式参与其中,比由圭恰迪尼(后来是卢梭)改写的传统共和

---

① Pocock, *The Machiavellian Moment*, 155.
② Pocock, *The Machiavellian Moment*, 503.
③ Pocock, *The Machiavellian Moment*, 207–211.

主义所允许的方式还要积极。也就是说,民众必须与这些精英争夺实质性的政治权力和社会经济资源。根据波考克对圭恰迪尼之共和政治的论述,以及我本人对马基雅维利平民主义政治的叙述,现代共和主义既不是马基雅维利赞同的那种典型的开放型政制,也不是波考克自己青睐的那种对时间有限性的政治回应。

归根结底,波考克最关心的是马基雅维利将平民主义的活力引导至国际关系领域的努力——也就是说,这在战争中(至少在初期)有助于共和国更好地应对命运,并及时安顿自己。其结果是,一如我们将看到的那样,波考克像其他与剑桥学派有关联的学者一样,只是以最笼统的言辞考察了马基雅维利在国内层面对残暴的平民主义反抗贵族的描述,以及他赞同维持这些表述的制度性民主渠道。马基雅维利指出,一方面,这些表述几乎一成不变地从民众的角度恰当地回应了贵族不可抑制的统治欲望,另一方面,这些制度和做法涵盖了一位平民护民官、由民众做出的政治审判,以及民众以发起人、审议者和决定者的身份参与立法。

我的结论是,波考克关于政治存在主义的论点歪曲了佛罗伦萨共和主义留给现代代议制政府的寡头政治遗产。除此以外,波考克特殊的历史性解读掩盖了马基雅维利思想中实际上与传统共和主义最不一致的方面;它忽略了马基雅维利对一个困扰人民政府的永恒问题的最出色理解,[188]这就是精英侵占和压迫的问题——不论它被理解为自由平等问题,还是被理解为共和国的时间性问题。

### 斯金纳的马基雅维利——赞成抑或反对西塞罗?

与波考克相比,斯金纳更加认同马基雅维利的政治思想及其在共和传统中的位置与当代的政治关切具有直接关联。① 波考克强调了在马基雅维利政治思想中民众发挥的社会军事作用,而斯金纳则更关注民众作为公民的国内角色。事实上,参与既是斯金纳阐释马基雅维利的核心,也是他建议改善当代民主政治缺陷的核心。正如斯金纳令人敬重地大胆指出:"理想情况下,自由国家的政府应该让每一个公民个体都能平等地参与法律的制定。"②然而,斯金纳对参与的强调存在相当大的歧义和讽刺意味。

对波考克来说,佛罗伦萨共和主义的源头本质上是希腊-亚里士多德式的;相应地,他认为公民在自己国家参加国民军,对于实现他们的本性来说是必要的。但是,斯金纳将佛罗伦萨共和主义追溯至罗马-西塞罗时期,认为参与就此而言在很大程度上是实现与维护自由的工具——具体来说,它是自由的一种消极形式,通过这种形式,公民不论在实际生活中还是潜在地都可以不处于从属地位而自由生活。因此,有点与直觉相悖的是,尽管参与在波考克的亚里士多德框架和斯金纳的新罗马框架中都举足轻重,但斯金纳实际上比波考克更充分地讨论了参与,尤其是民众参与在马基雅维利著作中的重要地位。

然而,我认为,由于斯金纳的阐释努力并未成功区分马基雅维利与新罗马共和主义传统的贵族规范,亦未强调这种严重的背离,③因此,在他努力改进当代民主理论和实践的过程中,他将一些参与的类型与马基雅维利关联起来,这些参与类型几乎没什么创新之处,也

---

① 斯金纳对战后民主理论的批评是最尖锐的批评之一,这一批评致力于调解经验性进路和规范性进路、精英主义进路与实质性进路。See Skinner, "The Empirical Theorists of Democracy and Their Critics: A Plague on Both Their Houses", *Political Theory* 1, no. 3 (1973), 287–305.

② Skinner, *Liberty Before Liberalism*, 32.

③ 斯金纳认为,马基雅维利及其前人和同时代人都具有新罗马自由观念:"意大利文艺复兴期间,共和主义自由的捍卫者,特别是马基雅维利的《李维史论》"复兴了罗马自由。Skinner, *Liberty Before Liberalism*, 10.

没什么建设性意义。[189]通过关注选举、阶层冲突中的中立、社会和制度方面的权力平衡,斯金纳对马基雅维利的擅用在很大程度上重申了传统贵族共和主义的渴望,也重申了当代代议制民主的现状。

斯金纳的这一观点曾广为人知:

> 马基雅维利继续以传统的方式为共和主义价值辩护的程度不同寻常。①

在斯金纳看来,不管在古代还是在中世纪,马基雅维利的理论与传统的意大利共和主义之间有相当大的"相似之处,可以得到事实证明"。② 斯金纳尤其强调,除了对骚乱和社会不和谐的坚决捍卫以外,马基雅维利的思想与西塞罗的思想几乎完全一致。③ 因此,斯金纳正确地承认了马基雅维利政治思想在骚乱、社会不和谐和阶层冲突方面的独创性。④ 西塞罗的政治哲学追求公民的安宁

---

① Skinner, "Machiavelli's *Discorsi* and the Pre-Humanist Origins of Republican Ideas", in *Machiavelli and Republicanism*, Gisela Bock, Quentin Skinner and Maurizio Viroli, eds. (Cambridge: Cambridge University Press 1990), 121–141, at 123.

② Skinner, "Machiavelli's *Discorsi*", 137.

③ Skinner, "Machiavelli's *Discorsi*", 136. 我找到了下列批判性审视西塞罗政治思想的成果。这些成果特别有助于反思新罗马共和主义及斯金纳力图把马基雅维利与那一传统勾连起来的努力,并且尤为具有启发性。See Marcia L. Colish, "Cicero's *De officiis* and Machiavelli's *Prince*", *Sixteenth Century Journal* 9 (1978), 81–93; Michelle Zerba "The Frauds of Humanism: Cicero, Machiavelli, and the Rhetoric of Imposture", *Rhetorica* 22, no. 3 (2004), 215–240; Joy Connolly, *The State of Speech: Rhetoric and Political Thought in Ancient Rome* (Princeton: Princeton University Press, 2007); Daniel J. Kapust, *Republicanism, Rhetoric, and Roman Political Thought: Sallust, Livy, and Tacitus* (Cambridge: Cambridge University Press, 2014); and Gary A. Remer, *Ethics and the Orator: The Ciceronian Tradition of Political Morality* (Chicago: University Of Chicago Press, 2017).

④ Skinner, *Past Masters: Machiavelli* (New York: Hill and Wang, 1981), 65–66; Skinner, "Machiavelli's *Discorsi*", 130, 136.

和稳定,就像亚里士多德之前和布鲁尼之后的政治哲学一样。而斯金纳正确地指出,马基雅维利将有益的政治结果归因于城市的"分裂"。不过,尽管斯金纳承认马基雅维利对西塞罗的阶层和谐(concordia ordinum)的否定,但他坚持认为"这种延续性比人们通常认识到的要更为根本"。① 西塞罗和马基雅维利之间的这些延续包括他们在共同利益、混合政府、公共利益高于私人利益、公民伟大等方面的相似观点。②

然而,我们必须追问,考虑到马基雅维利在共和主义传统中的位置,骚乱问题能否被如此轻易地看作次要的分歧。毕竟,正是马基雅维利对罗马骚乱的赞扬,促使他支持那些之前的西塞罗、同时代的圭恰迪尼以及后来的卢梭等许多共和主义者所憎恶的做法。③ 特别是,平民护民官作为最初骚乱的结果与后来进一步不和的煽动

---

① Skinner, "Machiavelli's *Discorsi*", 137. See also Skinner, *Past Masters: Machiavelli*, 25, 36, 64; and Skinner, *Visions of Politics*, Vol. II: *Renaissance Virtues* (Cambridge: Cambridge University Press 2002), 207 - 209.

② Skinner, "Machiavelli's *Discorsi*", 140. 毛里奇奥·维罗里是斯金纳的学生,他影响力相对较小但并非无足轻重,他同意斯金纳的说法,认为马基雅维利的政治思想最终符合"人文主义和西塞罗主义"共和主义的原则和实践。See Viroli, "Machiavelli and the Republican Idea of Politics", in *Machiavelli and Republicanism*, 143 - 171, at 157 and 154.

③ 斯金纳指责波考克,认为他在讨论佛罗伦萨政治思想时,过分强调了亚里士多德,却削弱了西塞罗。对此,波考克承认斯金纳的指责是正确的。但他也观察到,马基雅维利的思想不像斯金纳所坚持的那样轻易地被西塞罗的思想同化。See Pocock, "Afterword", in *The Machiavellian Moment*, 2nd ed. (Princeton: Princeton University Press, 2003), 553 - 584, at 558. 塔克(Richard Tuck)意识到,马基雅维利抛弃了西塞罗思想中的许多重要张力,尤其是那些与塞内加(Seneca)的廊下主义相重叠的地方。不过,他坚持认为,马基雅维利的政治思想仍然保留着重要的西塞罗元素,特别是那些与共和国的安全有关的元素,以及不排斥德性的道德特质。See Tuck, *Philosophy and Government, 1572 - 1651* (Cambridge: Cambridge University Press, 1993), 20 - 21.

者,在马基雅维利的政治中处于核心地位;马基雅维利把人民称作"自由捍卫者",他赋予他们——而不是贵族、参议员、公职人员[190]——直接决定立法和政治审判的使命,而不是像传统共和主义者允许的那样,简单地决定行政官员的任命。

斯金纳强调共和主义的连续性,他进一步将马基雅维利对社会冲突的偏好,以及由此而来的对赋权民众的拥护——这是马基雅维利与传统共和主义主流的主要区别——纳入传统的混合政府理论当中。在马基雅维利看来,这种混合政府理论最终促成了精英对民众的统治。① 此外,如同我们将观察到的那样,斯金纳严重低估了马基雅维利区分精英和民众各自欲望的政治后果,并且模糊了那种有必要促进民众控制精英的制度类型。因此,我认为,马基雅维利偏爱骚动的举动是解释性的,它最终看似是一次对传统共和主义原则的无关紧要的偏离,让斯金纳对它在马基雅维利政治中的核心作用缺乏足够重视。结果是,斯金纳几乎完全将共和主义的做法简化为选举政治,而且实际上无视了马基雅维利政治中的普遍参与和阶层争议元素,尤其是他对民众判断力和平民护民官的强调。

### 选举政治与"消极的"自由观

基于这些原因,我认为,当斯金纳把共和国的国内政治几乎完全简化为选举时,他以一种不同于马基雅维利的方式展开论述。例如,尽管斯金纳与巴隆(Hans Baron)在佛罗伦萨共和主义的本质特

---

① See Danielle Charette, "Catilinarian Cadences in Machiavelli's *Florentine Histories*: Ciceronian Humanism, Corrupting Consensus and the Demise of Contentious Liberty", *History of Political Thought* (forthcoming 2018).

征方面明显持有不同看法,①但他完全支持巴隆把"政治参与"限定在"共和统治的选举体系"范围内。② 斯金纳一直以简单并置"选举的"和"君主制的"政府形式的方式界定"自治的共和主义",他在支持"选举宪法"时,就是这么做的。③

[191]举例来说,斯金纳从未提及佛罗伦萨政治中的行会安排,这些行会安排故意避开普选,并将阶层特性和随机性纳入行政官员的任命程序。④ 一个更能说明问题的例子是,斯金纳在叙述马基雅维利讨论那些有利于罗马人驱逐塔尔昆(《李维史论》1.2)后获得的自由制度时,他专注于由普选任命的执政官和行政官员。斯金纳完全忽略了平民护民官这一阶层特定职务,马基雅维利把它与罗马的近乎完美及民众对自由的守护联系起来。⑤ 我们将在下文中看到,在斯金纳带有规范性意味的著作中,他援引"体现美德的"必要"公共服务"类型来避免共和国内部的统治和腐败——尽管这种服

---

① Skinner, *The Foundations of Modern Political Thought*, 69–84.
② Skinner, "Machiavelli's *Discorsi*", 122.
③ Skinner, "Machiavelli's *Discorsi*", 125, 132–133, 140. 维罗里忠实地追随斯金纳。他强调了选举和混合政府在传统共和主义中的主要作用。用维罗里的话说,意大利共和国的特点是"由经选举产生的、被公民主权实体任命的、任期有限的行政长官进行统治";这样一些共和国在制度性的范式中具象化,而该范式"明智地结合了君主制、贵族制和人民政府的优点"。对于这些问题,维罗里再次宣称,马基雅维利"完全赞同那一传统"。See Viroli, *Founders*: *Machiavelli* (Oxford: Oxford University Press, 1998), 117 and 121.
④ See John M. Najemy, *Corporatism and Consensus in Florentine Electoral Politics*, 1280–1400 (Chapel Hill: University of North Carolina Press, 1982).
⑤ Skinner, "Machiavelli's *Discorsi*", 141. 维罗里也在很大程度上忽视了马基雅维利对平民护民官无条件的赞同,他只是轻描淡写地提到这一制度。See Viroli, "Machiavelli and the Republican Idea", 167. 与之不同,维罗里讲述了马基雅维利如何像西塞罗一样,偏爱由最优秀和最具美德的公民来掌握行政权,这种说法超出了马基雅维利对执政官和护民官、贵族官员和平民官员之间至关重要的区分。See Viroli, "Machiavelli and the Republican Idea", 155.

务只在工具论意义上是必要的,这种体现美德的公共服务似乎从未超出参与传统选举政治的范围。①

这种对选举政治的特殊关注使民众参与的观念成为要澄清的问题。据推测,受马基雅维利启发,斯金纳希望在当代政治中复兴这一观念。在斯金纳接受代议制之前,他似乎经常在支持共和主义的两种观念之间左右为难,这两种观念分别呼吁直接参与和代议制参与。斯金纳在解释英国共和主义者关于自由和奴役的观点时,在同一页里表明了以下两点。首先,他写道:

> 如果一个国家或民族的行动向来容易受到或依赖于任何人之意志的支配,而不取决于作为整个国家的代表,那么,它将被剥夺自由。

不过,他接着辩称:

> 如果一个国家的行为能力在任何方面都取决于除本国公民之整体以外的任何人的意志,那么,这样的国家将被视为仍处于奴隶制之中。②

尽管人民代表与作为共和政治意志之恰当代理人的人民本身在概念上有着分歧,但斯金纳明确表示,就像他所讨论的英国共和主义者那样,他总体上倾向于以精英为中心的观点。③ 在这种语境下,正如斯金纳本人充分阐明的那样,他试图把马基雅维利纳入其共和主义概念所引发的问题是,[192]他引用了包括内德汉(Marchmont Nedham)、哈林顿(James Harrington)、弥尔顿(John Milton)、内维尔(Henry Neville)和西德尼(Algernon Sydney)在内的其他作家的

---

① Skinner, *Visions of Politics*, Vol. II, 210–211.
② Skinner, *Liberty Before Liberalism*, 49.
③ Skinner, *Liberty Before Liberalism*, 32.

理论,与马基雅维利的看法相比,这些作家对普通民众抱有更多的怀疑。①

除此以外,斯金纳强调新罗马自由的消极性质——例如,他声称共和主义者试图避免实际的和潜在的专断干预,而不是通过政治参与来实现其本质——这导致了他叙述中的参与概念性质模糊、地位不明确。② 在某种意义上,在构建这种关于自由的消极形式时,斯金纳过于抽象的概念化,导致他把参与工具化,不可避免地淡化了参与的重要性,从而弱化了马基雅维利对赋权人民的支持,抑制了斯金纳自身对共和主义改革自由民主的抱负。

斯金纳将马基雅维利纳入共和主义作家的范畴,这些作家消极地认为,自由禁止对公民生活进行实质性的干预,而不仅仅是形式上的干涉。斯金纳赞同诸如克里斯(Marcia Colis)和关里尼(Elena Guarini)等学者的观点,③强调在马基雅维利描述普通民众愿望的段落中,民众希望在涉及人身和财产的事情上免受专断干涉,而且也不用担心自己会受到这种干涉。④ 此外,斯金纳坚持认为,对马基雅维利而言,公民方面的公共服务"在工具论意义上,对于避免胁迫和奴役而言是必要的",并且认为马基雅维利的著作预示了哈林

---

① Skinner, *Liberty Before Liberalism*, 31–32.
② See Skinner, *Visions of Politics*, Vol. II, 197–198.
③ See Marcia L. Colish, "The Idea of Liberty in Machiavelli", *Journal of the History of Ideas* 32 (1971), 323–350; and Elena Fasano Guarini, "Machiavelli and the Crisis of the Italian Republics", in *Machiavelli and Republicanism*, 17–40.
④ Skinner, *Visions of Politics*, Vol. II, 198. 更广义地说,对自由的这一论述与佩蒂特的"免于支配的自由""共和主义"理论相一致。See Pettit, *Republicanism: A Theory of Freedom and Government* (Oxford: Oxford University Press, 1999); and Pettit, *On the People's Terms: A Republican Theory and Model of Democracy* (Cambridge: Cambridge University Press, 2013).

顿等后来的共和主义者在这方面撰写的著作。①

　　这样一些主张包含了许多真理。遗憾的是，马基雅维利对自由之抽象"概念"的执着证实了这些主张，这让斯金纳具有戏剧性地严重低估了马基雅维利认为民众获得、维护与扩大这种自由所必需的具体手段，也使他过分突出了马基雅维利在描述实践方面的自由时所展现的消极一面与积极一面的差别。另外，斯金纳将自身从马基雅维利关于古罗马平民与贵族的冲突细节中抽离出来，他的观点游移不定：[193]他恰当地承认马基雅维利把更危险的压迫欲望归因于贵族，同时也认为民众和贵族的脾性同等危险且有害。②

　　马基雅维利规定了共和国内部维护与扩展自由所必需的民众参与的形式。当然，与斯金纳体现美德的公共服务理念相一致，马基雅维利建议普通公民应当与贵族一道直接竞争公职。不过，远不只如此，马基雅维利还坚持认为普通公民必须担任特定的阶层职位（如平民护民官），并积极行使这些职位赋予的相当大的权力来反对精英；对于那些因过分针对富人和知名人士而被认定为政治犯罪的案件，他们必须提出起诉，并对其进行政治审判；他们必须在人民大会中自由审议与直接决定立法，而不是像斯金纳和他的英国共和主义者那样，把这些讨论和决定留给人民的"代表"；另外，普通民众必须公平分享共和国的财富，这必然需要将财产重新从少数人那

---

　　①　Skinner, *Visions of Politics*, Vol. *II*, 211, 196.
　　②　例如，斯金纳有时准确地传达了马基雅维利的观点，即人民普遍倾向于享受与保护公民自由，而贵族则几乎倾向于破坏或摧毁公民自由（Skinner, *Visions*, Vol. *II*, 162）；虽然斯金纳经常坚持认为，马基雅维利视人民和贵族两种脾性或"视界"同等地威胁着自由，但他写道，他们"除非受到限制，否则将在任何时候都会寻求促进其自身利益"，因为他们每一方都只是倾向于"纯粹出于自身利益"而治理的"派系"（Skinner, *Visions*, Vol. *II*, 156 – 157）。

里分配给多数人,在这个话题上,斯金纳尤其保持缄默。①

斯金纳唯有如此具体地关注选举,并忽略上文提到的更广泛(和密集)地参与实践,才能以一种有点夸张的方式,在性质上将马基雅维利的自由概念理解为严格"消极的"。斯金纳致力于在概念上说明马基雅维利式自由的消极性质,这为他论证马基雅维利式自由在根本上是工具性的观点提供了依据,而这一做法,使得他关于参与是打击胁迫和腐败所必需的描述变得相当被动;这似乎迫使他忽视或低估,为推进与维护自由——即使自由是一种工具性的善好,马基雅维利式参与所必须采取的积极主动的程度。马基雅维利确实没有把参与描述为一种实践,民众可以借此认识到在亚里士多德综合意义上他们的政治"本质";然而,马基雅维利认为,如果民众集体要求能够(即便是部分地)满足他们不受支配的脾性,那么公民深思熟虑的、自信的、果断的行动就是必要的,[194]即便不是按照亚里士多德方式作为集体脾性的表达,这在本质上仍然是自然的。

注意在接下来的段落中,斯金纳对脾性的引用是如何服务于纯粹的个人主义者,而不是关于自由的阶层集体概念——在这个概念中,马基雅维利关于民众希望不受支配的喜好与贵族渴望支配的欲望之间至关重要的区别消失了,而在这一点上,体现美德的公共服务不再具备阶层辩论的特质:

> 在诸如马基雅维利的理论中,出发点不是希望得到幸福或实现人类真正的利益,而仅仅是描述那些促使我们选择与追求各种目标的"脾性"或性情。马基雅维利并不反对霍布斯的假设,即不受阻碍地追求这些目标的能力是"自由"一词的恰当

---

① See John P. McCormick, *Machiavellian Democracy* (Cambridge: Cambridge University Press, 2011), chapters 3, 4 and 5; as well as chapter 2 of the present study.

含义。他只是认为,履行公共服务与培养履行公共服务所需的美德,经检验证明是避免胁迫和奴役所必需的工具,因而也是确保霍布斯常规意义上任何程度的个人自由的必要条件。①

为了调和霍布斯与马基雅维利的消极自由概念,斯金纳被迫要把马基雅维利关于自由的概念完全应用于个人而不是社会团体,并且把马基雅维利式的阶层冲突——恰恰是那种让马姆斯伯里(Malmesbury)等哲学家感到恐惧的"肠道不和"——转变为一种充其量是含蓄的、无伤大雅的、体现美德的公共服务,成为公民反对统治的主要手段。

再者,在马基雅维利看来,民众可能不需要为了实现他们的本性而参与政治,但他们确实需要参与阶层辩论,以表达并满足他们以集体方式表现出来的脾性。马基雅维利经常以一种十分重要的方式把民众参与描述为积极的,即主动的、建设性的,而且能产生特别有益的结果,亦即,弱化甚至(至少暂时地)推翻贵族统治。[195]马基雅维利在支持民众对立法和政治审判做出直接判决时,非常明确地表达了这一点。因此,虽然马基雅维利毋庸置疑强调了民众的"消极"目标,如维护安全,以及自由享受他们的物质财富和精神财富,但当他描述民众在实践中追求自由时,他也强调了比只参与选举政治(同样,这也是斯金纳解决方法中规定的唯一体现美德的公共服务形式)更为积极的参与形式。

斯金纳在概念上通达自由的方式鲜明地区分了自由的消极形式和积极形式,这种方式明确把自由的原则置于实现自由的手段之上,而马基雅维利从来没有这样做过,因此,斯金纳模糊了马基雅维利人民政府内自由理论中的原则和实践之间的紧密联系。这种思想与实践的明确划分,在很大程度上凸显出严重的缺陷,它内在于

---

① Skinner, *Visions of Politics*, Vol. II, 210–211.

所有倾向于通过哲学方式而非政治方式通达马基雅维利式自由的方法中。当然,马基雅维利践行的是关乎政治(politique)的实用主义修辞艺术,而不是哲学(philosophie)中严格的理性主义艺术;结果是,他很可能认为,采取以概念为主的方法来通达自由是非常荒谬的,这种方法在很大程度上背离于实践中民众自由所面临的受经验约束的可能性和局限性。尝试从马基雅维利那里得出关于自由的"概念"是相当不靠谱的,马基雅维利详细举例(罗马、希腊、佛罗伦萨、圣经等方面的例子),以此传达在共和国内部可能实现自由的程度和限度,而这些例子就像斯金纳尝试做的那样在很大程度上被忽略了。我在本研究中通篇都在展示,马基雅维利的修辞学要求读者思考他的一般准则跟他用来阐述这些准则的具体情节之间的关系,尤其值得一提的是,在斯金纳对马基雅维利作品的理解中,民众和精英之间的几近数不清的冲突情节差不多消失得无影无踪。

考虑到哲学和实践之间的区别,应当关注马基雅维利在修辞上如何暴露了波利比乌斯在论述举世闻名的"政体循环"时的哲学天真(naïveté)——波利比乌斯预测,每个谨慎的非混合政体都将经历政体循环(它们从一种构成形式退化至另一种简单的构成形式),然而,马基雅维利没有视其政体循环序列为正确而加以接受,[196]相反,他简短地概括了波利比乌斯的预言:他相当突然地插入了这样一种观念,即在理论上理想化的政权循环得以成为历史的、有经验基础的现实之前,邻近的城市将不可避免要征服这样一个不断退化的政体。① 马基雅维利认为,除了在实践中积极行使自由之外,"消极"自由就像希腊或罗马哲学家支持的"政体循环"一样不现

---

① See Polybius, *The Histories* (London: Penguin, 1979), VI. 5 – 9. See also Harvey C. Mansfield, *Machiavelli's New Modes and Orders: A Study of the Discourses on Livy* (Ithaca: Cornell University Press, 1979), 33 – 40.

实。斯金纳相当程度的哲学取向故意混淆了他所宣扬的"共和主义"的其他方面:他倾向于把诸如西塞罗等共和主义哲学家-政治家的贵族偏好提升到"共和主义"本身的地位,却忽略了平民或行会共和主义反叛公民传统的愿望,从而将写作与政治、意识形态与现实混为一谈。

我之前已提到过,阅读《李维史论》时应该采用贵族视角:马基雅维利向年轻的贵族听众阐述了民主共和制度的理由,这些听众,以该书的呈现对象为典型代表,对那些让人想起古代斯巴达或现代威尼斯的寡头宪政安排持有强烈偏见。① 通常,为了说服这些贵族听众接受诸如平民护民官等他们不信任的制度,或接受诸如民众在立法和政治审判中做出判断等让他们感到害怕的做法,马基雅维利提供了一些历史中的例子,以证明立竿见影的结果对贵族是有利的(例如《李维史论》1.47-48)。由于斯金纳试图把马基雅维利的政治等同于西塞罗的政治,因此他容易忽略马基雅维利提供的其他证据,这些证据表明,这样一些机构和做法未必像服务于民众那样服务于大人物。简而言之,跟克里斯和瓜里尼一样,斯金纳从来没有认真考虑马基雅维利是否最终会在整本《李维史论》中追求下述修辞策略:一旦他那些具有贵族偏见的听众同意实行授权民众的制度,其实际产生的结果可能与马基雅维利提供的具体例子截然不同——这些例子旨在说服大人物相信这些制度所谓的无害性,甚至对贵族有明显的好处。

---

① See chapter 2 above, as well as McCormick, "Tempering the Grandi's Appetite to Oppress: The Dedication and Intention of Machiavelli's *Discourses*", in Victoria Kahn et al., eds., *Politics and the Passions*, 1500–1789 (Princeton: Princeton University Press, 2006), 7–29.

## 混合政府与相对脾性

[197]回到骚乱的问题上。斯金纳承认,这在一定程度上把马基雅维利与共和主义主流区分开来;尽管如此,斯金纳还是悄悄让马基雅维利回到传统共和主义主线,以此设法解释这种不一致性。斯金纳提出马基雅维利的骚乱概念,而他借助的是"均衡"的说法,它使得贵族和民众据称被认为同等危险的动机相互平衡。① 斯金纳经常从坦率地承认马基雅维利确认的两种不同的社会类型——民众和大人物,变成只讨论一种与政治相关的人,即自私的个人,这些人在适当的政治安排下可能会成为有德行的公民。② 斯金纳根据以贪得无厌且具有压迫性为特征的社会类型,推断出一种关乎自由的政治理论。马基雅维利认为《李维史论》中的贵族或《君主论》中普遍意义上的人具有这些特质;但他本人很少或从不认为作为一个阶层的"民众"具有这些特质。③ 简而言之,斯金纳经常将马基雅维利以阶层为基础的政治社会学转变为社会学上的不可知论,这种不可知论专注于抽象的人和公民。

首先,这种解释模式以马基雅维利明确拒绝的方式,把贵族的动机和民众的动机等同起来(参见《李维史论》1.5,1.46)。其次,

---

① 一种关于马基雅维利式均衡的有趣解释——把其政治思想中社会阶层的"混合"和"平衡"区分开来,参见 Fabio Raimondi, *Constituting Freedom: Machiavelli and Florence* (Oxford: Oxford University Press, 2018)。

② Skinner, "Machiavelli and the Maintenance of Liberty", *Politics* 18, no. 2 (1983), 3 – 15, at 10 – 13. See Maher, "What Skinner Misses About Machiavelli's Freedom".

③ 比较马基雅维利在《君主论》中的"普遍意义上的人"和"普遍意义上的民众"(比较第十七章与第九章、第十九章)。

它使得马基雅维利在《李维史论》中描述的社会不和谐的性质变得封闭与容易控制,这些性质包括没有期限、不断变化,甚至"野蛮"(《李维史论》1.4)。马基雅维利之所以能够以如此激进的方式赞扬冲突,正是因为他区分了罗马平民与贵族的动机,并赋予平民凌驾于贵族的特权,也就是说,民众的得体高于大人物的傲慢。马基雅维利自信地建议采用公民争辩,因为冲突中至少有一方(即作为"自由捍卫者"的民众)具有诚实、体面,甚至是光荣的目标,希望避免被支配(《君主论》第九章;《李维史论》1.5)。要是马基雅维利按照斯金纳建议的方式制定他的政治社会学,或者说要是他认为民众本质上和贵族一样野心勃勃、贪得无厌,[198]那么这将会导致他在其他地方明确批评的那种不道德的、不让步的、造成腐败的派系冲突(例如,《李维史论》1.7)。①

正如我们在第二章和第三章都看到的那样,马基雅维利在整部《李维史论》中一直认为,在罗马,关于民众"野心"的表达是对贵族过分的、危险的"傲慢"的合理回应。斯金纳太容易把据称的民众过分行为跟那些马基雅维利预测的、实际上可归属于贵族的过分行为相提并论。在解读《李维史论》过程中,斯金纳不成比例且不恰当地把马基雅维利对贵族和民众之动机及行为的评价等同起来。直到在诸如《佛罗伦萨史》和《论佛罗伦萨的政务》等后期作品中,马基雅维利才似乎——如同我在第三章中描述的那样,只是似乎——把民众和贵族的野心等同起来,这种做法出人意料,这就如

---

① See Machiavelli, "Proemio", in *Istorie Fiorentine* [1520 – 25/1532], Franco Gaeta, ed. (Milan: Feltrinelli, 1962); and Gisela Bock, "Civil Discord in Machiavelli's *Istorie Fiorentine*", in *Machiavelli and Republicanism*, 181 – 201.

同斯金纳不合理地坚称马基雅维利在《李维史论》中就是这么做的。① 除此以外,斯金纳使用均衡这个术语和概念时,他更接近古典的、西塞罗式的和波利比乌斯式的关于混合政体各部分之间和谐关系的观点,而不是马基雅维利对该观点的激进化,这种激进化的观点赋予民众超过贵族与反对贵族的力量。② 马基雅维利的确是混合政体的倡导者——剑桥学者极为频繁地通过使其成为教条的方式重复这一点。然而,他以一种民主的方式,以一种既不是贵族

---

① Skinner, *Past Masters: Machiavelli*, 66. 然而,在剑桥学派学者中,没有人比毛里奇奥·维罗里更努力地让人民看起来更糟糕,而让贵族看起来比他们在马基雅维利作品中实际呈现的更好了。在第三章,我把维罗里列为众多阐释者中的一员,这些阐释者不恰当地坚称,在其关于佛罗伦萨的历史和宪制著作中,马基雅维利同等地指责人民和贵族,认为他们的行为威胁与破坏自由。比如,参见 Viroli, *Founders*, 125 – 126。不过,维罗里走得更远,他歪曲马基雅维利的文本,使贵族似乎比马基雅维利本人所理解的压迫性更小。比方说,在《论佛罗伦萨的政务》中,马基雅维利建议确立终身制的"元老"显贵阶层,他们可以在佛罗伦萨执政团轮换执政。维罗里宣称,马基雅维利在这里提出建议,目的是以西塞罗式的风格,合理地包容佛罗伦萨"最明智和最受尊敬的公民"。参见 Viroli, "Machiavelli and the Republican Idea", 155。事实上,马基雅维利坚持认为,他之所以提出这一制度,是因为有必要安抚佛罗伦萨最有野心、最自负和最居高临下的公民:正如马基雅维利明确指出的那样,他们是具有"傲慢的精神"(animo elevato)的人,"认为他们应该优先于所有其他人"(pare loro meritare di procedere altri)的有权势的公民。参见 Machiavelli, "Discursus", 738。维罗里忽视这一段落,却把重点放在另一段落,在这里,马基雅维利提到"声名显赫的人"(uomini gravi e di reputazione),维罗里在此容易把它误译为"最明智和最受尊敬的公民",并且把它过分夸大为马基雅维利所说的共和国"最优秀的人"。参见 Viroli, "Machiavelli and the Republican Idea", 155。

② See Cicero, *On the Commonwealth and On the Laws*, ed. James Zetzel (Cambridge: Cambridge University Press, 1999), 19 – 23; Polybius, *Histories*, 317 – 318.

的甚至也不是对两个阶层都公平的方式混合了这些政体。①

为传统共和主义发声的知识分子一般会建议,混合政体内部的机构混合要对贵族有利。不可避免,在这样一些安排下,通常聚集在元老院的富裕且家庭显赫的成员,最终几乎都能设定议程、制定政策、执法,而普通公民却无法具备这些能力。相反,回想一下马基雅维利如何赞扬平民为获得与贵族同等的地位所做的努力,以及马基雅维利的政治如何超越传统意义上的机构平衡,以便实现民众自身的实际统治,并促进他们遏制罗马精英(例如,《李维史论》1.4-7,1.44,1.57-58)。就像我们在第二章中看到的那样,对于民众在社会政治混合体中的地位,马基雅维利与传统的共和主义者有不同看法,[199]他赞同平民尝试分享贵族的荣誉和财富(《李维史论》1.37)。

斯金纳分析罗马宪政时又一次采用高度抽象的波利比乌斯式视角,而不是研究真实而粗暴的社会冲突,对于这种社会冲突,马基雅维利在《李维史论》中抛弃波利比乌斯式的解释时早已有所论述(《李维史论》1.2)。斯金纳只看了马基雅维利在《李维史论》一开

---

① 赫恩维斯特(Michael Hörnqvist)在《马基雅维利和帝国》一书中,提出了一种针对马基雅维利和帝国之混合政府模式的解读方式,这种解读方式体现了他强有力地受到了剑桥学派启发,参见 *Machiavelli and Empire* (Cambridge: Cambridge University Press, 2004)。围绕赫恩维斯特对国内外政治事务的评价所做出的可靠纠偏,参见 Alissa M. Ardito, *Machiavelli and the Modern State: The Prince, the Discourses on Livy, and the Extended Territorial Republic* (Cambridge: Cambridge University Press, 2015)。当维罗里明确把马基雅维利"秩序井然的人民政府"理念与西塞罗的混合政体观念(根据西塞罗的看法,"城市每个组成部分都有其正确的位置")相提并论时,他还严重低估了马基雅维利的新异性。参见 Viroli, *Founders*, 125。正如我已论证,就人民在西塞罗和马基雅维利各自秩序井然的政体中的"正确位置"由什么要素构成的问题,两者的观点有着相当大的差别。亦参见 Viroli, "Machiavelli and the Republican Idea", 154-155。

始对执政官、元老院和(斯金纳并不怎么关注的)护民官在罗马宪法中的安排的简要描述;另外,他在很大程度上忽略了马基雅维利随后对贵族和平民在这些机构里里外外以对抗的方式互动的详细描述(这些描述往往与李维和波利比乌斯等罗马历史学家的描述大相径庭)。① 虽然斯金纳承认马基雅维利对冲突的赞扬——罗马各社会阶层激烈地参与到冲突中,因为他关注的是马基雅维利叙述中符合且忠于古典的方面,而不是那些否定与背离古典的方面,但他错过了马基雅维利的社会政治争议性概念完全创新、充满活力的性质。②

在马基雅维利看来,贵族与民众之间的冲突并不专门局限于按照波利比乌斯的方式描述的正式宪法结构,这种结构是斯金纳的主要关注点。这些不和谐与骚乱在现实社会要混乱得多,而在制度上也宽泛得多。马基雅维利描述了不和谐如何在罗马街头以及在制度性讨论中,以斯金纳基本忽视的方式上演:比如平民会议、非正式会议、公开指控、政治审判,以及民众尝试分享战利品和贵族职位等。斯金纳提到,公开指控可以最大程度地减少诽谤,从而抑制共和国内部派系纷争的扩散,③但是,他淡化了马基雅维利在多大程度上把它们描述为普通公民谴责、揭露、惩罚显赫人物的方式(《李维史论》1.7)。因此,斯金纳在很大程度上中和了马基雅维利偏爱的那种冲突,这种冲突的特征往往表现为民众做出积极的、不服从的、无礼的反精英行为。

[200]斯金纳试图消除马基雅维利式政治的影响,这尤其体现

---

① 关于马基雅维利脱离李维的众多例子,参见 *Machiavelli's New Modes and Orders*。

② 围绕斯金纳对马基雅维利阶层理论的处理所作出的多方位批评,参见 Gabriele Pedullà, *Machiavelli in Tumult*: *The Discourses on Livy and the Origins of Conflictual Politics* (Cambridge University Press, forthcoming 2018)。

③ Skinner, *Past Masters*: *Machiavelli*, 71 - 72.

在他对罗马法律如何通过的描述中,斯金纳认为马基雅维利对罗马立法程序的重建是这样的:当"两院制"结构中的元老院和议会(分别由不同的社会阶层控制)都批准一项法律时,该法律得以通过。① 这种说法极具误导性。马基雅维利把完全的立法主导权归于聚集在议会中的罗马民众:人民大会制定法律。可以肯定的是,元老院作为一个整体或通过个别参议员的恳求,可以发起、支持或反对某一特定的法律,但集会的民众自身(也许在某些情况下不包括贵族)决定法律包含的内容。此外,护民官利用其否决权发挥作用,使得元老院和执行官都无法单方面地或相互勾结而篡夺人民的立法权。显然,斯金纳将十八世纪以后的两院制解读为马基雅维利所理解的罗马立法进程——此举使得共和主义传统不再是斯金纳所期望的、有助于当代政治理论和实践改进的丰硕资源。如果共和主义传统只是提供诸如选举程序或两院制立法机构等制度性选择——这些选择与许多当代代议制政府的特征几乎相同,那么,在致力于具实质性地改善当代代议制政府的努力中,这一资源似乎过于薄弱。

---

① See Skinner, *Visions*, *Vol. II*, 156. 根据斯金纳的看法,马基雅维利认为:"在他们的共和宪法下,[罗马人]有一个由贵族控制的议会,另一个则受控于普通民众,任何提案要成为法律都需要征得每一方的同意。不可否认,每一方都倾向于提出仅仅推进自身利益的议案。然而,每一方都被另一方阻止将其作为法律强加于人。结果是,唯有不倾向于任何一方的议案被期待获得成功。因此,与宪法有关的法律,确保了公共善在任何时候都能得到促进。"Skinner, "The Republican Ideal of Political Liberty", in *Machiavelli and Republicanism*, 293 - 309, at 306.

## 改革自由民主的共和主义办法

现在,我将更深入地审视斯金纳更具规范性的著作①——在著作中,他利用马基雅维利与共和主义来追溯"新罗马"自由观在西方政治思想史上的兴衰。② 随着时间的推移,斯金纳开始用"新罗马的"而不是"共和主义的"这一术语形容他所偏爱的自由概念,部分因为前者在君主制下或许能够实现,而后者从定义上来看在君主制下却无法实现。③ 马基雅维利承认,罗马人在特定国王和皇帝的统治下享有一定自由,[201]而斯金纳写到,英国的共和主义者经常让君主与属于贵族和资产阶层的机构一样在宪法上占有一席之地。④ 按照斯金纳的说法,当政权或个人生活既不受另一政权或个人的实际干预,也不受潜在干预的时候(无论这种干预是否真的发生),斯金纳笔下与马基雅维利明确相关的新罗马自由就会实现。⑤ 在斯金纳的描述中,古典自由主义仅仅在没有实际干预的条件下界定自由,因此,它忽略了在任何专断干预的威胁下,个人和政体所需

---

① 斯金纳部分地否定他早期的方法论著作,他宣称,当思想史研究者从事学术研究时,可以期待针对当代政治的产出大大超出古物研究者的兴趣。Skinner, *Liberty Before Liberalism*, 118.
② Skinner, *Liberty Before Liberalism*, especially 108, 110 – 112.
③ Skinner, *Liberty Before Liberalism*, 11, n. 31; 55, n. 174; 56, n. 176.
④ Skinner, *Liberty Before Liberalism*, 54.
⑤ Skinner, "Machiavelli and the Maintenance of Liberty", *Politics* 18, no. 2 (1983), 3 – 15, at 13, n. 9.

要的依赖或服从形式。①

斯金纳坚持认为,就像马基雅维利有效利用的那样,新罗马自由的原则既适用于政权,也适用于公民个人。② 然而,在他的叙述中,共和主义知识分子(literati)几乎总是关注政权,也就是说,臣民政权和特定人群分别受到皇权统治者或专制统治者压迫的情况,以及主人统治奴隶的情况。这些类别和例子不包括(至少不明确包括)那些与经济不平等、社会从属形式相关的侵犯自由的类型。就更广义的统治形式而言,这种目光短浅的行为可能部分源于以下事实:斯金纳所提及的许多共和主义者,尤其是英国的共和主义者,最担心暴政统治者和专制君主滥用权力,他们经常把被压迫的臣民比作奴隶。③ 但我敢说,在这个意义上,共和自由或新罗马自由的有限适用性既在很大程度上是因为斯金纳自身的分析要旨,也是因为他依赖这些特定的历史来源。斯金纳的新罗马自由观在社会统治方面明显缺乏说服力,可以说,其原因与他低估阶层冲突在马基雅维利政治思想中的地位的原因是一样的(尽管他声称事实恰恰相反)。

第二章和第三章谈到,在《李维史论》和《佛罗伦萨史》中,马基雅维利关注的是普通民众被富有的、地位高的公民统治,而不仅仅是被暴君统治。其结果是,他将解决从属问题的方式理论化,而他

---

① Skinner, *Liberty Before Liberalism*, ix – x. 施克莱(Judith Shklar)的《恐惧的自由主义》似乎可被看作自由主义理论的一个明显例子,这个理论并不局限于直接干预所带来的不公正。See Shklar, "The Liberalism of Fear", in Nancy L. Rosenblum, ed., *Liberalism and the Moral Life* (Cambridge, MA: Harvard University Press, 1989), 21 – 38.

② 斯金纳写道:"要问一下,马基雅维利不仅提到个人,而且还提到过着或没有过上自由生活的共同体,他的意思是什么。简而言之,他在这两种情况下的意思是一样的。"Skinner, *Visions of Politics*, Vol. II, 198.

③ Skinner, *Liberty Before Liberalism*, 17.

对从属问题的关注甚于斯金纳及其相关研究者所关注的奴役或苦役问题。① [202]寡头通常通过债务束缚、扣留粮食和垄断公共土地等方式统治民众,这些方式不同于主人对奴隶的统治、帝王对臣民的统治、暴君对被压迫人民的统治,尽管马基雅维利有时用等同于他在其他压迫形式上所表达的道德上的不满来描述它。斯金纳利用马基雅维利,完全从霸道的君主统治、对臣民城市的专横统治和赤裸裸的奴隶制来定义对自由的侵犯,这严重扭曲了马基雅维利实际的自由理论,削弱了斯金纳试图在当代政治环境下复兴新罗马式自由的潜在效力。

斯金纳的新罗马概念可以被重建,并被用来反对在结构上干预或直接干预今时今日人民自由的不合法的社会等级制度。② 然而,除了在《自由主义之前的自由》的结尾模棱两可地反对伯林(Isaiah Berlin)以外,斯金纳本人并没有以这种方式建立新罗马自由理论。③ 事实上,马基雅维利肯定会用这样一种新罗马自由观,反对

---

① Skinner, *Liberty Before Liberalism*, 37.

② 在一个非常有意思的脚注中,斯金纳指出,在马克思对资本主义社会政治关系的分析中,罗马自由的言辞是多么"引人注目"。Skinner, *Liberty Before Liberalism*, x, n. 3. 这一洞见后来被学者们所接纳,如 William Clare Roberts, *Marx's Inferno: The Political Theory of Capital* (Princeton: Princeton University Press, 2016);以及 Bruno Leipold, "Citizen Marx: The Relationship Between Karl Marx and Republicanism" (PhD Dissertation, Politics Department, Oxford University, October 2017)。

③ 当论及"我们继承的关于自由国家之特征的思想传统的冲突"时,斯金纳观察到:"争论的双方都同意,国家的主要目标之一应该是尊重与保护其公民个人的自由。但是,其中一方认为,国家唯有确保其公民在追求选择的目标时不受任何不公正或不必要的干涉,才有希望兑现这一承诺;另一方则坚持认为,这永远是不足够的,因为国家总是有必要确保其公民同时不会陷入依赖他人之善意的处境,而这是可避免的状态。"See Skinner, *Liberty Before Liberalism*, 119. 马基雅维利甚至更偏向于后一种观点,而不是斯金纳似乎意识到或愿意支持的观点。

诸如弥尔顿、内维尔和西德尼等斯金纳所依赖的贵族共和主义者,这些理论家会容忍或证明共和国最好的公民对普通公民的专横干预是合理的——斯金纳本人明确了这些作家的反平民主义倾向。①

就此而论,考虑到斯金纳为复兴共和主义原则而进行的敦促,这些原则可能会改变当代政治实践,并重振现代公民的活力。斯金纳大胆地呼吁道:

> (我们)需要足够谨慎,同时要具备其他公民素质,才能在公共生活中发挥积极有效的作用。如同自然存在物一样,允许政治体的政治决策由它本身的全体成员以外的任何人来决定,就是要冒不必要的风险,让政治体的行为只达到那些设法控制它的人的目的,而不是政治体自身的目的。因此,为了避免这种奴役状态,确保我们自己的个人自由,我们必须培养政治美德,全心全意为公众服务。②

[203]如果已经获得政体控制权的精英(斯金纳并不清楚是在社会层面、政治层面,还是两者兼而有之)不想篡夺整个政治体的意志,从而以否决其自由并继而使其处于奴役状态的方式威胁构成政治体的个人,那么,斯金纳坚持认为,有德行的、积极的、有效的公民参与就是必要的。然而,通过将马基雅维利的政治思想与他严厉谴责的共和主义传统相结合——理由与斯金纳在上面引述的那些理由相同,斯金纳失去了实现他令人钦佩之目标的那些手段。简而言

---

① 基于他的作者深深地不信任民众,斯金纳以这样的方式总结其宪政办法:"他们普遍同意,正确的解决办法是,由更体现德性且考虑周全的国民大会来代表广大人民,这是一个由人民选出代表他们立法的国民大会。"Skinner, *Liberty Before Liberalism*, 32.

② Skinner, "The Republican Ideal of Political Liberty", 293 - 309, at 303 - 304.

之,就马基雅维利而言,如果没有阶层冲突、护民官制度,以及民众对选举以外的政治事务的直接判断,那么,公民作为一个整体(即政治体的"全部成员"),就不可能在政治上被赋予权力,精英阶层也不可能被问责并做出回应。

## 结　论

剑桥学派学者倾向于人为地强调马基雅维利与传统共和主义的一致性,从而曲解了马基雅维利。通过上述论述,我得出结论认为,波考克和斯金纳低估了政治思想中的阶层冲突,忽视了一些制度性手段,借助这些手段,马基雅维利赋予民众权力,让精英负责,并追究他们的责任;他们分别将马基雅维利思想中的民众主体主要与服兵役和选举联系在一起,而不是与深入且广泛地参与国内政治相连;他们不恰当地将马基雅维利对贵族的批评等同于对民众的批评,从而削弱了他赋予民众"自由捍卫者"的重要角色;他们专注于马基雅维利对自由的抽象定义,其代价是既忽视了他对如何实现和维护自由的具体政策建议,又忽略了他关于自由如何在政治实践中实现的历史案例;他们不恰当地利用马基雅维利来定义自由,[204]这种自由与诸如君主统治和皇权主义统治等政治压迫相悖,但这在奴隶制度等社会统治形式方面并不具有说服力;他们对精英在国内统治民众的做法基本上保持沉默,这种统治完全符合共和主义理论,而且经常渗透于共和主义的实践。

值得重申的是,他们执着地关注马基雅维利理论中的抽象自由"概念",以及所谓的普通民众被动或应激性的政治倾向,这种做法与现代代议制特别优待精英的"民主"安排中选举式的、受人追捧的参议院特性相一致。这种关注迫使剑桥学派学者严重忽视了对民众自由的积极的、猛烈的、平民主义式的捍卫。而马基雅维利关于古罗马的"以议会为基础的""保民官式的"民主重建中的直接参与及除选举以外的手段和实践,捍卫了这种自由——古罗马的民主重建表现为一种社会倾向和一套政治制度,对当代理论和实践具有相当大的建设性意义。① 更笼统地说,对上述划分类型的曲解产生了两种结果:马基雅维利对社会支配的批评被严重忽视了,而共和主义太容易被解读为一种渐进式的、反等级的政治理论。如此一来,这些解释既无助于马基雅维利研究,又无助于当今的民主理论。

再版的《马基雅维利时刻》的后记中有一个振奋人心的结论,波考克对当代代议制政府的寡头倾向进行了猛烈抨击,但书的正文严重缺乏这种想法。在谈到麦迪逊(James Madison)等人提出的"虚假的"代议制时,波考克评论道:

> 代议制实际上是一种拟制,而创建一个完全拟制的、虚假的政府体制可能会被证明与一个人以公民身份行动或天生具有政治属性是不相容的……可以断定,我们自己已经到了这样一种境地:与拟制相关的知识的不如人意已到了让人无法容忍的地步;当我们怀疑迫使我们在他们之间做出选择的政客的寡头政治是否在值得一提的意义上代表我们时,[205]我们怀疑自己是否还拥有自我以供他人代表。②

要是波考克最初把他那本洋洋洒洒的大部头的任务指向了塑造圭恰迪尼时刻(代议制民主的公民仍生活在其中),那就更像是马基雅维利时刻了! 也许到那时候,波考克就不再有那么多理由抱怨当代共和国的民众参与和精英问责的悲惨状况。

与之相似,斯金纳哀叹民众参与度的下降促使精英侵犯了公民的自由。这里有必要再次引用他的话:

---

① See McCormick, *Machiavellian Democracy*, chapter 7.
② Pocock, "Afterword", 582.

> 如果想把自身的个人自由最大化，我们就不能再信任君主，相反，应自己掌管公共舞台……有许多公共生活领域……增加公众参与或许能较好地帮助完善我们自称的代表的问责……除非我们把义务放在权利之前，否则我们的权利必然会受到损害。①

正如我已然分析表明，斯金纳本人把避免民众直接控制政治作为解决这个问题的方案；对他而言，新罗马自由在本质上绝对是消极的，而不是积极的。鉴于斯金纳的共和主义具有严格的选举性质，他到底期望什么样的"公众参与"才能确保个人自由并确保精英问责呢？本着相似的想法，当代民主理论中充斥着对"平民主义"过度危言耸听的反应，以及对多数主义持续的不信任。知名学者可能会抱怨财富不平等和精英特权威胁当代民主国家的民众自由，然而，他们往往将全部批评的重点放在证明平民主义运动和民众多数如何实际上对自由构成了威胁，而且这种威胁比精英所构成的威胁更危险。②

波考克和斯金纳总体上严重低估了马基雅维利政治思想和民主政治中民众参与的重要性，因此，剑桥学派只给我们留下了一个模糊的等式，[206]即把民众参与跟同意、口头表决和行政官员的选举等同起来，从亚里士多德、西塞罗和布鲁尼到圭恰迪尼、卢梭和麦迪逊，选举已成为贵族支持的共和主义形式的特征。从封闭型政制的共和主义支持者赞同的角度来看，无论是在古代还是现代，民众参与都从属于精英统治，因此，这也就把我们带回到了一个不令人

---

① Skinner, "The Republican Ideal of Political Liberty", 308–309.
② See John P. McCormick, "The New Ochlophobia? Populism, Majority Rule and Prospects for Democratic Republicanism", in Yiftah Elazar and Geneviève Rousselière, eds., *Republican Democracy* (Cambridge: Cambridge University Press, forthcoming 2018).

满意的起点,波考克和斯金纳就是从这个起点开始,为了一个更坚定的自由概念而提出不满。如果没有我之前所说的马基雅维利式民主——那种民众被赋予权力的、精英论辩式的政治和制度,共和主义就会助长公民的腐败和精英肆无忌惮的行为,那会让这些与剑桥学派有关联的学者感到非常不快。

　　斯金纳和波考克把一些由其他历史学家和哲学家提出的制度性安排与共和主义联系在一起,而马基雅维利反对这些制度安排。马基雅维利提醒我们,从历史上看,共和国内绝大多数公民认为仅有选举和元老院制度是不足够的,他们认识到这些制度是社会经济精英和政治精英统治他们的工具。剑桥学派学者不同程度地放弃了罗马制度的重要特征和功能——平民护民官、完全具有包容性的议会、由民众做出判断的政治审判——通过这些制度,民众能够对抗富有的、知名的公民所掌握的特权。相反,马基雅维利对罗马共和国的重建表明,如果我们要在现实世界的共和国中找到一些体现客观性的表象以及对公共利益的热爱,那么它最有可能当然不会出现在哲学家倡导的开明的少数当中——也就是说,不会出现在柏拉图的哲学王、西塞罗最优秀的元老或圭恰迪尼通过选举产生的行政官员当中。相反,它将出现在公民体内——他们通过制度的方式被赋予权利去思考和决定对他们自身而言是什么构成了自由。

# 总结　不体面的作品、暧昧的阐释与赋权人民的德性

[207]请允许我总结一下本书对马基雅维利政治思想的看法。第一部分各章节分析了马基雅维利三部主要政治著作中的具体主题，并阐明了在马基雅维利政治思想中，这些主题如何体现了赋权人民的有效真理。

第一章探究了马基雅维利在《君主论》中对博尔贾的论述如何与圣经相一致。他用了比书中其他人物都要多的篇幅来讨论博尔贾——或者是"瓦伦蒂诺公爵"这个马基雅维利和"群氓"都宁可采用的称谓。我认为，在详细叙述博尔贾生涯的过程中，马基雅维利始终广泛使用圣经寓言，这告诉我们：即使在君主国内，马基雅维利还是会认为，普通人一定要充当政治现实的终极仲裁者；尽管有时候他会说，君主的美德意味着不受约束的自治，但通过准基督主义的瓦伦蒂诺的例子，马基雅维利实际上表明了，审慎的君主必须在自己和臣民之间培养相互依赖的关系——一种因使得共同对手流血而被神圣化的关系。因此，这一章要质疑那种认为马基雅维利的目标是使政治彻底去神学化的观点；实际上，[208]我认为，对马基雅维利而言，所有政治的确立都必须通过准宗教术语而得到神圣化，以确保人民的"精神"能够接受"好政府"的好处。

第一章论证了马基雅维利的目的并不一定是反神学甚或是反基督教的，就像阐释者探讨他的宗教观时常常指出的那样。或许最根本的是，我的解读促使读者重新思考，按照马基雅维利的想法，一个政体的真正基督教创始人应该是什么样子的，以及这样一个创始

人与人民之间的关系——一种既有恐惧又包含爱,但却没有仇恨的关系——应该是什么样子的。马基雅维利表明,博尔贾最强大的力量是他从罗马涅人民那里得到的忠诚,他说服罗马涅人民,让他们认识到在被博尔贾消灭了的、得寸进尺且无法无天的罗马涅贵族中,有着他们和公爵共同的敌人。在博尔贾的走狗雷米洛惨遭血腥处决后,人们正确地选择——不可否认,当中存在一定程度的不同看法——认同博尔贾将有序政府的利益赋予人民时采用的残忍手段。

第二章论证了,《李维史论》反映出马基雅维利从根本上致力于秩序井然的共和国中的社会经济平等;此外,它探讨了经济平等主义在何种程度上与马基雅维利更广为人知的论点,即支持武装公民,完全交织在一起。我突出了马基雅维利在《李维史论》中赞同的某种修辞策略,通过这种修辞策略,尽管马基雅维利表面上持相反的论调,但他仍然赞同格拉古兄弟的再分配议程、罗马护民官这一历来被认为是导致共和国崩溃的元凶。马基雅维利的许多前辈和同时代的共和主义者批评格拉古试图将罗马富有贵族的土地重新分配给极其贫穷的平民(并且阻止此后贵族侵占那些由罗马平民士兵征服而来的领土)。马基雅维利对护民官的抱负表示同情——但他谨慎地表示,他们的方法存在深层次的缺陷。他巧妙地暗示,其他受经济不平等所困扰的腐化共和国的潜在改革者,必须使用暴力手段获取成功,避免像格拉古兄弟那样遭受失败。[209]马基雅维利在他论述格拉古兄弟的篇章里提到了"审慎";接着,我着重强调了在这种情况下,马基雅维利用于传达他对财产再分配和经济平等之主张的审慎修辞;除此以外,我进一步论述其审慎的暴力形式,在马基雅维利看来,如果共和国(用他的话来说)要"保持国家富裕而公民贫穷",就有必要这样做。

在第三章中,我挑战目前占主流地位的观点,即马基雅维利后期的政治著作,特别是《佛罗伦萨史》表达了不久前发展出的社会和政治保守主义观点,更具体而言,该观点认为,马基雅维利对共和国,特别是佛罗伦萨的普通人有越来越多的不满,却给予贵族更多赞美。我认为,马基雅维利在《佛罗伦萨史》中采用的文学-修辞手法,更有力地巩固了而非以任何方式削弱了他之前表达过的民主倾向,这种倾向在他晚年的政治著作中看似更为保守。我给出的解释是,马基雅维利在他的政治著作中对社会阶层有着一以贯之的看法,其证据深深植根于《佛罗伦萨史》的叙述中。唯有在比较《佛罗伦萨史》中对人民和贵族的描述与《君主论》和《李维史论》中的相关描述时,这种证据才会显现出来。

在《佛罗伦萨史》提到的三个具有决定性意义的社会冲突事件中,我比较了马基雅维利对佛罗伦萨人民和平民的公开批评——这些批评重复着老生常谈的传统贵族式诽谤,指责他们传闻中的不节制和不理性——以及他对行动中的人民和平民的描述,这些描述与马基雅维利在较早期作品中对普通民众的积极评价不谋而合。在我看来,语境的限制能解释马基雅维利为什么对人民温和、理性和公正的本性持有的看法有着明显的逆转,以及为什么在这些事件中他的言行形成戏剧性的(如果可被看作含蓄的)反差。因为马基雅维利是在美第奇家族的命令下撰写《佛罗伦萨史》,美第奇家族刚刚允许他重新进入佛罗伦萨政界,[210]他们周围是贵族顾问和充满敌意的佛罗伦萨民众,挑衅性的民粹主义被马基雅维利掩盖起来,它依然深深植根于文本核心,而传统贵族的偏见却保留在表面上。

我在第二部分讨论了马基雅维利的解释者,他们都倾向于歪曲或忽视他政治思想的极端民主化特征。卢梭虽然以精英式的友好方式校正了马基雅维利的共和主义,而他的做法所得到的关注可能比不上其他18世纪的作家(比如哈林顿、孟德斯鸠或麦迪逊),但恰恰是卢梭作为现代民主理论之父的崇高地位,促使我批评他对马基雅维利政治思想的解读。在我看来,卢梭取代了马基雅维利体现阶层意识的民粹主义和划分阶层的制度处方,这标志着历史上民主原则与实践的一个错误转折。我明确指出,如果是马基雅维利而非卢梭的想法被现代民主采纳,以及假如在现在采纳,那么它能更好地推动历史进程,并且有可能在不久后以改革的方式得到不断完善。

二战以后,卢梭关于马基雅维利是共和主义者这一依然存在争议的观点在英语世界成为定论。马基雅维利不再只被看作奉劝君主的邪恶顾问。他是共和国及其独特自由的拥护者,这一观点在芝加哥大学和英国剑桥得到强有力的支持。列奥·施特劳斯和剑桥学派从不同角度把马基雅维利看作共和主义者,源自芝加哥和剑桥的两种截然不同的共和主义形式有着共同的特质:两种解释方式都把马基雅维利塑造成一位代表精英利益的——要么是坚定的寡头主义,要么是温和的贵族派——共和主义者。

我在第四章指出,在《社会契约论》中,卢梭重新建构古罗马的法律,故意且直接反对马基雅维利在《李维史论》中支持的更民主且反精英主义的罗马共和国模式。尽管卢梭认为他与马基雅维利志趣相投,承认马基雅维利同是共和主义者,但我论证认为,卢梭以完全反马基雅维利的方式确立制度,[211]这些制度不利于民众尽可能减少富有公民和政治官员过大的权力或影响力。在《社会契约论》最后即最长的(同时也是最少人阅读的)那一卷,卢梭暗地里谴责马基雅维利,避免产生诸如平民护民官等专门为普通公民而设立的行政职务,并且支持那种富人在立法和选举中能控制局势,却把穷人排除在外的议会。以诸如普遍性和人民主权等社会学匿名原则为基础,卢梭的新罗马制度建议——直接否认了马基雅维利的建议——致力于安抚阶层等级的争议,并扩大共和国精英的特权,这种做法以更正式的、貌似更真实的平等为幌子。

第五章讨论了施特劳斯在《关于马基雅维利的思考》中小心地对马基雅维利政治著作所进行的令人望而却步的阐释。本章尝试推翻施特劳斯对马基雅维利极具影响力的解读,即马基雅维利偷偷批评大众判断,并且批评把民主共和国作为最值得推崇的政体。我仔细阅读施特劳斯,指出他的解释和结论存在一系列不连贯的地方和缺陷。

我认为,马基雅维利在字面上提到人民在一切秩序井然的政体中扮演重要角色,对此,施特劳斯无法接受其真实性,急于声明马基雅维利在大众判断和统治方面持有隐而不宣的保留意见。而该声明的态度相当强硬。众所周知,施特劳斯及其许多学生,或许比今天任何其他学派都更迷恋那些古代哲学家和历史学家——"那些作家"——的著作,马基雅维利则会批评他们有恐惧症和反民主的偏见。尽管如此,施特劳斯以非凡的自信充分利用了马基雅维利。结果证明,这只是施特劳斯自己站在保守主义立场对民主做出的批判。施特劳斯声称,当马基雅维利支持那些反对传统作家的人时,他的真实意思并非与他所写的东西完全一致。相反,施特劳斯坚持认为,虽然马基雅维利颇具决定性地与贵族古典传统的道德哲学分道扬镳,但他并没有真正切断自身与政治和宪法理论方面的精英主义古典传统的关联。[212]事实上,施特劳斯坚持认为,马基雅维利实际上倾向于精英在多个领域拥有统治权——尽管这种统治更为隐秘,即使在被认为是民主制国家或民主共和国当中也是如此。

我论证了施特劳斯如何抓住一切机会,通过在马基雅维利的文本中精心选取糟糕的民众选择,来削弱他对大众判断的支持,但施特劳斯从未以同样的热情和坚韧,审视马基雅维利著作中展示的贵族群体所做的更多、更具灾难性的糟糕判断。我认为,这种短视揭示出一些深刻的东西,即施特劳斯坚持认为马基雅维利摧毁了古典的、贵族制的道德哲学标准,但即便如此他仍在根本上继续维系着古典的、精英主义的政治标准。简而言之,它揭示了施特劳斯和施特劳斯主义者是多么执着于认为,马基雅维利与他们一样都偏爱寡头政治。他们在文本方面没有得到支持的与无法获得支持的立场暴露了这样一个事实,即,政治——一种极度反民主的政治形式——而不是哲学上的真实,作为主要元素,驱动着所谓的古老的、冷静的、非党派的混合体,而施特劳斯赋予这种混合体备受推崇的"政治哲学"称谓。这一事实远远超过了施特劳斯所承认的程度。

在第六章,我揭示了剑桥学派的学者——最著名的是波考克和斯金纳——如何强调马基雅维利著作中的共同善、选举政治、混合政府、阶层均衡和共和自由;以及在这样做的同时,他们如何戏剧性地低估了马基雅维利对阶层冲突的偏好,并淡化了他对赋权人民和精英责任的坚持。我认为,他们掩盖了马基雅维利在完全意义上沿用了共和传统中反对贵族的批判,他们没有透露这种批判主要针对寡头政治。波考克和斯金纳都强调马基雅维利支持共和主义,但又分别在很大程度上认为其与希腊的共和传统、罗马的共和传统相一致。他们虽然简单承认了马基雅维利在赞美阶层冲突时与共和传统的不同,但他们只是将其看作共和主义者共同认可的关于公共善和公民美德的另一份长清单的一个例外。[213]我认为,恰恰相反,马基雅维利对阶层冲突的赞美,以及由此而来的无法避免的民粹主义和民主含义,必然从根本上把他的政治思想与贵族式共和主义和元老院共和主义传统区分开来。

剑桥学派学者从共和主义那里获得关于当代政治的规范性经验教训,这些经验教训强化了元老制的、以选举为基础的、社会经济不可知论的共和主义模式,而非对该模式做出改革,这种模式最初由马基雅维利的贵族式对话者弗朗西斯科·圭恰迪尼提出,后来由卢梭和麦迪逊提炼,它允许普通公民赞扬和拒绝而非决定公共政策。剑桥学派的阐释努力及政治干预,无关乎马基雅维利在《李维史论》和宪法改革建议中阐述的关于护民官的、由阶层所限定的人民政府模式,这种模式依赖于选举以外的问责机制,并且更愿意采纳直接的民众决策而非立法和政治审判。

出于风格化的考虑,剑桥学派把马基雅维利转变成为西塞罗,一个传统的共和主义者,他赞同其公共精神和最优秀的人的统治要与公共善相符合。与之相反，施特劳斯主义者把马基雅维利变成了一个激进的尼采式的共和主义者。对施特劳斯眼中的马基雅维利而言，共和国提供了一个空间，在这里，贪得无厌且野心不断的精英——他们是贵族中的一员，又或者是贵族群体——出于对财富的贪婪或者对荣耀的追求而统治他人（施特劳斯不确定他们更看重哪一个）。在施特劳斯看来，公共善只有在这样的国家中才得以实现，贪婪精英通过狡猾地揭露与其相似的竞争对手的暴虐动机和行为来实现相互制衡——直到他们当中一方利用这个机会掌握控制政体的权力。在第二部分，我揭露了这两种具有广泛影响力的阐释马基雅维利共和主义的方式的错误本质，强调了马基雅维利所倡导的反精英主义、阶层冲突、赋权人民的民主共和主义形式。

[214] 在与这些阐释者交锋的基础上，我们不禁要问，马基雅维利是否会像他所鄙视的西方古代和中世纪政治思想传统的"作家"那样，拒斥施特劳斯、波考克、斯金纳，甚至是卢梭的想法——他认为，这些作家都优柔寡断地宣扬富裕精英的持久权力。马基雅维利经常揭露整个思想史中的强大势力，这些势力蔑视人民的政治决断，因此他挑衅这个传统，宣扬要远离它。在这个意义上，我努力反驳由卢梭、施特劳斯学派和剑桥学派对马基雅维利具有影响力的阐释，这些阐释将马基雅维利或者描绘为服从精英统治的共和主义，或者描绘为完全批评人民政府，其目的是以马基雅维利的方式批判马基雅维利的研究本身。

# 致　谢

　　我将最诚挚的感激致以卡普思特(Dan Kapust)、克莱因(Steven Klein)、温特(Yves Winter),特别是尤德艾维克(Mark Jurdjevic)和匹安诺(Natasha Piano)。他们认真阅读了全部手稿,针对每一个章节慷慨地提出详尽的批评意见,并且富有洞察力地指出一些方法,使全书各章更为连贯。下述学者、同事、朋友和学生提供的见解在很大程度上完善了本书的一个或多个章节:阿佩尔(Jordan Appel)、阿伦(Gordon Arlen)、阿米蒂奇(David Armitage)、巴萨斯(Jeremie Barthas)、贝拉米(Richard Bellamy)、伽尔扎(Yuna Blajer de la Garza)、查雷特(Danielle Charette)、库珀(Julie Cooper)、德斯特里(Chiara Destri)、迪茨(Mary Dietz)、吉尤纳(Marco Geuna)、古丁－威廉姆斯(Robert Gooding‐Williams)、古勒维奇(Alex Gourevitch)、霍克斯特拉(Kinch Hoekstra)、卡恩(Vicky Kahn)、卡斯米思(Deme Kasimis)、雷恩(Melissa Lane)、拉扎尔(Nomi Claire Lazar)、林奇(Christopher Lynch)、马赫(Amanda Moure Maher)、迈克斯特罗斯(Chris Meckstroth)、梅耶(Thomas Meyer)、穆素(Sankar Muthu)、纳布勒斯(Karma Nabulsi)、纳杰米(John Najemy)、佩杜拉(Gabriele Pedullà)、佩蒂特(Philip Pettit)、匹特斯(Jennifer Pitts)、拉宾(Ellen Rabin)、雷蒙迪(Fabio Raimondi)、卢色列里(Genevieve Rousseliere)、思奇隆(Giorgio Scichilone)、施瓦茨伯格(Melissa Schwartzberg)、索尔(Jake Soll)、斯沃德利(Jason Swadley)、塔科夫(Nathan Tarcov)、维加拉(Camila Vergara)、维森廷(Stefano Visentin)、威廉姆斯(David Lay Williams),以及威尔森(James Wilson)。15年来,不管在公共场合

还是私底下,针对观点之间的龃龉,斯金纳都表现出特有的冷静镇定和宽宏大量。

本书某些章节在初期尚不完善时曾发表于期刊《政治理论》(*Political Theory*, 2003)、《国际社会与政治哲学批评》(*Critical Review of International Social and Political Philosophy*, 2007)、《全球性犯罪》(*Global Crime*, 2009)、《代表》(*Representations*, 2011)、《卡多佐法律评论》(*Cardozo Law Review*, 2013)、《社会研究》(*Social Research*, 2014);此外,第三章已刊发于乌宾纳缇(N. Urbinati)、约翰斯通(D. Johnston)和维伽纳(C. Vergara)编辑出版的《自由和冲突》(*Liberty and Conflict*, 2017)一书中。我很感激一些期刊的出版商[赛奇出版社(Sage Publications)、泰勒-弗朗西斯出版集团(Taylor and Francis)、加利福尼亚大学出版社(University of California Press)、耶什华大学出版社(Yeshiva University)和约翰霍普金斯大学出版社(Johns Hopkins University Press)],以及文集的出版商[芝加哥大学出版社(University of Chicago Press)]。本项目研究得到了洛克菲勒基金会(Rockefeller Foundation)和国家人文基金会(National Endowment for the Humanities)的支持。洛克菲勒基金会资助了2013年4月在意大利贝拉吉奥中心(Bellagio Center)的食宿,我在那里过得舒适,而且研究颇有成效。国家人文基金会为我慷慨地提供2017—2018学年的资助,使我能够完成这本书。

克拉克(Britnei Clarke)、博斯克(Zully Bosques)和泽勒路易(Rebecca Zellelew)专业地、值得信赖地、富有爱心地照料我的孩子,这种照料不可或缺。对此,我非常感谢。

在北美许多地方的酒会上,我与普林斯顿大学出版社的罗布·泰普尔(Rob Tempio)讨论了其他人的著述项目。很高兴经过多年的讨论后,我最终从他博学睿智的编辑管理工作中获益良多。我衷心感谢罗布为这个项目所付出的艰辛努力;感谢罗哈尔(Matt Rohal)和哈里斯(Jill Harris)在编辑工作方面提供悉心与娴熟的帮助,感谢沃斯(Lynn Worth)非常高质量的文字编辑工作。

　　这本书献给艾丽萨·安妮·奎尔斯(Alyssa Anne Qualls)。对书的出版而言,她的付出比其他所有人都大,因为她使得我生命中一切有价值的事情几乎都得以实现。为了照料我们的孩子、照顾我,为了在写作与完成这本书期间家里能运转如常,艾丽萨做出许多牺牲——即便如此,她自己在工作方面依然那么高效。如果我一一列举她所做出的牺牲,那么她会出于谦逊而感到不好意思(尽管不像我因出于羞愧而感到不好意思)。我只能说,谢谢你一直以来给予的无尽的支持、耐心和爱。

# 索 引

Acciaiuoli, Archbishop, 75
Agathocles the Sicilian, 65, 67, 160, 228n47
Agis, as reformer, 51, 67
Agrarian Laws, 46, 54–57; as cause of Rome's destruction, 56–57; defect in, 57–58, 65; Machiavelli's views on, 226–27n39, 226n38; poor timing of, 58; provisions of, 225n31; reining in nobility's aspirations and greed, 63–64
Alberti, Benedetto, 95
Albizzi oligarchy, 13, 56
Alexander the Great, 24; Roman Caesars as heirs of, 24–25
anarchy, 32–33, 164. *See also* tumults; violence
Antichristian exemplar, 41
anti-elitism (anti-aristocratic critique), 10–11, 110, 144, 177, 182, 199, 210–213, 244–45n83
Antony, 60
appearances and outcomes: judging by, 4, 7–8; people's concern with, 2, 7, 23–24, 31–32; validity of, 23–24
Appian, 138
Appius Claudius, 170
aristocracy: contempt of for people, 150–51; corruption of in fall of Rome, 238n43; elected vs. hereditary, 116–18; elective, 115–18, 235n14; exploitation of plebeians by, 138–39; insolence of, 135–36; Machiavelli's opposition to, 52–53; Machiavelli's vs. Rousseau's views of, 111; misinterpretation of Machiavelli's preference for, 159–62; misjudgment of, 159–61; Rousseau's support of, 116–18; rule of through *comitia centuriata*, 128–30. *See also* elites; few, the; nobility; oligarchy
aristocratic republican model, 69, 97–98, 103–4, 111, 116–18, 160, 178–79, 186, 189, 202, 210
armed prophet, 42–43
Athenian assembly (*ekklêsia*): equitably structured, 114–15; Rousseau's criticism of, 119, 120–21
Athenian Republic: constitution of empowering the poor, 47–48; economic equality in, 47–48; lottery in, 129; oligarchic coups in, 50–51; people assembled in, 234–35n13, 235n20

Bardi, Ridolfo de', 75, 76
Bardi family, brutal treatment of, 76, 240n21
Baron, Hans, 190
Barthas, Jérémie, 52–53, 224n26, 224n27, 245n83
Bella, Giano della, 13; departure from Florence, 78–79; failure of, 13–14
Berlin, Isaiah, 202

264 解读马基雅维利

Biblical (Christian) resonances, 5, 22–44, 173, 207–8
Borgia, Cesare (Duke Valentino), 207–8; ambiguous origins of, 24; as antichristian exemplar, 41; assassination of enemies of, 26–27; career of, 16; Christian allegories associated with, 21–22, 41–44, 221n34; covenant of with people, 29–31; cruelty of, 29; dependence of on Pope Alexander, 34; downfall of, 36–40; fortune's malignity or deficient virtue of, 34–40; as heir to Caesars and Alexanders, 24–25; Holy See and, 39–40; Machiavelli's choice of in *The Prince*, 17–18; Machiavelli's self-association with, 23–24; parable of, 25–33; people's faith in, 31–32; as people's prince of peace, 22–25; sickness of, 36–39; tasks to secure power of, 35; ultimate fate of, 40. See also Duke Valentino
Brienne, Walter (Duke of Athens), 12, 13; execution of prominent *popolani* by, 86; expulsion of, 73; plebeian reveling in "evil" of, 239–40n21; reforms after, 73–74, 75–78
Brutus, Lucius: killing of sons by, 16; sons of, 169–72, 244n74
Buondelmonti, Zanobi, 225n33
Burckhardt, Jacob, 22, 39–40

Caesarism, 60–61
Caesars: as heirs of Alexander the Great, 24–25; plebeian resistance to, 60–61
Caeso Quinctius, 244n74
Cambridge School, 2, 176; on electoral politics, 190–96; influence of, 9; on Machiavelli's mixed government, 196–200; on Machiavelli's republicanism, 210; on Machiavelli's alleged anti-democratic views, 215–16n5; misinterpretation of Machiavelli by, 4, 203–6; prescriptions of for reforming liberal democracy, 200–203; on republican political thought, 176–77; rhetorical reading of Machiavelli by, 8; underplaying Machiavelli's anti-aristocratic views, 212–13. See also Pocock, John; Skinner, Quentin
Carthaginian civilization, nobles in collapse of, 159–60
centuries. See *comitia centuriata*
Christian God, killing of son by, 16
Christian resonances, 5, 173, 207–8, 221n34; in Cesare Borgia's career, 22–44
Christianity: Machiavelli's orientation toward, 20–22, 41–44; in weakness of republics, 15–16, 102
Christmas, as covenant with people, 29–30
Christ's death, 16, 41–42
Cicero, 163, 196, 206, 213; Machiavelli and, 189–90; as paradigmatic Roman republican, 226n37; political thought of, 248n52; traditional republicanism of, 215n4
Ciceronian humanism, 216n8
Cincinnatus, 161
Ciompi Revolt, 14–15, 56, 82; conditions of the people leading to, 83–87; constitutional reforms after, 94–95, 152; intensified oppression of plebeians after, 227n40; people's indecent behavior during, 82–96; plebeian violence after, 239–40n21
*ciompo*, nameless, 164–66; speech of, 82–83, 87–95
circumcision: Feast of the, 31; Gentile vs. Jewish understanding of, 220n20; significance of, 41–42

citizen assemblies, 11–12, 46–50, 63–65, 102–4, 110, 205–6, 211, 223n17; Machiavelli's views on, 132–36; Rousseau's views of, 118–32
citizen military, 15–17, 102–3, 153, 208; Machiavelli's recommendation of, 10–11; in Roman Republic, 11–12
citizen participation, 202–3, 205–6; as electoral politics, 191–95
civic corruption: causes of, 46; economic inequality in, 61–64; wealth in, 53
civic liberty: economic inequality as threat to, 45–46, 48–52, 67; people protecting and nobles undermining, 249–50n67. *See also* liberty
class conflict, 189–90, 197–200; Machiavelli's praise of, 212–13; minimizing of, 4; in Roman Republic, 12. *See also* tumults
class divisions: in early Rome, 121–23; humors of, 32–33; from two to three, 99–104
class elitism, Rousseauian, 125, 235–36n23
class politics: anti-nobility, 11; Machiavelli's consistent view of, 104–5
Clearchus of Heraclea, 65, 160
Cleomenes, 51, 67
clientelism (patron-client domination), 45, 48–49, 60–61, 66–67, 110–11, 117, 236n26; Machiavelli's criticism of, 127; Rousseau's praise of, 126–28
Coby, Patrick J., 226n38, 237n33, 241n39
College of Cardinals, election of Pope Julius II by, 39–40
*comitia centuriata*, 123, 125, 126–27; domination of many by few in, 237n32; Machiavelli's views on, 132–34; patrician authority in, 128–30; Rousseau's approval of, 118, 119–21; timocratic structure of, 128–31
*comitia tributa*, conflated with *concilium plebis*, 124
*comizi consolari*. See *comitia centuriata*
common good, 10–11, 63, 111, 141–42, 147, 153, 177, 189, 212–13, 229–30n5; constitutional revisions to benefit, 73; as economic privilege of nobility, 59, 72, 114–16; popular assemblies in deciding, 121–23; Rousseau on, 114–16, 126–28, 131–32. *See also* general will
common people: ability to act generally and particularly, 234–35n13; as arbiters of good and evil, 3–4; as arbiters of political reality, 207; arming of, 10, 12–13, 153, 208; assemblies representing interest of, 17, 93, 98–99, 121–23, 132, 135–36; commitment to welfare of, 16; conciliatory nature of, 229–30n5; in conflict with wealthy nobles, 54–56; corruption and indecent behavior of, 77–78; desire of not to be oppressed, 32–33, 193–95; domestic role of, 188; domination of by wealthy, 201–2; domination of in Roman centuriate assembly, 237n32; empowerment of, 10–11, 190; exclusion of from Florentine political organization, 101–2; fundamental goodness of, 81–82; God's covenant with, 29–30; as guardians of liberty, 182, 203–4; immorality of, 150–52; judgment of, 3, 154–62, 213; legislative sovereignty of, 200; legitimacy of, 42; liberty of, 204–5; Machiavelli's criticism of, 71–73, 82–96, 144–45, 209–10; Machiavelli's favoring of over aristocracy, 31–33; Machiavelli's pessimistic view of, 71–73; Machiavelli's positive assessment of, 10–14, 23,

common people (*cont.*)
147; Machiavelli's self-association with, 23–24; as mere electorates, 186–87; military virtue of, 182–83; misinterpretation of Machiavelli's criticisms of, 159–62; moderation of, 80–82; morality of, 147–53; need for alliance with, 32–33; need for "good man" to lead, 162–68; need of for political and socioeconomic resources, 187; oppression of, 101; proposal of constitutional reforms by, 152; represented by virtuous assembly, 252–53n94; supposed inability of to participate in rule, 153–58; susceptible to persuasion, manipulation, and edification, 2; *virtù* and *onestà* of, 10, 14, 75, 147, 150, 197–98
compositional context, 98–99
*concilium plebis*, 124; exclusion of patricians in, 237n35; Machiavelli's views on, 132–36
*concordia ordinum* (Cicero's ideal of), 189
conservative turn, 209–10; of Machiavelli's later writings, 69–105; scholars agreed on, 228–29n3
constitutional proposal, in "Discursus," 98–99, 103–4
consular elections: corruption of, 62, 63; uncorrupted, 62
consulship, 12, 49, 161, 191; corruption of, 61–63, 157; dominated by nobility, 157; plebeians aspiring to, 55–56, 171; power and authority of, 65, 132–33, 135–36; in Rome, 49; Rousseau on, 121, 123, 128
corruption: causes of, 46; economic inequality in, 45–52, 61–64, 67; elite-generated, 186–87; wealth in, 48–53. *See also* civic corruption; political corruption

Council of the Commune: multitude's intimidation of, 93–94; passing new laws, 94–95
crucifixion, 41–42; allusion to, 28–29
cruelty: misuse of, 30–31; need for, 10, 27–29; of people, 76, 148–49

Dante, 24, 34
democracy: conservative criticism of, 211–12; economically inegalitarian, 47–48; elite-privileging, 204; elite theory of, 243n55; modern, 184–85; republican prescriptions for reforming, 200–203; Roman Republic as, 223n17; Rousseau's views on, 112–13; small size of, 112–13, 120
democratic assemblies, 119–21. *See also* citizen assemblies; tribunates
Demos (Athenian), empowerment of, 47–48
Demosthenes, 47
Destri, Chiara, 235n19
*Dialogue on the Government of Florence* (Guicciardini), 183
*Discourses*: argument for economic equality in, 6; on Christianity, 41–42; democratic theory in, 182–83; on domination of common people, 201–2; elite-popular interactions in, 144–45; on keeping citizens poor and public rich, 53, 57, 64, 164, 209; on popular judgment, 155–58; praise of Roman institutions in, 12; on Rome's popular assemblies, 132–36; on socioeconomic equality, 208–9; support of popular government in, 11–12
"The Discursus on Florentine Affairs," 97–99; conservative-turn scholars' discussion of, 103–4
Donati, Corso, 244n74
D'Orco, Remirro, 208; death of, 33;

harsh methods of, 27–28; symbolic meaning of death of, 28–31, 41–42
Duke of Athens. *See* Brienne, Walter
Duke Valentino, 22–25, 26; quasi-Christological, 22, 207–8; significance of name, 31–32. *See also* Borgia, Cesare
dynastic states, blueprint for, 32

economic equality: need for in republic, 6, 208–9; need for unilateral executive action to institute, 67; political equality and, 47–48; restoring, 51; in Sparta, 48–49; in Swiss and German republics, 53–54
economic inequality: in ancient republics, 47–52; in civic corruption, 61–64; dismissal of importance of to Machiavelli, 46–47; Rousseau's acceptance of, 116–18, 124–26; senatorial sources of, 57–61; as threat to civic liberty, 45–46, 201
effectual truth, 3, 8, 10, 36, 81–82, 157–58, 207
egalitarian politics, Machiavelli's, 52–54. *See also* economic equality; political equality; socioeconomic equality
election: aristocratic effect of, 132–33, 134; elite accountability to, 110, 211; vs. lottery, 128–29; Rousseau on, 116–18; rule by rich and, 123
elective aristocracy: foreign policy rationale for, 235n14; Rousseau's argument for, 115–18
electoral democracy, modern, 184–87
electoral politics, 212–13; Skinner on, 190–96
elites: accountability of, 110, 142, 205, 211–12, 232n4; justifiable vs. unjust for Guicciardini, 180–81; Machiavelli's opposition to, 52–53; tribunates to protect for Rousseau, 140–41. *See also* aristocracy; few, the; nobility; oligarchy
empire. *See* imperial expansion
Enlightenment era, Machiavelli's prescriptions in, 16–17
equality: political, 47–49; Rousseau's two dimensions for, 115. *See also* economic equality
equilibrium, tumult as, 197–200
esoteric writing, 8, 145, 172–74, 243n66
experience, vs. virtue of people, 183–84

Fabius Maximus, 171
fear, better than love, 28–29
few, the, 48–49, 62 dominating the many, 42, 45–46, 129–31, 144–75; rule by, 33, 118, 142. *See also* aristocracy; nobility; oligarchy
Florentine charity, 29
*Florentine Histories*: as account of growing political supremacy of wealthy, 227n40; alleged sociopolitical conservatism of, 209–10; compositional context of, 96–99; contradictions in, 70; on domination of common people, 201–2; on institutionalized social conflict, 14–15; myth of conservative turn in, 69–105; on papal initiated invasions, 34–35; on poorly ordered Florentine institutions, 12–13; Roman references in, 99; support of popular government in, 11–12; undermining of evaluative judgments in, 6; views of people and nobility in, 71–73; on virtuous founder role, 13
Florentine people and/or plebs: conciliation of with nobility after Duke of Athens' overthrow, 73–78; constitutional reforms of, 83; derogatory references to, 82; "evil" nature and "indecent" behavior of, 82–96;

Florentine people and/or plebs (*cont.*) fear of demands of, 56–57; relenting from destroying nobility, 78–82; "reveling in evil," 83; willingness to share power with nobility, 73–74

Florentine Republic: Ciompi Revolt in, 14–15, 56, 82–96, 152, 227n40, 239–40n21; civic-military deficiencies of, 153; compared with Roman Republic, 13–15; corrupt appointment of magistrates in, 228n44; corrupt beginnings of, 100–101; decline of, 13; guild structure of, 101–2; Machiavelli's service to, 11; *ottimati* of, 52–53, 56–57; plebeian exclusion from political organization of, 101–2; poorly ordered institutions of, 12–13; Roman superiority to, 101–2; social conflict in, 12–13; tripartite division of citizens in, 100–102

Florentine republicanism, Roman-Ciceronian origin of, 188–90. *See also* humanism; Florentine Republic

forgiveness, spiritual need for, 37–39

fortune's malignity, 23, 34–40

founders, 167–68; armed with book, 43; Borgia as, 34, 40; virtuous, 11, 13–15, 23–24, 42. *See also specific founders*

freedom: as non-domination, 249n65; wealth and, 51–52. *See also* liberty

general will: how to pass laws reflecting, 123; requirements for, 113–15; Rousseau on, 111–12, 142; wealthy citizens and, 131. *See also* common good

generalities, 211; popular judgment in, 156–57, 241n38, 242n41

German republics, economic equality in, 53–54. *See also* Swiss republics

Ghibellines, 12–13, 79, 84, 85; rights of restored, 92

glory, nobility's purported desire for, 59–60, 159, 213, 227n42

Gonfalonier of Justice, 77, 90

Gracchus, Gaius, suicide of, 54; redistributive reforms of, 54–57

Gracchus, Tiberius, murder of, 54; redistributive reforms of, 54–57

Gracchus brothers, 52; anti-tyranny approach of, 65–67; elimination of, 54–55; Machiavelli's criticism of, 226n38; pleading with senators, 64–65; prudence and intentions of, 64–68; redistributive agenda of, 57–58, 208–9; Rousseau's criticism of, 137–38; vote-buying by, 128

*grandi*. *See* aristocracy; elites; few, the; nobility; oligarchy

Great Council, 11; championing of, 173; Machiavelli's recommendation to re-empower, 97–98; resumption of powers of, 103–4; selecting magistracies, 180–82

Guelf Party, 12–13, 92; nobility's power in, 77, 84–85

Guicciardini, Francesco, 134, 176, 206, 213, 237n34; referring to Duke Valentino, 220n7

Guicciardini, Luigi, 90

Guicciardinian republican model, 177–88

guild republic, 84–87

guilds: community of, 12; divided into more and less honored, 84–85; divided into three groupings, 100; economic demands of, 56–57; minor, Ghibellines and, 85; negotiating with plebs, 91–92; nobility enrolling in, 101; as oppressors of working class, 85–86; princes of, 85; richest, in new ruling class, 84–86; *Signoria* seats allotted to,

230n11; in subjugation of working class, 85–87

Hankins, James, 217n13, 226n36
Hannibal, military confrontation with, 159
Harrington, James, 192
hatred, rulers' need to avoid, 28–29
Hobbes, Thomas, 145
holidays, importance of, 29–30
Holy See, Borgia and, 39–40
Hörnqvist, Michael, 251n78
humanism, Florentine, 56, 178, 215n4, 216n8, 217n13, 217n14, 226n36, 231n19, 244n82, 247n18, 248n48, 248n51, 249n53. *See also* Florentine republicanism
humors (people's and nobles'), 193–95, 249–50n67; to dominate and not to be dominated, 32–33, 71, 74, 88–89, 96–97, 151, 157–58, 192–94; in mixed government, 197–200. *See also* class conflict; tumults
Husserlian-Heideggerian method, 241n38

imperial expansion, 159–60; enriching nobles, 59–60
inequality: Pocock's definition of, 226n39; political, 47, 57–61, 124–26. *See also* economic inequality
insolence, 27, 149–50; of the great, 63, 74–75, 135, 198; of the people for Strauss, 149–50, 240n24

Jesus Christ, need of to pay for mankind's sins, 29
Julius Caesar, 25; exploitation of plebeians by for Rousseau, 138; redistributive reforms of, 46
Jurdjevic, Mark, 217n13–14, 229n3, 230n8, 244n82, 245n83, 245n3, 247n18

Kahn, Victoria, 216n6, 216n7, 225n33, 250n71

land distribution, in Sparta, 48–49
land reform. *See* Agrarian Laws
Lane, Melissa, 224n22
lawmaking: the people usurping power of for Rousseau, 137–38; in Rome, 134–36, 200; Rousseau on process of, 114–15, 120–21, 123–25; tribunate in, 132, 133–36, 137–38
laws: to benefit all citizens, 92–95; inequality and corruption in, 61, 63–64; to restrain nobles, 78–79; retroactive, 57–58
leaders: vs. plebeians, 164; in popular government, 162–68; virtuous, 13–15; weak Florentine, 13, 15
liberty, 33; applied only to regimes, 201; common people as guardians of, 4, 182, 191, 197–98, 203–4, 249–50n67; defined by classical liberalism, 201; Guicciardini's definition of, 184; of individual citizens, 201; Machiavelli's definition of, 195–96, 203–4; "negative" conception of, 190–96; neo-Roman conception of, 200–203, 247–48n45; popular, 204, 205; state's protection of, 252n93; undermined by nobility, 249–50n67
*Liberty Before Liberalism* (Skinner), 202
license, 32–33
Lichinian-Sextian law, 225n31
Lintott, Andrew, 237n35
literary-rhetorical method, 8, 70, 209
Livy, 58, 199, 227n41, 244n74, 251n79
lotteries: Athenian, 129; providing offices for common citizens, 136; Roman, 128–29, 236n29; Rousseau on, 236n30

Lycurgus, 48–49; founding of Sparta by, 104; laws of, 51

Machiavellian Democracy (McCormick), 2
The Machiavellian Moment (Pocock), 178–88; afterword of reissue of, 204–5
Machiavelli's texts: changes in tone of, 96–97; democratic "surface" of, 145–47; exploring elusive goal of, 3–6; major political, 1–2. See also Discourses; Florentine Histories; The Prince
Madison, James, 141, 142, 184, 204, 206, 210, 213
magistracies: in Florence, 73–75, 84–85, 101, 181; lotteries for, 117; oligarchic domination of, 101, 129; open to all citizens, 116–17; for plebeians, 211; in Roman Republic, 12
magistrates: appointment of in Athens, 154; corrupt appointment of, 61–62, 228n44; election of, 242n41; as people's agents, 121; people's judgment in appointment of, 157–58; power of to institute controversial reforms, 65
magnati, 12, 180. See also aristocracy; elites; few, the; nobility; oligarchy
Manin, Bernard, 132–33, 234–35n13
Manlius Capitolinus, 61
Mansfield, Harvey, 216n10, 229n4, 242n44, 250n70, 251n79; on Machiavelli's "elite" theory of democracy, 243n55
Marignolli, Guerriante, 94
Marius, Gaius, 60–61, 128, 137; redistributive reforms of, 46, 126
means vs. ends, 16, 24, 31–32
Medici, Cosimo de', 15
Medici, Giuliano de', 38
Medici, Piero de', 98

Medici, Salvestro de', 91
Medici principate, 56, 67–68; restoration of, 169–70, 182; rise of, 13
Medici, the, 173, 209; Christian morality of, 15–16; as defenders of people, 15; expulsion of from Florence, 158, 180; Machiavelli and, 11, 38, 97–99; Machiavelli's recommendations to, 97–98; return of to power, 11, 97
medieval polities, in modern republicanism, 178–79
meritocracy, 183–84
Milan, plebeian insurrection in, 239–40n21
military, citizen, 10–12, 102–3, 153, 208
military commander, power of, 60, 65
military virtue, 100, 101, 102–3, 182–83; of the people, 182–83
Millar, Fergus, 237n33
Milton, John, 192, 202
mixed governments, 215–16n5, 251n78; favoring wealthy, 198–99
modernity: founder of, 1; role of young in inaugurating, 168–72; Strauss's critique of, 145
monarchies: absolute, 17, 201–2, 204; evolved into aristocratic republics, 104; hereditary, 22, 35; liberties under, 200–201; national, 17, 178–79; as republics, 113; sons of Brutus's attempt to reinstitute, 169; Spartan, 48–49; threatening Florentine Republic, 14; vs. elective governments, 190
Momigliano, Arnaldo, 223n17
morality: decaying, 46, 47; of people, 147–53
Moses: as armed prophet, 42–43; as founder, 13, 14, 15, 23, 34, 167; sword turned against, 221n35
multitude: inability of to rule, 153–54; intimidation of Council of the

Commune by, 93–94; violence of, 89–91; wisdom of, 163

Najemy, John, 217n13, 218n21, 219n6, 224n25, 225n35, 229n3, 230n6, 230n10–11, 245n83, 246n14, 249n57
Nedham, Marchmont, 192
Nelson, Eric, 216n11, 222n9, 223n14, 223n16, 225n32, 226n37
Neville, Henry, 192, 202
nobility: acquisitive nature of, 197–98; amassing of wealth by, 51; arming vulgar people against, 10–11; aspirations of damaging republic, 63–64; causing own defeat and disenfranchisement, 73–78; purported desire of for glory, 59–60, 159, 213, 227n42; desire of for undisputed status and power, 74–75; economic privilege of, 58–59; electoral corruption of, 157–58; enrolling in trade guilds, 101; exclusion of from Florentine magistracies, 101; Ghibelline, 12–14; of Guelf Party, 12–14, 84–85; Machiavelli's alleged preference for, 71–73, 144–45; Machiavelli's opposition to, 11, 32–33; malice of, 80–82; need of to accommodate people, 67–68; oppressive nature of, 32–33, 101, 148, 197–98, 243n49; petitioning the *Signoria*, 79; popular conciliation with after Duke of Athens's overthrow, 73–82; princes as members of, 168; violence of, 101. *See also* aristocracy; elites; few, the; oligarchy
nondomination, 232n4, 249n65
North Atlantic republican tradition, emergence of, 178–79

Octavian, 60, 67–68, 160
oligarchic coups, Athenian, 50–51
oligarchy: cloaked as popular government, 142; domination by, 201–2; economically egalitarian, 48–49; iron law of, 164; Roman Republic as, 223n17. *See also* aristocracy; elites; few, the; nobility
*Onestà* (honesty, goodness), of common people, 10, 14, 75, 147, 150, 197, 229n5
Ordinances of Justice, 77; additional legal provisions to, 81; petition to reduce severity of, 79
Orsini, Pagolo (Signor Paolo), 26
*ottimati*: in aristocratic (Venetian-style) republic, 98, 100, 102–3; humanist, 56–57; as just elites for Guicciardini, 180–81; Machiavelli's opposition to, 52–53; unjust rule of, 181–82

papacy, the, 13, 22, 25, 39–40; as threat to Borgia's principality, 34–35
Parson, William, 216n10, 219n2, 221n34
particulars: educative effect of, 158; popular judgment in, 152–53, 156–57, 241n38, 242n41
patricians. *See* aristocracy; elite; nobility
patronage: in contemporary democracies, 236n26; Rousseau's approval of, 127–28
Pedullà, Gabriele, 215n4, 217n13, 218n18, 225n30, 230n9, 245n83, 251n80
Peloponnesian War, 50
people. *See* common people; plebeians; vulgar
Pettit, Philip, 232n4, 237n32, 249n65
philanthropy, as patron-client domination, 236n26
philosopher-kings, 196, 206; rejection of, 10, 161–62
Pistoia, Florentine "charity" toward, 29
Pitkin, Hanna, 215n3

plebeian leaders, 164–68
plebeians: acting on own initiative, 164; atrocious behavior of for Strauss, 239–40n21; decency of, 87–89; demanding two *Signoria* seats, 92–93; economic demands of, 56–57; exploited by Senate, 138–39; insolence of, 149–50, 240n24; negotiating with guild leaders, 91; patrician contempt for, 150–51; peace terms of, 91–92; seizing land of, 138; violent and unruly behavior of, 70, 148–49. *See also* common people; Florentine plebeians; Roman plebeians; tribunates, plebeian
plebiscites, 2, 124, 134–35, 135
Plutarch, 138, 227n41, 238n41, 238n42
Pocock, John, 2, 176; denouncing oligarchic tendencies of representative government, 204–5; Guicciardinian republican model of, 177–88; influence of, 9; on Machiavelli's and Cicero's political thought, 248n52; on Machiavelli's criticism of Agrarian Laws, 226–27n39; misinterpreting Machiavelli's intentions, 4; scholars influenced by, 216n11; underplaying Machiavelli's anti-aristocratic views, 212–13
political corruption: economic inequality as primary cause of, 2, 45–47; Rousseau's fear of, 235–36n23
political equality: economic equality and, 47–48; in Sparta, 48–49
political existentialism, Pocock's, 185–88
political inequality, 47; Rousseau's acceptance of, 124–26; senatorial sources of, 57–61
political philosophy: 212; biographical and historical contexts in understanding, 244–45n83

political trials, popularly judged, 2, 11–12, 115, 154, 187, 189–90, 194–95, 196, 199, 206, 213, 223n17
politics: "is" vs. "ought" of, 3–4, 8, 10; of time, 185–86
polity, opposing humors in, 32–33
Polybius, 49, 199, 215n5, 216n8, 223n18, 250n70, 251n77; cycle of regimes of, 195–96
Pompey, 60
poor: empowerment of in democratic Athens, 47–48; exclusion of from Roman political rule, 125–26; Rousseau's distrust of, 126–27
Pope Alexander VI (Rodrigo Borgia): Cesare as son of, 24–25; in conquest of Romagna, 25–26; Cesare's dependence on, 34; death of, 35–39; successor of, 37–40
Pope Julius II (Giuliano della Rovere), 37–38; Borgia's offense against, 37–39
*popolani* (upper guildsmen): executions of, 86; separate from *popolo minuto*, 99–100
*popolo minuto*, 99–100
popular assemblies: Machiavelli's views on, 132–36; Rousseau's views of, 118–32
popular government, 212–13; Athenian vs. Roman, 235n20; elite accountability in, 232n4; leadership as anathema or ancillary to, 162–68; Machiavelli's admiration for, 11–12
popular judgment, 154–58; in election of magistrates, 242n41; Machiavelli's alleged criticism of, 211–12; in particulars vs. generalities, 152–53, 156–57, 241n38; poor, 159–60
popular participation *See* citizen participation
popular sovereignty, 211; Rousseauian, 125–26, 232n4

索引 273

populism, 4, 9, 187, 205–6, 209–10
populist resistance, institutional means for, 103
populist tyrants, necessity of, 229–30n5
prerogative century, 236n30; random selection of, 128–29, 131, 236n30
*The Prince*: Biblical resonances in, 6, 207–8; breaking with past political doctrines, 9–10; Cesare Borgia's career in, 17–18, 21–44; 207; chapter 7 of, 23–28; recommendation to crush self-styled nobles, 10; religious tropes and images in, 6; support of popular government in, 11–12
prince of peace, Borgia as, 22–25
princes: authority founded on popular legitimacy, 42; Borgia as best example for, 43–44; covenants characterizing people's relations with, 6; feared rather than loved, 10; need to ally with people, 32–33; two kinds of, 167–68
procedurally based governance, 28, 128–30
property, value of, 58–60
provosts (*proposti*), 98, 103–4, 136
public deliberation, 132–34
public participation *See* citizen participation
public service, of people, 191–95, 202–3
*publico consiglio*, 132, 134–35

reason of state, 17
redistribution reforms, 2, 46, 47, 208–9; of Gracchi, 54–57, 209; of tyrants, 60–61
regimes, cycle of, 195–96
religion: in exploiting plebeians, 138–39; in *The Prince*, 6; symbols of in politics, 2. *See also* Christianity

Renaissance polities, in modern republicanism, 178–79
representative government: contemporary, 187–88, 200; Florentine republicanism and, 187–88; oligarchic tendencies of, 204–5
republican existentialism, 185–86, 187–88
republican political thought: Cambridge-associated, 176–77; Guicciardinian model of, 177–88; prescriptions of for reforming liberal democracy, 200–203
republicanism: call for revival of, 202–3; elite-centered, 178, 191–92; foreshadowing modern electoral democracy, 184–85; Machiavelli's alleged conformity with, 203–6; mixed government doctrine of, 215–16n5; modern, 178–88; Rousseauian, 210–11; securing privileged elites, 176; traditional, 213–14, 215n4, 216n8; traditional vs. Machiavelli's populism, 189–90. *See also* Florentine republicanism; humanism, Florentine
republics: aristocratic, 69, 97–98, 103–4, 111, 116–18, 160, 178–79, 186, 189, 202, 210, 213; Christian tenets in weakness of, 15–16; electoral politics of, 190–96; elite-generated corruption in, 186–87; Machiavelli's definition of, 233n9; plebeian institutions in, 141–43; Rousseau's definition of, 113, 120–24; viability of large, 120–21
retroactive laws, 57–58
Romagna: bringing peace and order to, 27–28; conquest of, 25–26; disorder of, 27; threats to retaking of, 34–35
Roman assemblies, 118, 119–21, 237n32; citizen, 11–12; inequitably struc-

Roman assemblies (cont.) tured, 114–15; Machiavelli's views on, 110, 132–36; Rousseau's view of, 110, 118–32; timocratic structure of, 110, 112, 114, 120, 130, 141

Roman institutions, praise of, 11–12

Roman plebeians: creation of tribune by, 49–50; Machiavelli's criticism of, 55–56

Roman Republic: admiration of, 11–12; Agrarian Laws of, 46, 56–57; aristocratic corruption in fall of, 238n43; civic corruption of, 61–64; civil wars destroying, 60–61; compared with Florentine Republic, 13–15; constitutional politics of, 199; corruption in magistrate appointments and legislation in, 61–62; crisis of in Florentine context, 54–57; dominance of wealthy families in, 49; economic inequality in, 51, 61–64; economically inegalitarian and politically oligarchic and democratic, 49–50; election practices of, 128–29; failed redistributive reforms in, 54–57; nobility's avarice in fall of, 159; nobles' assemblies in, 251n82; as oligarchy or democracy, 223n17; passage of laws in, 200; patron-client relations in, 110–11; popular assemblies in, 234–35n13, 235n20, 251n82; Rousseau's repudiation of, 109–43, 111–43; rule of aristocracy in, 128–30; superiority of to Florence, supposed abandonment of model of, 99–104; 101–2; tribunates of, 136, 137–41; two class division of, 100–101; voting procedure of, 118, 119–20

Roman Senate, 47–50, 57–58, 59–61, 160–63; as body of prudent citizens for Strauss, 163; compared to *comitia centuriata*, 129–30; exploitation of plebeians by, 138–39; in fall of Rome, 138; misjudgments of, 160–61; neutering of, 65–67, 160; as source of economic and political inequality, 57–61

Roman Senators, wealth of distant conquests for, 59–60

Rome: early sociopolitical stratification in, 121–23; founding of, 104

Romulus: as founder of Rome, 104, 167; organizing and arming poor, 11–12

Rosenblum, Nancy L., 236n25

Rousseau, Jean-Jacques, 2; on aristocracy and elections, 113–18; compared with Machiavelli, 141–43; criticism of tribunes by, 138–40; as decisive figure in modern democracy, 112–13, 238n46; distrust of poor, 111; fear of political corruption, 235–36n23; on inability of people to self-govern, 234–35n13; on lotteries, 236n30; on Machiavelli's democratic intentions, 4; on Machiavelli's republicanism, 210–11; on Machiavelli's use of Borgia, 22; misreading of Machiavelli by, 4, 8–9; oligarchic republicanism of, 231n3, 235n19; on popular assemblies favoring wealthy, 134–35; promotion of inequitable aristocracy by, 111; rejection of plebeian tribunates by, 16–17; "republican holism" of, 236n25; repudiation of democratic Roman Republic by, 109–12, 141–43; on Roman assemblies, 118–32; on Roman Republic model, 132–36; on Roman tribunates, 137–41; on Rome as "genuine democracy," 238n43; on sovereignty, 232n4; on superior ability of small political bodies to act, 233n8. See also *Social Contract* (Rousseau)

Rovere, Giuliano della (Pope Julius II), 37
Rucellai, Cosimo, 225n33
ruling class, richest guilds and nobility in, 84–86

Saint Paul, martyrdom of, 43
Sallust, 138
Savonarola, Friar Girolamo, 243n61; Christian morality of, 15–16
senate, 12
senators: dual role of, 130; misjudgment of, 160–61
Senigallia assassinations, 26–27
Servius Tullius, 121–23
Sforza, Francesco, 239–40n21
*Signoria*: *grandi* and *popolani* in, 73–74, 75–76; Machiavelli's recommendation of life-tenured signorial class in, 250–51n76; number of seats allotted to middling and minor guilds in, 230n11; people's restructuring of, 151–52; plebs' demand for only two seats in, 92–93; representation of powerful, middling, and minor people in, 77; three guild groups in, 100, 230n11
Skinner, Quentin, 2, 176, 212–13, 252n83; on character of liberal state, 252n93; on encroachment on citizen liberty, 205; influence of, 9; on lawmaking in Roman Republic, 251n82; on Machiavelli's concept of tumult, 197–200; on Machiavelli's mixed government, 196–200; on Machiavelli's political thought, 188–90; on Machiavelli's relationship with Ciceronian humanism, 216n8; on Marx's language on Roman liberty, 252n92; misinterpreting of Machiavelli's intentions, 4; on neo-Roman conception of liberty, 247–48n45; prescriptions of for reforming liberal democracy, 200–203; reducing republican politics to elections, 190–96; on republican prescriptions for reforming liberal democracy, 200–203; scholars influenced by, 216n11; softening Machiavelli's severe advice, 10
slavery, in Athenian and Roman republics, 235n20
small political bodies, bias and power of, 233n8
social classes: Machiavelli's consistent view of, 70–71, 209–10; natural vs. artificial divisions of, 102; three, 99–100; two, 100–101; two vs. three divisions of, 100–102
social conflict, 189–90; between common citizens and elites, 2; in Florentine Republic, 12–13; institutionalized, 14–15. *See also* class conflict; tumults
*Social Contract* (Rousseau), 109, 210–11; on democracy, 112–13; on general will, election, and aristocracy, 113–18; promotion of anti-democratic institutions in, 109; Roman Republic example in, 111–12; on sovereignty and general will, 142–43
social subordination, 180, 201
socioeconomic equality, 52–54, 208–9. *See also* economic equality
socioeconomic inequality: in Florentine republic, 227n40; generating political corruption, 2. *See also* economic inequality
Soderini, Piero, 24, 52–53; Christian morality of, 15–16; as Medici rival, 97; sons of Brutus and, 169
soldiers, land foreclosed on, 58–60, 118
Sons of Brutus, 169–70, 171–72, 244n74
"Sons of Italy," 170

sovereignty: government and, 120, 130; popular, 110, 125–26, 200, 211; Rousseau on, 110–12, 115, 120, 142
Sparta: economic and political equality in, 48–49; founding of, 104; imperial expansion of, 160; royal and noble family wealth in, 51
*spettacoli*, 28, 29–30, 33
Spinoza, Baruch, 145
Spurius Cassius, 61
Spurius Maelius, 61
Standard of Justice, seizing of, 90–91
Starobinski, Jean, 231n3
state-builders, blueprint for, 17, 32
Strauss, Leo, 2; on democratic surface of Machiavelli's texts, 145–47; on dependence of Machiavelli's multitude on leaders, 162–68; distortions of Machiavelli's text by, 4, 144–73, 159–62; esoteric reading of Machiavelli by, 8; favoring few over the many, 174, 232n44; on interpreting authors, 239n5; on Machiavelli's criticism of Gracchi's policies, 226n38; on Machiavelli's criticism of popular judgment, 211–12; on Machiavelli's critique of people, 159–62; on Machiavelli's elite theory of democracy, 243n55; on Machiavelli's favoring of the few, 242n44; on Machiavelli's republicanism, 210; on Machiavelli's view of people's ability to rule, 154–59; on nobility's purported desire for glory, 227n42, 243n49; obsession of with youth, 168–72; political phenomenologist disposition of, 239n7; on popular judgment in generalities and particulars, 241n38, 242n41; reversing Machiavelli's class partisanship, 11; scholars influenced by, 216n10; on supposedly atrocious plebeian behavior, 239–40n21; *Thoughts on Machiavelli*, 144–46; on Virginius, 243n61; on "vulgar" reverence for single founder, 243–44n66
Straussian school, influence of, 9, 216n10
Strozzi, Tommaso, 95
Sulla, 56, 60, 100
Sullivan, Vickie, 216n10, 219n2, 219n5, 225n34, 242n44
Swiss republics, economic equality in, 53–54. *See also* German republics
sword, as symbol of Moses, 43, 221n35
Sydney, Algernon, 192
Syme, Ronald, 223n17

Tarcov, Nathan, 216n10, 218n18, 226n38
temporal finitude, 178–79, 186–87
*Thoughts on Machiavelli* (Strauss), 144, 145–46, 158, 167, 170, 211–12
tribunates, plebeian, 2, 11–12, 49–50, 110–11, 132–36; in fall of Rome, 138; Machiavelli's views on, 132–36; necessity but insufficiency of, 65–66; necessity of for popular government, 136; negative functions of, 137; people's power in, 49–50; rejection of in Enlightenment era, 16–17; Rousseauian, 110–11, 137–41; "wisely tempered," 137
tribunes: lack of military authority of, 65; opposing patrician insolence, 135–36
Tuck, Richard, 248n52
tumults, 189–90, 197–200

Urbinati, Nadia, 224n26, 235n21, 237n36

Vatter, Miguel: criticism of Straussian views on the people's passivity, 243n59; on Machiavelli's purported criticism of Agrarian Laws, 226–27n39

Venice: as aristocratic republican model, 69, 104; constitutional ideal of, 103; imperial expansion of, 160
veto power, 137
violence: need for, 10, 27–29; of people, 76, 148–49. See also tumults
Virginius, 164, 166, 243n61
Viroli, Maurizio, 248n51, 249n56, 249n58; making people worse and nobles better than Machiavelli presents them, 250–51n76
virtue (virtù), 7–8, 22–24; deficiency of, 34–40; of elite, 184; vs. experience, 183–84; of people, 9–18, 182–83. See also military virtue
virtuoso political actor, 7
virtuous army, 243n62. See also military virtue
virtuous founder role, 11–13
virtuous reader, qualities of, 7–8
vote-buying, by patricians vs. populists, 127–28
voting: lotteries in, 236n29; weighted, 128–31, 132–33. See also elections

vulgar: empowerment of, 10–11; militarily arming, 10; prominent role of, 3–4. See also common people; multitude; plebeians

warlords, 60–61
wealth: correlation of with election, 123; in determining elections, 116–17; freedom and, 51–52
Weber, Max, 27–28, 32
Williams, David Lay, 232n5–6, 234n10–11, 236n30,
wise legislator, 13
woolworker's speech. See ciompo's speech
woolworkers' uprising. See Ciompi Revolt
working class: disenfranchised and exploited, 12; economic demands of, 56–57; subjugation of, 85–87

young, the, in Machiavelli's philosophical-political project, 168–72

图书在版编目（CIP）数据

解读马基雅维利：不体面的作品、暧昧的阐释与平民主义政治的德性/（美）约翰·麦考米克（John P.McCormick）著；谢惠媛译. --北京：华夏出版社有限公司，2022.8

（西方传统：经典与解释）

书名原文：Reading Machiavelli: Scandalous Books, Suspect Engagements, and the Virtue of Populist Politics

ISBN 978-7-5222-0315-7

Ⅰ.①解… Ⅱ.①约… ②谢… Ⅲ.①马基雅维里（Machiavelli, Niccol 1469-1527）－政治思想－研究 Ⅳ.①D095.463

中国版本图书馆 CIP 数据核字（2022）第 042493 号

Copyright © 2018 by Princeton University Press

All rights reserved. No part of this book may be reproduced or transmitted in any form or by any means, electronic or mechanical, including photocopying, recording or by any information storage and retrieval system, without permission in writing from the Publishers.

北京市版权局著作权合同登记号：图字 01-2019-7881 号

**解读马基雅维利**——不体面的作品、暧昧的阐释与平民主义政治的德性

| | |
|---|---|
| 作　　者 | [美]约翰·麦考米克 |
| 译　　者 | 谢惠媛 |
| 责任编辑 | 刘雨潇 |
| 责任印制 | 刘　洋 |
| 出版发行 | 华夏出版社有限公司 |
| 经　　销 | 新华书店 |
| 印　　装 | 三河市少明印务有限公司 |
| 版　　次 | 2022 年 8 月北京第 1 版<br>2022 年 8 月北京第 1 次印刷 |
| 开　　本 | 880×1230　1/32 |
| 印　　张 | 9.25 |
| 字　　数 | 232 千字 |
| 定　　价 | 79.00 元 |

**华夏出版社有限公司**　地址：北京市东直门外香河园北里 4 号　邮编：100028
　　　　　　　　　　　网址：www.hxph.com.cn　电话：(010)64663331（转）
若发现本版图书有印装质量问题，请与我社营销中心联系调换。

西方传统：经典与解释
Classici et Commentarii
**HERMES**
刘小枫◎主编

## 古今丛编

欧洲中世纪诗学选译　宋旭红 编译
克尔凯郭尔　[美]江思图 著
货币哲学　[德]西美尔 著
孟德斯鸠的自由主义哲学　[美]潘戈 著
莫尔及其乌托邦　[德]考茨基 著
试论古今革命　[法]夏多布里昂 著
但丁：皈依的诗学　[美]弗里切罗 著
在西方的目光下　[英]康拉德 著
大学与博雅教育　董成龙 编
探究哲学与信仰　[美]郝岚 著
民主的本性　[法]马南 著
梅尔维尔的政治哲学　李小均 编/译
席勒美学的哲学背景　[美]维塞尔 著
果戈里与鬼　[俄]梅列日科夫斯基 著
自传性反思　[美]沃格林 著
黑格尔与普世秩序　[美]希克斯 等著
新的方式与制度　[美]曼斯菲尔德 著
科耶夫的新拉丁帝国　[法]科耶夫 等著
《利维坦》附录　[英]霍布斯 著
或此或彼（上、下）　[丹麦]基尔克果 著
海德格尔式的现代神学　刘小枫 选编
双重束缚　[法]基拉尔 著
古今之争中的核心问题　[德]迈尔 著
论永恒的智慧　[德]苏索 著
宗教经验种种　[美]詹姆斯 著
尼采反卢梭　[美]凯斯·安塞尔-皮尔逊 著
舍勒思想评述　[美]弗林斯 著
诗与哲学之争　[美]罗森 著

神圣与世俗　[罗]伊利亚德 著
但丁的圣约书　[美]霍金斯 著

## 古典学丛编

赫西俄德的宇宙　[美]珍妮·施特劳斯·克莱 著
论王政　[古罗马]金嘴狄翁 著
论希罗多德　[古罗马]卢里叶 著
探究希腊人的灵魂　[美]戴维斯 著
尤利安文选　马勇 编/译
论月面　[古罗马]普鲁塔克 著
雅典谐剧与逻各斯　[美]奥里根 著
菜园哲人伊壁鸠鲁　罗晓颖 选编
《劳作与时日》笺释　吴雅凌 撰
希腊古风时期的真理大师　[法]德蒂安 著
古罗马的教育　[英]葛怀恩 著
古典学与现代性　刘小枫 编
表演文化与雅典民主政制
[英]戈尔德希尔、奥斯本 编
西方古典文献学发凡　刘小枫 编
古典语文学常谈　[德]克拉夫特 著
古希腊文学常谈　[英]多佛 等著
撒路斯特与政治史学　刘小枫 编
希罗多德的王霸之辨　吴小锋 编/译
第二代智术师　[英]安德森 著
英雄诗系笺释　[古希腊]荷马 著
统治的热望　[美]福特 著
论埃及神学与哲学　[古希腊]普鲁塔克 著
凯撒的剑与笔　李世祥 编/译
伊壁鸠鲁主义的政治哲学
[意]詹姆斯·尼古拉斯 著
修昔底德笔下的人性　[美]欧文 著
修昔底德笔下的演说　[美]斯塔特 著
古希腊政治理论　[美]格雷纳 著
神谱笺释　吴雅凌　撰

赫西俄德:神话之艺
[法]居代·德拉孔波 编

赫拉克勒斯之盾笺释　罗逍然 译笺

《埃涅阿斯纪》章义　王承教 选编

维吉尔的帝国　[美]阿德勒 著

塔西佗的政治史学　曾维术 编

## 古希腊诗歌丛编

古希腊早期诉歌诗人　[英]鲍勒 著

诗歌与城邦　[美]费拉格、纳吉 主编

阿尔戈英雄纪（上、下）
[古希腊]阿波罗尼俄斯 著

俄耳甫斯教祷歌　吴雅凌 编译

俄耳甫斯教辑语　吴雅凌 编译

## 古希腊肃剧注疏

欧里庇得斯的现代性　[法]德·罗米伊 著

自由与僭越　罗峰 编译

希腊肃剧与政治哲学　[美]阿伦斯多夫 著

## 古希腊礼法研究

宙斯的正义　[英]劳埃德-琼斯 著

希腊人的正义观　[英]哈夫洛克 著

## 廊下派集

剑桥廊下派指南　[加]英伍德 编

廊下派的苏格拉底　程志敏 徐健 选编

廊下派的神和宇宙　[墨]里卡多·萨勒斯 编

廊下派的城邦观　[英]斯科菲尔德 著

## 希伯莱圣经历代注疏

希腊化世界中的犹太人　[英]威廉逊 著

第一亚当和第二亚当　[德]朋霍费尔 著

## 新约历代经解

属灵的寓意　[古罗马]俄里根 著

## 基督教与古典传统

保罗与马克安　[德]文森 著

加尔文与现代政治的基础　[美]汉考克 著

无执之道　[德]文森 著

恐惧与战栗　[丹麦]基尔克果 著

托尔斯泰与陀思妥耶夫斯基
[俄]梅列日科夫斯基 著

论宗教大法官的传说　[俄]罗赞诺夫 著

海德格尔与有限性思想（重订版）
刘小枫 选编

上帝国的信息　[德]拉加茨 著

基督教理论与现代　[德]特洛尔奇 著

亚历山大的克雷芒　[意]塞尔瓦托·利拉 著

中世纪的心灵之旅　[意]圣·波纳文图拉 著

## 德意志古典传统丛编

克劳塞维茨论现代战争　[澳]休·史密斯 著

《浮士德》发微　谷裕 选编

尼伯龙人　[德]黑贝尔 著

论荷尔德林　[德]沃尔夫冈·宾德尔 著

彭忒西勒亚　[德]克莱斯特 著

穆佐书简　[奥]里尔克 著

纪念苏格拉底——哈曼文选　刘新利 选编

夜颂中的革命和宗教　[德]诺瓦利斯 著

大革命与诗化小说　[德]诺瓦利斯 著

黑格尔的观念论　[美]皮平 著

浪漫派风格——施勒格尔批评文集　[德]施勒格尔 著

## 美国宪政与古典传统

美国1787年宪法讲疏　[美]阿纳斯塔普罗 著

## 启蒙研究丛编

论古今学问　[英]坦普尔 著

历史主义与民族精神　冯庆 编

浪漫的律令　[美]拜泽尔 著

现实与理性　[法]科维纲 著

论古人的智慧　[英]培根 著

托兰德与激进启蒙　刘小枫 编

图书馆里的古今之战　[英]斯威夫特 著

## 政治史学丛编
- 驳马基雅维利　[普鲁士]弗里德里希二世 著
- 现代欧洲的基础　[英]赖希 著
- 克服历史主义　[德]特洛尔奇 等著
- 胡克与英国保守主义　姚啸宇 编
- 古希腊传记的嬗变　[意]莫米利亚诺 著
- 伊丽莎白时代的世界图景　[英]蒂利亚德 著
- 西方古代的天下观　刘小枫 编
- 从普遍历史到历史主义　刘小枫 编
- 自然科学史与玫瑰　[法]雷比瑟 著

## 地缘政治学丛编
- 地缘政治学的起源与拉采尔　[希腊]斯托杨诺斯 著
- 施米特的国际政治思想　[英]欧迪瑟乌斯/佩蒂托 编
- 克劳塞维茨之谜　[英]赫伯格-罗特 著
- 太平洋地缘政治学　[德]卡尔·豪斯霍弗 著

## 荷马注疏集
- 不为人知的奥德修斯　[美]诺特维克 著
- 模仿荷马　[美]丹尼斯·麦克唐纳 著

## 品达注疏集
- 幽暗的诱惑　[美]汉密尔顿 著

## 阿里斯托芬集
- 《阿卡奈人》笺释　[古希腊]阿里斯托芬 著

## 色诺芬注疏集
- 居鲁士的教育　[古希腊]色诺芬 著
- 色诺芬的《会饮》　[古希腊]色诺芬 著

## 柏拉图注疏集
- 挑战戈尔戈　李致远 选编
- 论柏拉图《高尔吉亚》的统一性　[美]斯托弗 著
- 立法与德性——柏拉图《法义》发微　林志猛 编
- 柏拉图的灵魂学　[加]罗宾逊 著
- 柏拉图书简　彭磊 译注
- 克力同章句　程志敏 郑兴凤 撰
- 哲学的奥德赛——《王制》引论　[美]郝兰 著
- 爱欲与启蒙的迷醉　[美]贝尔格 著
- 为哲学的写作技艺一辩　[美]伯格 著
- 柏拉图式的迷宫——《斐多》义疏　[美]伯格 著
- 苏格拉底与希琵阿斯　王江涛 编译
- 理想国　[古希腊]柏拉图 著
- 谁来教育老师　刘小枫 编
- 立法者的神学　林志猛 编
- 柏拉图对话中的神　[法]薇依 著
- 厄庇诺米斯　[古希腊]柏拉图 著
- 智慧与幸福　程志敏 选编
- 论柏拉图对话　[德]施莱尔马赫 著
- 柏拉图《美诺》疏证　[美]克莱因 著
- 政治哲学的悖论　[美]郝岚 著
- 神话诗人柏拉图　张文涛 选编
- 阿尔喀比亚德　[古希腊]柏拉图 著
- 叙拉古的雅典异乡人　彭磊 选编
- 阿威罗伊论《王制》　[阿拉伯]阿威罗伊 著
- 《王制》要义　刘小枫 选编
- 柏拉图的《会饮》　[古希腊]柏拉图 等著
- 苏格拉底的申辩（修订版）　[古希腊]柏拉图 著
- 苏格拉底与政治共同体　[美]尼柯尔斯 著
- 政制与美德——柏拉图《法义》疏解　[美]潘戈 著
- 《法义》导读　[法]卡斯代尔·布舒奇 著
- 论真理的本质　[德]海德格尔 著
- 哲人的无知　[德]费勃 著
- 米诺斯　[古希腊]柏拉图 著
- 情敌　[古希腊]柏拉图 著

## 亚里士多德注疏集
- 《诗术》译笺与通释　陈明珠 撰
- 亚里士多德《政治学》中的教诲　[美]潘戈 著
- 品格的技艺　[美]加佛 著
- 亚里士多德哲学的基本概念　[德]海德格尔 著
- 《政治学》疏证　[意]托马斯·阿奎那 著

尼各马可伦理学义疏　[美]伯格 著
哲学之诗　[美]戴维斯 著
对亚里士多德的现象学解释　[德]海德格尔 著
城邦与自然——亚里士多德与现代性　刘小枫 编
论诗术中篇义疏　[阿拉伯]阿威罗伊 著
哲学的政治　[美]戴维斯 著

## 普鲁塔克集
普鲁塔克的《对比列传》　[英]达夫 著
普鲁塔克的实践伦理学　[比利时]胡芙 著

## 阿尔法拉比集
政治制度与政治箴言　阿尔法拉比 著

## 马基雅维利集
解读马基雅维利　[美]麦考米克 著
君主及其战争技艺　娄林 选编

## 莎士比亚绎读
莎士比亚的罗马　[美]坎托 著
莎士比亚的政治智慧　[美]伯恩斯 著
脱节的时代　[匈]阿格尼斯·赫勒 著
莎士比亚的历史剧　[英]蒂利亚德 著
莎士比亚戏剧与政治哲学　彭磊 选编
莎士比亚的政治盛典　[美]阿鲁里斯/苏利文 编
丹麦王子与马基雅维利　罗峰 选编

## 洛克集
上帝、洛克与平等　[美]沃尔德伦 著

## 卢梭集
致博蒙书　[法]卢梭 著
政治制度论　[法]卢梭 著
哲学的自传　[美]戴维斯 著
文学与道德杂篇　[法]卢梭 著
设计论证　[美]吉尔丁 著
卢梭的自然状态　[美]普拉特纳 等著
卢梭的榜样人生　[美]凯利 著

## 莱辛注疏集
汉堡剧评　[德]莱辛 著
关于悲剧的通信　[德]莱辛 著
智者纳坦（研究版）　[德]莱辛 等著
启蒙运动的内在问题　[美]维塞尔 著
莱辛剧作七种　[德]莱辛 著
历史与启示——莱辛神学文选　[德]莱辛 著
论人类的教育　[德]莱辛 著

## 尼采注疏集
尼采引论　[德]施特格迈尔 著
尼采与基督教　刘小枫 编
尼采眼中的苏格拉底　[美]丹豪瑟 著
动物与超人之间的绳索　[德]A.彼珀 著

## 施特劳斯集
苏格拉底与阿里斯托芬
论僭政（重订本）　[美]施特劳斯 [法]科耶夫 著
苏格拉底问题与现代性（第三版）
犹太哲人与启蒙（增订本）
霍布斯的宗教批判
斯宾诺莎的宗教批判
门德尔松与莱辛
哲学与律法——论迈蒙尼德及其先驱
迫害与写作艺术
柏拉图式政治哲学研究
论柏拉图的《会饮》
柏拉图《法义》的论辩与情节
什么是政治哲学
古典政治理性主义的重生（重订本）
回归古典政治哲学——施特劳斯通信集
　　　　　　　＊＊＊
论源初遗忘　[美]维克利 著
阅读施特劳斯　[美]斯密什 著
施特劳斯与流亡政治学　[美]谢帕德 著

驯服欲望　[法]科耶夫 等著

## 施特劳斯讲学录
斯宾诺莎的政治哲学

## 施米特集
宪法专政　[美]罗斯托 著

施米特对自由主义的批判　[美]约翰·麦考米克 著

## 伯纳德特集
古典诗学之路（第二版）　[美]伯格 编

弓与琴（重订本）　[美]伯纳德特 著

神圣的罪业　[美]伯纳德特 著

## 布鲁姆集
巨人与侏儒（1960-1990）

人应该如何生活——柏拉图《王制》释义

爱的设计——卢梭与浪漫派

爱的戏剧——莎士比亚与自然

爱的阶梯——柏拉图的《会饮》

伊索克拉底的政治哲学

## 沃格林集
自传体反思录　[美]沃格林 著

## 朗佩特集
哲学与哲学之诗

尼采与现时代

尼采的使命

哲学如何成为苏格拉底式的

施特劳斯的持久重要性

## 迈尔集
施米特的教训

何为尼采的扎拉图斯特拉

政治哲学与启示宗教的挑战

隐匿的对话

论哲学生活的幸福

## 大学素质教育读本
古典诗文绎读 西学卷·古代编（上、下）

古典诗文绎读 西学卷·现代编（上、下）